Nina Nahmia
Réina Gilberta

NINA NAHMIA

Réina Gilberta
Ein Kind im Ghetto von Thessaloníki

Aus dem Griechischen von Argyris Sfountouris

Ⓜ | METROPOL

Umschlagfoto: Réina Gilberta (Privatbesitz)
Lektorat: Mona James

ISBN: 978-3-940938-46-6

© 2009 Metropol Verlag
Ansbacher Str. 70 · 10777 Berlin
www.metropol-verlag.de
Alle Rechte vorbehalten
Druck: Arta Druck, Berlin

© für die deutsche Übersetzung: Argyris N. Sfountouris
© der griechischen Originalausgabe: Okeanida Verlag, Athen 1996, 2. Aufl. 1997. Originaltitel: »Reina Gilberta. Ena paidi sto Ghetto tis Thessalonikis«

Inhalt

KAPITEL 1	....	7
KAPITEL 2	....	20
KAPITEL 3	....	46
KAPITEL 4	....	72
KAPITEL 5	....	92
KAPITEL 6	....	128
KAPITEL 7	....	154
KAPITEL 8	....	176
KAPITEL 9	....	198
KAPITEL 10	....	221
KAPITEL 11	....	239

»Wer kann in dieser Welt auf die entsetzliche Beharrlichkeit des Verbrechens antworten? Niemand sonst, nur die Beharrlichkeit der Zeugenaussage.«
Aus dem Vorwort zu »Lasst mein Volk eintreten« von Jacques Mery

KAPITEL 1

»Machen Sie sich keine Sorgen, Madame. Sie sind nicht länger gefährdet!«
Eine sanfte Stimme drang in die Ohren von Edda. Ihre glanzlosen kastanienbraunen Augen waren tief in die Augenhöhlen eingefallen, von wo aus sie voller Angst auf die Gesichter schauten, die über sie gebeugt waren. Im kühlen, weißen Zimmer drangen die Gestalten wie flackernde konturlose Reliefbilder in ihr trübes Gesichtsfeld. Die Hand von Dr. Jacques Durand berührte liebevoll ihre Schulter, und Edda schrak auf. Seit geraumer Zeit ließ jede Berührung mit einem Lebewesen oder einem Gegenstand sie zusammenfahren. Der Arzt zog seine Hand zurück und wiederholte beruhigend:
»Sie sind in Sicherheit. Machen Sie sich keine Sorgen.«
Edda aber konnte sich nicht beruhigen. Es war ihr unmöglich, ihren gequälten Körper zu entspannen, ihren Geist zu besänftigen und ihre Seele dem Frieden zu öffnen.
»Versuchen Sie zu schlafen. Der Schlaf wird Ihnen gut tun.«
Edda konnte sich nicht erinnern. Oder sie wollte es nicht. Während der letzten zwei Wochen erwachte sie, um wieder einzuschlafen. Man gab ihr zu essen, sie aß und schlief wieder ein. Hie und da legte man ein Wachstuch unter ihren zum Skelett abgemagerten Körper und wusch sie mit langsamen, regelmäßigen Bewegungen. Dies musste schon seit geraumer Zeit geschehen, aber es war ihr unmöglich, eine bestimmte Zeitdauer zu empfinden. Noch befand sie sich außerhalb von Zeit und Raum. Alles blieb unbestimmt. Nur der Schrecken war immer da, steckte tief in ihr wie die Übelkeit nach einer langen, stürmischen Seereise, die

noch anhält, nachdem man auf festem Boden steht und alles noch zu schwanken scheint. Für Edda würde diese Fahrt in die Hölle ewig dauern.

Eine Krankenschwester gab ihr eine Beruhigungsspritze. Als die Nadel ihre ausgemergelte Haut durchstach, fühlte sie einen scharfen Schmerz, der ihren Nerv durchdrang und bis in den schwachen Knochen hinein zu spüren war. Sie sagte nichts. Während der letzten zwei Jahre hatte sie sich daran gewöhnt, die Schmerzen als letzte Konsequenz ihres Lebendigseins anzunehmen.

Als sie wieder in ihren tiefen Schlaf fiel, erschienen ihr erneut die unzusammenhängenden Bilder der jüngsten Ereignisse wie eine schöne Filmvorstellung. Dieser erlösende Schlaf war das Allerbeste, was ihr widerfahren konnte, seit sie aus dem Lager herausgekommen war. Die süße Bewusstlosigkeit des »lebendigen Todes«, der periodisch von ihr Besitz ergriff, sie aus ihrem unerträglichen Schmerz wegführte und mit ihr eine nostalgische Reise zu jenen antrat, die sie geliebt hatte.

Die Hochzeit von Alberto Sciaký und Edda de Botton fand im Frühjahr 1939 in der großen Beth-El-Synagoge von Thesssaloniki statt, die hell erleuchtet und mit weißen Blumen geschmückt war.

Die klein gewachsene Edda mit ihrer weißen kindlichen Haut wirkte im weiten Hochzeitskleid wie ein Mädchen am Tag seiner Volljährigkeit. Aber der Schein trog. In Wirklichkeit besaß diese scheinbar schwächliche Person einen starken Willen und eine große Ausdauer, um alles, was sie wollte, zu erreichen, wenn auch immer auf höfliche und dezente Weise. So hatte sie es auch fertiggebracht, dass ihre Familie in ihre Ehe mit Alberto einwilligte.

Nicht, dass er nicht zu ihr gepasst hätte. Er besaß alle Eigenschaften eines begehrten Bräutigams. Er war jung, gebildet, mit besten Berufsaussichten. Er hatte Jurisprudenz studiert und war schon in einer Kanzlei tätig. Aber Eddas Eltern hatten andere Vorstellungen von einem Schwiegersohn. Sie wollten eine standesgemäße Herkunft und gesellschaftliches Ansehen. Alberto stammte aus einer einfachen bürgerlichen Familie aus Lárissa, während Edda edler Herkunft war, und ihre Familie hatte einen Adelstitel, was das *de* vor dem Familiennamen Botton kundtat. Alles wichtige Dinge in der damaligen Zeit. Zudem hatte Edda ihren Ehemann selber ausgesucht, was in der strengen und traditionsbewussten Gemeinde höchst seltsam und beinahe revolutionär war.

Ihre Beziehung hatte bereits zwei Jahre gedauert, und der Einzige, der Verdacht geschöpft hatte, war Eddas Bruder Richard, der mit Alberto befreundet war, seit dieser zu Studienzwecken nach Thessaloniki gekommen war. Richard hatte Alberto öfters zum Essen ins Haus mitgebracht. Es war ihm vom ersten Augenblick an aufgefallen, was in seinem Freund jedes Mal vorging, wenn seine Augen jenen seiner Schwester begegneten.

Sie verliebten sich innig und heftig ineinander, so wie sich die Gegensätze ja immer anziehen.

»Mazel Tov« (viel Glück), sagte der Rabbiner, während hinter dem Teva der Brautführer ein Glas zerbrach, so wie es Brauch war. Das Hochzeitslied erfüllte die Synagoge mit seiner süßen althergebrachten Melodie:

»Kol sasson, ve kol simhah, kol khatan, ve kol kalah, kol mi salos hupot …«

Alberto drückte bedeutungsvoll die zarte Hand von Edda, und ihre schneeweißen Wangen erröteten plötzlich.

»Ah, que hermosa que stas, mi amor!« (Wie schön du bist, meine Geliebte!), flüsterte er.

Wie hatte er auf diesen Augenblick gewartet, ihren zarten Körper zu umarmen, sie zu besitzen! Sie hatten sich immer am frühen Nachmittag getroffen, und immer bangte sie, nicht verspätet nach Hause zurückzukehren. Nur einige Küsse konnte sie ihm geben, er fuhr zärtlich über ihr reiches kastanienbraunes Haar und atmete tief bei ihrer Berührung. Während dieser kurzen Begegnungen spürte er den ungeübten Flügelschlag ihres Verlangens, und sein kräftiger junger Körper schlug sich wie ein kleines Boot gegen die großen Wellen. Und so wie er auf alles mit großer Ungeduld wartete, machte ihn diese unerfüllte Liebessehnsucht verrückt.

Edda richtete sich in ihrem Bett auf. Niemand sonst befand sich in dem kleinen weißen Zimmer. Ein fahler gebrochener Lichtstrahl drang aus einer schmalen hohen Scheibe und traf ihre Augen. Obwohl das Zimmer sauber und gut aufgeräumt war, wirkte es wie eine Zelle, denn hinter der Scheibe war das Fenster vergittert. Ihre Lippen waren spröde, ihr Mund trocken. Sie blickte auf das Glas Wasser auf dem Nachttisch neben ihr. Sie trank mit Ungeduld.

Eine Krankenschwester trat ein und näherte sich ihr.

»Sie sind wach?«

Edda schaute sie schlaftrunken an.

»Habe ich lange geschlafen?«

»Seit gestern Nachmittag. Dr. Durand hat angeordnet, Sie schlafen zu lassen, solange Sie wollen. Ich hole Ihnen etwas zu essen.«

Die Krankenschwester verließ das halbdunkle Zimmer. Edda versuchte, ihren erschöpften Geist anzustrengen, um zu begreifen, um sich erinnern zu können, wo sie ist, was sie ist, was sie vorher gewesen war ... Was ist ihr von ihrem früheren Leben noch übrig geblieben?

Alles war rechtzeitig und bestens vorbereitet im herrschaftlichen Haus der de Botton. Riesengroße Tische warteten festlich gedeckt und schön dekoriert auf die Hochzeitsgäste. Das Beste aus der Küche der Sepharadim (der aus Spanien stammenden Juden): »Fijones con carne« (Bohnen mit Fleisch), »Burecas con carne assada« (mit Hackfleisch gefüllte Teigtaschen), »Dulce de almendras« (Mandelgebäck) und eine Menge anderer Leckereien waren mit größter Sorgfalt von Eddas Mutter und ihren Freundinnen zubereitet, die, wie es Brauch war bei solchen Gelegenheiten, ihre Hilfe anboten.

Gäste aus Thessaloniki und aus Lárissa, Verwandte und Freunde der beiden Familien, fanden sich ein, gaben ihre Geschenke ab und nahmen ihre Plätze an den großen, festlich geschmückten Tischen ein. Sie waren freudig gestimmt, unterhielten sich in Ladino, der Sprache der sephardischen Juden, und die fröhlichen Klänge der über Jahrhunderte bewahrten Sprache erfüllten den Raum. Aus dem Grammophon am Rande des großen Salons ertönten ihre traditionellen Lieder:

»A la una yo nací, a las dos me engrandecí, a las tres tomí amante, a las quatro me casí« (Um Eins bin ich geboren, um Zwei gewachsen, um Drei hab' ich mich verliebt, um Vier habe ich geheiratet).

Als Jacques Durand ins Zimmer trat, schlief Edda tief. Sie lag unter der Decke zusammengekauert wie ein Embryo. Hätte man es nicht gewusst, hätte man nicht vermutet, dass dort der Körper eines erwachsenen Menschen lag. Auch das Gesicht war zugedeckt, nur einige Haarbüschel waren zu sehen, borstig, wild.

Der Arzt blickte sie voller Sorge und Mitgefühl an. Dr. Durand hatte nicht viel über Edda erfahren. Es waren drei Häftlinge aus Bergen-Belsen in seine Klinik gebracht worden. Die anderen zwei waren Männer. Ein Grieche und ein Bulgare. Sie waren in einem viel schlechteren körperlichen Zustand als Edda. Sie aber beunruhigte ihn viel mehr. Ein Schrecken lag auf ihren Augen, sie fuhr bei jeder Berührung zusammen und ihre geistige Verwirrung zeugte von einem sehr heftigen Schock.

Irgendetwas hatte von Anfang an sein besonderes Interesse für diese klein gewachsene Frau geweckt, aber er konnte nicht sagen, was es gewesen war. Vielleicht ihre ganze Erscheinung. Die leise Stimme, ihr perfektes Französisch, das von einer höheren Bildung zeugte, vielleicht ihr abgrundtiefes stilles Leiden. Was für ein Schicksal lag in ihr verborgen? Er wollte es wissen, aber nicht aus bloßer Neugier, sondern weil er überzeugt war, dass die Kenntnis dieses Schicksal ihm ermöglichen würde, den Knäuel der Verwundung ihrer Seele zu entwirren und ihr Erleichterung zu verschaffen.

Fröhliche Stimmen, Glückwünsche und Händeklatschen begrüßten das frisch vermählte Paar. Edda trug ein feuerrotes seidenes Kleid, das Schwanenweiß ihres freien Halses spiegelte sich im seidenen Purpur und warf ein astrales Licht auf ihr Gesicht aus Elfenbein.

Alberto stand neben ihr, aufrecht, stark, gesprächig. In seinem maßgeschneiderten schwarzen Anzug wirkte der Hochgewachsene wie ihr großer Bruder, der sie an der Hand hielt. Er war erst zweiundzwanzig Jahre alt.

Seine wenig begüterten Eltern hatten sechs Söhne und eine Tochter. Kein Opfer war ihnen zu viel gewesen, um Alberto ein Studium zu ermöglichen. Jetzt waren sie alle stolz auf ihn. Alberto war der vierte und hatte seinem streng religiösen Vater viel Kopfzerbrechen verursacht.

Dieser hatte bald begriffen, dass er dem überschwänglichen, für alles rasch zu begeisternden Sohn, der zu zweifelhaften Vergnügungen und Ausschweifungen in fragwürdiger Gesellschaft neigte, einen Weg in eine andere Richtung weisen musste. Er suchte ein neues Ziel für ihn, hinaus aus der Enge ihrer Kleinstadt, eine große Herausforderung, ein Studium in eigener Verantwortung, damit sein Sohn Gottes Pfad folgen könnte. Am meisten hatte den Vater Albertos Abneigung gegen geduldiges Lernen beunruhigt, seine Verachtung für alles Obligatorische, für das Aufgezwungene.

Aber Alberto besaß ein außerordentlich leistungsfähiges Gedächtnis. Es schien, als fotografierte er seine Schulbücher, Seite um Seite, und nach wenigen Minuten war er im geistigen Besitz der schwierigsten Texte. So glaubte er, dass es dumm sei, die schönsten Jahre des Lebens über Bücher gebeugt mit zwecklosen Studien zu verlieren, und verspottete seine lerneifrigen Kameraden, die, anstatt sich des Lebens zu erfreuen, tagelang über langweilige Passagen brüteten.

»Die Jugend dauert nicht ewig, ihr Toren!«

Es tat ihm weh, seine liebsten Freunde zu verlassen, das Herumschweifen in den engen Gassen und den weiten Plätzen von Lárissa aufzugeben. Aber die Herausforderung eines noch intensiveren Lebens in einer Großstadt lockte ihn. Der Hafen, das Meer, die Lichter, die Vergnügungen! Er machte sich auf den Weg mit der Sehnsucht des Erleuchteten, und sein Herz bangte vor dem alles verändernden Wechsel. So achtete er kaum auf all die verpflichtenden Ratschläge des Vaters und die Ängste der Mutter, die zwei Tage lang bittere Tränen vergoss, als würde er ans Ende der Welt verschlagen. Sie verabschiedete ihn mit Segenswünschen:

»Por mano de Moshe Rabenu, fijo« (An Moses' Hand, mein Sohn).

Alle Gäste der Hochzeit von Alberto und Edda begannen gleichzeitig zu applaudieren und mit ihren Füßen rhythmisch auf den Boden zu stampfen. Sie riefen »Edda, Edda«.

Eddas Gesicht entspannte sich in einem lichterfüllten Lächeln, und ihr zarter Körper befreite sich von der Intensität und der Spannung des Tages. Mit leichten Schritten begab sie sich ans Klavier.

Danach begannen die Gäste, Alberto aufzufordern, einige Lieder zu singen. Mit einem großen, sprunghaften Schritt befand er sich neben Edda und strahlte erwartungsvoll.

Betörend quicklebendig, mit einem verführerischen Lächeln in den Mundwinkeln blickte er sie voller Verlangen an, eine Frucht, die er noch nicht berühren durfte. Er legte seine Hand auf ihre Schulter und errötete freudestrahlend.

Edda spürte das heiße Verlangen des Mannes sie umhüllen, ungeduldig, ungestüm. Sie erschauerte. Ihre liliengleichen Finger glitten über die Tasten, und eine süße orientalische Melodie erfüllte den großen Salon. Die tiefe, sichere und strahlende Stimme Albertos stützte die feine, schwebende von Edda:

»Tus caras son triandafilis, tus ojos almendradas« (Eine Rose dein Anblick, Mandeln deine Augen).

Wie liebte er seinen Augenstern! Seit dem ersten Anblick. Nie hat er es verraten. Jetzt vereinigte er seine starke Männerstimme mit ihren honigsüßen Vogellauten und tauchte in eine weiche, federleichte Seligkeit. Seine vom Verlangen feuchten Augen trafen auf ihren zierlich flackernden Blick, der alles versprach ...

Die Juden von Thessaloníki hatten begonnen, sich ernsthafte Sorgen zu machen, als Hitlers Armeen in Polen einfielen und eine gewalttätige Besatzung einrichteten. Die Nachrichten, die durch die Sendungen der BBC eintrafen, berichteten von schrecklichen Grausamkeiten gegen die Juden und deren Vertreibung aus den Städten, in welche die Nazis einmarschierten.

Albertos Bruder Vital, der die Ereignisse in ihrer logischen Folgerichtigkeit interpretierte, sagte ihm eines Tages:

»Ich habe einen Entschluss gefasst, Alberto. Ich werde zusammen mit Saríka fortgehen und nach Palästina ziehen. Ich glaube, dass auch du, wenn dich dein Verstand nicht verlassen hat, dasselbe tun wirst.«

Alberto lachte laut und verspottete die Sorgen seines älteren Bruders:

»Un' hermano bovo tengo, Bar Minam! (Ein blöder Bruder, Gott bewahre!) Weil die Nazis in Polen einmarschiert sind, zieht Vital in die

Wüste und spielt den Beduinen. Was haben denn diese Bestien hier verloren? Sollen sie es bloß wagen, unser Land zu betreten, und sie werden erfahren, wer hier das Sagen hat. Sie landen auf dem Meeresgrund, noch bevor sie es merken.«

»Hast du denn nicht gehört, wie sie mit den Juden umgehen?«, fragte Vital, beunruhigt darüber, dass er seines Bruders Wortschwall nicht aufhalten konnte, um ihn zum Denken zu bringen.

»Natürlich höre ich es. Aber die Deutschen haben ihre alten Differenzen mit den Ashkenazy (den Juden aus Nord- und Osteuropa). Aber nicht mit uns. Sie haben uns noch gar nie zu Gesicht bekommen. Und außerdem habe ich es dir bereits gesagt. So leicht kommen sie nicht nach Griechenland rein, seien sie auch mit Gott verschwägert. Der Grieche gibt seine Heimat nicht einfach auf, Bruderherz. Mach dir bloß keine Sorgen.«

Vital spürte, dass er vergebens versuchte, Alberto von der drohenden Gefahr zu überzeugen. Sein Bruder hatte seine eigene Art zu denken, und man konnte dies nicht ändern.

»Mach, was du willst«, sagte er schließlich. »Ich habe dir alles gesagt, was ich dir zu sagen hatte. Ich hoffe, du wirst nicht an meine Worte denken müssen, wenn es dafür zu spät sein wird.«

Alberto war zu jener Zeit ausschließlich damit beschäftigt, mit all seinen Sinnen sein Glück wahrzunehmen. Sein Geist, sein Herz, alle seine Zellen waren von Edda erfüllt. Er strahlte voller Glück, Freude, Lachen, Licht und Zuversicht, sein junger Körper war zum Bersten voll von Sehnsucht und Lust. Jeden Nachmittag, sofort nach Arbeitsschluss, eilte er nach Hause, um Edda zu umarmen. Er konnte nicht genug bekommen von ihr.

»Ich bin der glücklichste Mann auf Erden«, sagte er ihr. »Und du bist die bezauberndste und betörendste Frau, der ich je begegnet bin. Könntest du nur ahnen, mein Sternchen, wie sehr ich dich liebe!«

Aber es dauerte nicht lange, bis Vitals böse Vorahnungen sich zu bewahrheiten begannen.

Griechenland wurde vom faschistischen Italien angegriffen. An der Front in Albanien gab es Tausende von Toten und Schwerverwundeten.

Doch einmal mehr gelang es diesem kleinen Land, einen heldenhaften Widerstand gegen eine eindringende Übermacht zu leisten, diese sogar zu besiegen und der Lächerlichkeit preiszugeben. Aber es war nur ein kurzer Lichtblick.

Während die Welt staunend auf dieses tapfere Volk blickte, sammelte sich hinterrücks schon der schwarze Rauch, der das Land in eine dunkle Nacht einhüllen sollte.

Am 6. April 1941 drangen die Armeen des Dritten Reichs in Griechenland ein. Die gepanzerte deutsche Anmaßung, ihr unersättlicher Durst nach Land und Sklaven, nach Beute und Blut.

Alberto verlor seine Sorglosigkeit und Spontaneität. Er sah, wie das schwergerüstete Böse im gedrillten Schritt durch die Straßen der Stadt paradierte. Die gut polierten Stiefel übermittelten seinem wachen Geist mit jedem Aufschlag die unmissverständliche Schreckensbotschaft:

»Wir sind die absoluten Herrscher, die starken, unbesiegbaren Tyrannen. Keiner kann sich uns in den Weg stellen. Wir töten alle, versengen alles nach Gutdünken.«

Und die abscheuliche, fürchterliche Ankündigung, die ihn besonders betraf und erschütterte:

»Die Juden sind rechtlose Untermenschen. Sie besudeln die Welt allein schon durch ihre Gegenwart.«

Als Edda aufwachte, sah sie Dr. Durand neben sich sitzen und sie wohlwollend anblicken.

Sie hatte ihn rufen lassen, um mit ihm zu sprechen. Und dieser Umstand verriet dem Arzt, dass sie in großer Not war. Denn er hatte bemerkt, dass sie sehr wortkarg war und kein überflüssiges Wort sprach. Er sah, wie sie versuchte, sich die borstigen, widerspenstigen Haare zu glätten. In ihren großen trüben Augen erkannte er noch immer das gleiche stumme Entsetzen. Ihr Blick beunruhigte ihn. Sie gehörte nicht zu den Frauen, die nach Mitleid verlangten.

»Was wünschen Sie? Sprechen Sie es aus! Bitte, versuchen Sie es. Es kann sehr hilfreich sein. Wenn Sie aber dazu noch nicht bereit sind, dann lassen wir es für ein anderes Mal.«

Ihr verletzter Stolz ließ ihn aufhorchen. Er betrachtete sie, wie ein Herr in einer vornehmen Gesellschaft eine sehr interessante Dame mustert. Den Arzt bewegten die verschiedenartigsten Empfindungen.

»Ich muss meine Leute finden!«, sagte sie schnell und scharf, als hätte es sie große Überwindung gekostet.

Ein innerer Widerstand ließ sie stocken und schweigen. Der schwere Schatten der Angst verdunkelte ihren Blick.

Er betrachtete sie. Sie ist wohl edler Abstammung und muss sehr schön gewesen sein. Aber ihre Seele ist ermüdet, ihr Körper vorzeitig verwelkt und widerstandslos dem Verfall ergeben.

Ein schwacher, grauer Regen schlug aufs Fenster. Der Morgen war trüb, und durch die matte Scheibe drang kaum etwas Wärme, die Eddas erschöpfte Seele so sehr benötigte. Im Blick des fremden Mannes spähte sie nach einer Ermunterung, um sprechen zu können.

Fast zwei Jahre lang hatte sie nicht mehr gesprochen. Sie hatte es verlernt. Sie hatte sogar Angst davor, mit sich selber zu sprechen. Im KZ konnte man nicht einmal dies tun. Das Denken an irgendetwas war schrecklich schmerzhaft, und ein jeder suchte diesem Schmerz so zu begegnen, dass er ihm etwas länger widerstehen konnte. Jedes Wort war ein überflüssiger Zeitverlust, ein Verlust an Kraft, an Lebensdauer.

»Haben Sie Verwandte, die überlebt haben?«

»Ja. Meinen Mann und meine Tochter.«

»Ihre Tochter?«, wunderte sich der Arzt.

»Jawohl. Sie ist im Benediktinerkloster in Kalamarí! Und meinem Mann ist es bestimmt gelungen, nach Palästina zu fliehen.«

Dr. Durand schaute sie verwundert an.

»Meine Tochter ist erst vier Jahre alt«, sagte sie, um sein Staunen zu mildern.

Sie prüfte ihn durch die schmalen Spalten ihrer Augenlider. Sie versuchte ihn abzuschätzen und einzuordnen. Und für Edda war es eine existenzielle Frage, jemandem ihr Leben anzuvertrauen, ihre auseinanderdriftenden Bestandteile vor ihm zusammenzufügen, ihr verblutendes Herz einem Fremden zu öffnen. Jede Mitteilung in diesem Gespräch verursachte heftige Schmerzen.

Jacques Durand hatte außer Pathologie auch Psychiatrie studiert. Aber er wusste, dass bei Edda alle psychoanalytischen Theorien nicht weiterhelfen würden. Das Vertrauen dieser schwer gequälten Frau konnte er nur ganz langsam durch Zuneigung, Zärtlichkeit und liebevolle Geduld gewinnen.

Alberto streichelte die nackten Schultern seiner Frau. Sie spürte aber sofort an seiner Berührung, dass sich etwas verändert hatte. Seinen Händen fehlte die Kraft, der ungeduldige Drang. Diese Annäherung war nicht vom fröhlichen Lachen seiner göttlichen Narrheit begleitet, die sie jedes Mal erregte.

»Es steht schlecht um uns, meine kleine Edda.«

Sie war es nicht gewohnt, ihn betrübt zu sehen und aus seiner Stimme den Ernst herauszuhören. Er hatte immer alles leichtgenommen, und sie hatte sich manchmal beklagt über seine unpassende Fröhlichkeit und seine unaufhörlichen Neckereien.

»A Dió, Alberto, basta! …« (Um Gottes Willen, hör auf!…)

Aber im Grunde bewunderte sie ihn ganz so, wie er war. Ganz verschieden von ihr! Unberechenbar, voller Lebendigkeit! Und wenn seine Hände über ihre Haut fuhren, seine Lippen sich leidenschaftlich auf ihre Lippen pressten, spürte sie jede Faser ihres Körpers daran teilhaben und zur Steigerung ihres Verlangens beitragen.

Edda war ohnehin vom ersten Augenblick an nach dem Einmarsch der Deutschen in Thessaloníki völlig verändert. Eine unterschwellige Angst und schreckliche Vorahnungen hatten rasch von ihr Besitz ergriffen. Alberto gehörte aber nicht zu jenen, die sich Angst einjagen lassen und ohne ernsthaften Grund Sorgen machen. Seine jetzige Haltung aber, die Eddas Ängste zu bestätigen schien, versetzte sie in Panik.

■ *Zu jener Zeit hatte Griechenland eine Bevölkerung von acht Millionen Menschen, davon achtundsiebzigtausend Juden, die in vierundzwanzig Gemeinden lebten. Die bedeutendste von allen war die jüdische Gemeinde von Thessaloníki mit achtundfünfzigtausend Mitgliedern. Außer wenigen Ausnahmen hatten sie sich alle, aus Spanien kommend, 1492 hier niedergelassen, nachdem Isabella die Katholische sie dazu gezwungen hatte, entweder das Land zu verlassen oder ihren Glauben aufzugeben. Einmal mehr mussten die Juden in ihrer kummervollen Geschichte den Weg der Verbannung wählen und ins Ungewisse ziehen, um ihren Glauben zu retten. Einige ließen sich an der ionischen Küste in Kleinasien nieder, andere an den Südküsten Frankreichs. Aber die meisten wählten die Hafenstadt Thessaloníki, weil sie dachten, das dortige Klima wäre für sie am besten.*

Griechenland lebte damals unter türkischem Joch, aber die Türken hatten sich gegenüber den Juden stets tolerant verhalten. Sultan Bayezit II. erlaubte den spanischen Juden, sich in seinem Reich niederzulassen, da er hoffte, ihre überdurchschnittliche Bildung und ihre Kenntnisse im Bereich des Handels würden dem Land Aufschwung bringen. Und dies geschah tatsächlich auch. Ein neuer Wind wehte über den Hafen von Thessaloniki. Eine Ära der Veränderungen begann. Es entfaltete sich eine Lebensqualität, die die Stadt aus der Finsternis herausführte, in die sie seit der Eroberung gesunken war. Die Griechen haben als kluges und fortschrittliches Volk sofort begriffen, dass große Ähnlichkeiten sie mit den neuen Einwanderern verbinden. Das gemeinsame Schicksal würde die quälende Unterdrückung erleichtern, und vereint wären sie gegenüber dem türkischen Eroberer stärker.

Sofort nach ihrem Einmarsch in Thessaloniki setzen die antijüdischen Maßnahmen der Deutschen ein.

Sie verbieten sofort die Zeitungen »L'Indépendent« und »Le Progrès«, die von Juden herausgegeben werden, ebenso wie »Mensajero«, die in Judeo-Español (jüdisch-spanische Sprache) erscheint. An ihre Stelle tritt das »Neue Europa«, das von zwei griechischen antisemitischen Kollaborateuren geleitet wird. Dieses Blatt betreibt die antijüdische Nazi-Propaganda, um das Klima in Griechenland zu vergiften und das Land auf die geplanten Judenverfolgungen vorzubereiten. Diese Propaganda richtet sich vor allem an jenen Teil der Bevölkerung, von dem die Deutschen annehmen, dass er für Antisemitismus anfällig sei. Jüdische Wohnungen werden beschlagnahmt, die Bewohner müssen sie verlassen und ihr Hab und Gut aufgeben. Das jüdische Spital wird besetzt, ein gut ausgerüstetes Krankenhaus, dessen medizinisches Personal auf dem höchsten Standard der Zeit war. Dann beginnt man damit, jüdische Geschäfte zu berauben. Es wiederholt sich alles auf die gleiche Art und

Weise, wie es schon überall, in allen Ländern, in allen Städten geschehen war, die die deutsche Raserei erreicht hatte. Die verschiedensten Verbote werden verkündet. Juden dürfen keiner Organisation mehr angehören. Sie dürfen ihren Wohnsitz nicht ohne Erlaubnis wechseln. Tun sie es trotzdem, werden sie zu Deserteuren erklärt und sofort erschossen. Es wird den Juden verboten, Verkehrsmittel zu benützen. Sie dürfen kein Telefon besitzen. Sie müssen ihre Telefonapparate beim Amt abgeben. Es wird den Juden außerdem verboten, nach Einbruch der Dunkelheit die Häuser zu verlassen.

KAPITEL 2

Die Juden tragen jetzt den Davidstern auf der Brust. Sie müssen natürlich selber für dessen Massenanfertigung aufkommen. Der Stern muss gelb und groß sein. Alle, die älter als fünf Jahre sind, müssen ihn tragen. So darf Alberto, der jetzt den Stern trägt, keine öffentlichen Verkehrsmittel mehr benutzen. Und jede Verspätung nach Sonnenuntergang kann den Tod bedeuten. Alberto kann seiner Arbeit nicht mehr nachgehen, denn das Haus, in dem er mit Edda wohnt, ist so weit von seinem Büro entfernt, dass es unmöglich ist, zu Fuß dorthin zu gelangen.

Eddas Familie hat noch den finanziellen Rückhalt, um das junge Paar zu unterstützen. Aber für Alberto ist es entwürdigend, sein Recht auf Arbeit nicht wahrnehmen zu können und auf die Unterstützung seiner Schwiegereltern angewiesen zu sein. Er fühlt sich, den ganzen Tag im Haus eingesperrt, wie ein Löwe in einem Käfig. Edda befürchtet einen baldigen Ausbruchversuch, da sie seinen Bewegungs- und Tatendrang kennt.

Das Unrecht zermürbt Alberto. Seine Seele kann all diese Demütigungen nicht hinnehmen. Der tägliche Anblick von Erniedrigungen und Ermordungen zerbricht ihn. Er schweigt stundenlang, hält das Gesicht in seine Hände, stützt die Ellenbogen auf die Knie, so als würde er demnächst zusammenbrechen. Zum ersten Mal in seinem Leben fühlt er das unerträgliche Gewicht der Unfreiheit auf ihm lasten, das ihn in einen Sumpf hineindrücken und zu ertränken versucht. Jetzt muss Edda die Stärkere sein und ihn trösten. Auf ihre ruhige, geduldige Art sucht sie ihn zu besänftigen, ihm Mut einzuflößen. Und er wird zum kleinen Jungen, der den Schoß der Mutter sucht, um sich zu verstecken und Sicherheit zu spüren.

Ihre Liebe ist nicht mehr sorglos, lächelnd, spielerisch. Sie ist von Verzweiflung und vom Schmerz des Überlebenskampfes durchdrungen. Der Liebesakt ist die Befreiung aus der Schlinge, die sie erwürgt, ihre Umarmung der Hafen, an den sie sich kurzfristig retten.

Edda wird schwanger. Es ist der Sommer 1941, die härteste Zeit für alle Griechen, die blutigste für die Juden. Diese Schwangerschaft macht alles noch schlimmer, noch tragischer. Alberto schaut schmerzerfüllt auf seine Geliebte. Wie wird ihr zarter Körper dieser zusätzlichen Belastung standhalten können? Sie sprechen mit Bangen von Abtreibung. Aber sie wagen sie nicht. Stundenlang verweilen sie in der Nacht eng umschlungen und weinen. Dieses Wesen, das in den verzweifelten Umarmungen ihrer verängstigten Körper gezeugt worden ist, können sie unmöglich zerstören. Vielleicht wird das kleine Wesen der Prophet sein, der sie aus der Finsternis zum Licht führen wird, aus der Sklaverei zur Freiheit, zum gelobten Land.

»Wenn der Herr, Dein Gott, dich in ein prächtiges Land führt, ein Land mit Bächen, Quellen und Grundwasser, das im Tal und am Berg hervorquillt, ein Land mit Weizen und Gerste, mit Weinstock, Feigenbaum und Granatbaum, ein Land mit Ölbaum und Honig.«[1]

■ *Nach und nach wird die Jüdische Gemeinde von Saloniki ihrer vollkommenen Auflösung zugeführt. Alle ihre ökonomischen Möglichkeiten werden bis zur äußersten Grenze ausgeschöpft. Die jüdischen Hilfsorganisationen, die sich um die Mittellosen gekümmert hatten, sind von den Besatzungstruppen verboten worden. Tausende von Menschen, die täglich eine Mahlzeit bekamen, erhalten nichts mehr. In den jüdischen Armenvierteln Rezi Vardar, Kalamarià, Ajia Paraskevì und Vorort 151 herrscht große Not. Die wohlhabenderen Juden versuchen noch immer, im Geiste der traditionellen Solidarität ihre darbenden Glaubensbrüder zu unterstützen. Aber es wird wegen der eingeschränkten Bewegungsfreiheit*

---

1 5. Mose, 8, 7.–8., Die Bibel, Einheitsübersetzung der Heiligen Schrift. Gesamtausgabe im Auftrag der Bischöfe Deutschlands, Österreichs und der Schweiz, Stuttgart 1999, S. 187–188.

zunehmend schwieriger. Der Beistand durch wohltätige Stiftungen ist durch die neue Rechtslage untersagt. Was über Jahrhunderte durch Mitmenschlichkeit und Selbsteinschränkung aufgebaut wurde, ist innerhalb weniger Wochen zerstört.

Fünfunddreißigtausend Juden von Saloniki waren arm. Sie benötigten die Hilfeleistungen aus den ausgezeichnet organisierten und koordinierten Spendenfonds, die ihre wirtschaftlich bessergestellten Glaubensgenossen stets mit ihren freiwilligen Beiträgen auffüllten.

Die dreihundert Knaben des Waisenhauses Allatiní, das 1910 gegründet worden war, und die vierzig Mädchen des Waisenheimes Aboaw, in dem diese zu Schneiderinnen ausgebildet wurden, um später ihren Lebensunterhalt eigenständig verdienen zu können, werden geschlossen, die Kinder der Straße übergeben.

Die Unschuldigen sind völlig ahnungslos über ihr Schicksal, was die Methoden zu ihrer Vernichtung vereinfacht. Der abgrundtiefe, durch keine Logik nachzuvollziehende Hass der Deutschen trifft die Juden von Saloniki, ebenso wie alle Juden weltweit, völlig unvorbereitet. Sie können ihm durch nichts begegnen. Ihr Nachdenken darüber ist, wie immer, naiv. Welche Differenzen kann Hitler mit dem Lastträger vom Hafen haben? Es gelingt diesem ja kaum, seine Familie zu ernähren. Was fordert Hitler vom Kastanienverkäufer, vom Höker, vom Marketender, vom Kräuterhändler, vom Fabrikarbeiter? Aber Hitler ist irrsinnig. Nur ein kleiner Teil der Deutschen wird dies begreifen, aber es bleibt ihm keine Zeit, etwas zu unternehmen. Die deutsche Nation verliert den Verstand, fast ausnahmslos. Sie jubelt berauscht dem »Führer« zu und lässt sich angesichts der Versprechungen verlocken, erpicht auf Eroberungen und Sklaven, gierig nach Reichtum und Größe. Sie gehorcht dem Diktator blindlings.

Alberto ist vollkommen eingeschüchtert, als sich der Tag der Niederkunft nähert. Das Haus der Schwiegereltern, in dem er mit Edda wohnt, ist sehr weit von der Klinik entfernt. Falls die Wehen nach Sonnenuntergang einsetzen, müsste sie ohne Hilfe gebären und einer Vielzahl von Gefahren begegnen. So entschließen sie sich, zu Eddas Onkel zu ziehen, der näher bei der Klinik wohnt.

In dieser Stadt der Trauer findet fast niemand mehr Zeit, den anderen zu trösten oder darüber nachzudenken, was für ihn besser wäre, um ihm einen Rat erteilen zu können. Alle folgen ihrem Instinkt. Jeder trägt allein die Verantwortung für sein Leben, jeder fällt einsam seine Entscheidungen.

»Que Dieu vous protège« (möge Gott euch beschützen), flüsterte Eddas Mutter, als sie das Paar verabschiedete. Und die gutherzige, langatmige Psalmodie der mütterlichen Stimme umhüllte Edda wie eine warme Hand einen eiskalten Stein.

Eddas kastanienbraune feuchte Augen blinzelten wie nach einem Fotoblitz und hielten das Bild vom geliebten Gesicht fest, dessen Beistand sie in dieser schweren Stunde dringend benötigte, aber nicht mitnehmen konnte. Unter dem mütterlichen Blick wurde sie durchsichtig. Die Mutter konnte in ihr wie in einem offenen Buch lesen und verstand sie wie sonst niemand.

Zwei schwere Tränen brachten ihre Wimpern zum Zittern, fielen auf die fahlen Wangen. Die Mutter blieb stehen und schaute ihrer sich entfernenden Tochter nach. Sie spürte, wie ein Stück ihres Herzens herausgeschnitten und weggebracht wurde. In normalen Zeiten wäre diese Schwangerschaft eine Sonne, die alle in der Familie erwarteten, um sich an ihrem heiligen Licht zu erwärmen. Die Ankunft des Säuglings aus Eddas zerbrechlichem Körper wäre eine Erscheinung des Messias, der mit seinem Lachen und Schreien den heiligen Funken des Volkes weitertragen würde.

Der Schmerz entleert dich. Er raubt dir deine Gegenwart. Du verlierst den Weg, den du kanntest. Du lässt dich vom Leben treiben, ohne zu denken, ohne teilzuhaben. Alles bekommt eine völlig andere Bedeutung, und was für dich vor Kurzem noch unvorstellbar war, erscheint auf einmal natürlich und folgerichtig.

■ *Die Juden konnten sich in ihrem Innern nicht klar werden, wie es möglich war, dass ihnen der liebe Gott diesen Satan geschickt hatte. Und hatte ihn nicht Gott geschickt, wer war es dann?*

Während fast fünf Jahrhunderten haben sie hier ihr Leben aufgebaut, es mit unendlicher Geduld und Leidenschaft neu geschaffen, ihre Synagogen errichtet, die Wohnsiedlungen mit den großen Gärten. Noch immer sangen sie ihre Romanzen aus Toledo, Sevilla und Kastilien. Und auf einmal werden sie auf grausame Weise wieder entwurzelt. Dieses Mal haben sie nicht einmal die Wahl, ihren Glauben zu leugnen oder auszuwandern, um dem Tod zu entgehen. Die Barbaren des zwanzigsten Jahrhunderts sind entschlossen, das jüdische Herz auszureißen, den Körper zu verbrennen, ihr Andenken tonnenweise mit Asche zuzuschütten.

Wie in jedem Land, das die Deutschen erobert haben, mussten auch in Saloniki die Juden als Erste zu Märtyrern werden. Das Verbrechen an ihrer Seele würde dem Verbrechen an ihrer materiellen Existenz vorangehen. Lächerlichkeit, Verzweiflung, Todesangst. Dieses Triptychon an Entwürdigung bereitet auf die totale Ausrottung vor. Erst muss ihre Moral gebrochen werden. Der Sadismus, zu dem die finstere Seele des »arischen« Folterers mit grausamer Konsequenz abgerichtet worden ist, muss seine Befriedigung im Schmerz der Opfer finden.

Kälte, Hunger und Krankheiten breiten sich im noch vor Kurzem fröhlichen Hafenquartier aus. Die Menschen schmachten. Die Kinder, die unverdächtigsten der Opfer, verlieren ihre göttliche Ausstrahlung. Das Elend zeichnet ihre Gesichter. Sie spielen nicht mehr. Sie lachen nicht. Sie betteln um ein Stückchen Brot oder durchwühlen die Abfälle und suchen nach etwas Essbarem. Die armen Judenkinder, die ihr einziges Tagesmahl verloren haben, sterben bald tagtäglich an Unterernährung vor den Augen der unglücklichen und verzweifelten Eltern.

Am 3. April 1942 beginnen bei Edda die Geburtswehen. Onkel und Ehemann flechten ihre Hände zu einer Sitzfläche und tragen Edda zur Klinik. Es ist Abenddämmerung, das Ausgehverbot bereits in Kraft. Den Männern ist unheimlich zumute. Doch Gott scheint auf ihrer Seite zu stehen, denn sie erreichen die Klinik unbemerkt. Um ihre Schreie zu unterdrücken, beißt Edda auf die Lippen, die zu bluten beginnen, sie stößt ihre Fingernägel in die starken Arme Albertos.

Mit dem ersten Tageslicht kommt ein Mädchen zur Welt, dessen Weinen den Kreißsaal erfüllt. Ein Säugling ohne jeden Verdacht, dass er einem unerwünschten Volk angehört, dessen Existenz allein schon Verbrechen ist. Edda, erschöpft und kraftlos, schaut mit glücklichen Augen auf ihre Tochter.

»Wie schön sie ist!«, sagt sie voller Stolz zu ihrem Mann. »Ich möchte, dass wir ihr den Namen deiner Mutter geben. Sie soll Réina (Königin) heißen.«

»Wie du wünschst, Liebling«, erwidert Alberto mit Tränen in den Augen. »Du hast das schönste Kind, das ich je gesehen habe, zur Welt gebracht.« Edda fiel in einen tiefen erlösenden Schlaf. Dies war das bisher bewegendste Ereignis in ihrem Leben.

■ *Die Deutschen haben, ein jeder für sich und alle zusammen als Gemeinschaft, jede in der Geschichte der Menschheit überlieferte Roheit und Niedertracht übertroffen.*

Die erste abscheuliche Maßnahme der Eindringlinge gegen die jüdische Bevölkerung wurde in der damals deutschfreundlichen Zeitung »Apojevmatini« am 11. Juli 1942 veröffentlicht. Es war der Befehl an alle jüdischen Männer zwischen achtzehn und vierzig Jahren, sich am folgenden Samstag um 8 Uhr morgens am großen »Platz der Freiheit« zu melden. Die Veröffentlichung sagte nichts Genaues über den Grund der Versammlung aus, aber es war leicht zu erraten, dass es sich dabei um die Auflistung aller arbeitsfähigen Juden handeln würde, um sie für Zwangsarbeiten einzusetzen.

Es wurde aber damit auch bezweckt, die Macht der Nazis und ihre kriminelle Bereitschaft zu demonstrieren, alles gegen die Juden zu unternehmen. Es war der Beginn ihrer Terrorisierung und Entwürdigung, um ihnen zu beweisen, dass ihr Weiterleben ganz in den Händen der Nazis lag und von deren Launen und persönlichen Gelüsten abhing.

Neuntausend Männer versammeln sich an diesem schwarzen Samstag am »Platz der Freiheit«, am selben Ort, wo einst, im Juli 1908, das Manifest von Freiheit, Gleichheit und Brüderlichkeit in zehn Sprachen verlesen worden war.

Auf diesem Platz spielen sich unvorstellbare Szenen von Qual und Pein ab. Jeder menschliche Respekt vor dem Gesetz der Gleichbehandlung, der Großmut, die Würde des Eroberers gegenüber dem Unterworfenen werden mit Füßen getreten. Bei zweiundvierzig Grad Hitze müssen die Juden stundenlang, ohne sich mit einer Mütze, einem Hut, einer Sonnenbrille, nicht einmal mit einer Zeitung vor der stechenden Sonne schützen zu dürfen, die von den Deutschen ausgedachten aufreibenden gymnastischen Übungen ausführen. Jene, die in Ohnmacht fallen, werden mit Wasser bespritzt und so lange mit schweren Militärstiefeln getreten, bis sie wieder aufstehen. Sie müssen Luftsprünge machen, sich auf dem Boden wälzen, auf dem Bauch kriechen, während sie verhöhnt, bespuckt und beschimpft werden. Vielen gelingt es nicht, trotz der wilden Tritte mit den Stiefeln, sich wieder aufzurichten. Sie sterben an Hitzschlag oder werden erschossen. Viele sterben an jenem Tag an den Folgen dieser verbrecherischen Spiele zur Ergötzung der Folterknechte und ihrer griechischen Spitzel, aber auch der deutschen Frauen, die hier Dienst leisten. Diese »anständigen Fräuleins« sitzen auf den Balkonen der umliegenden Häuser, aus denen sie eine bessere Sicht auf die Torturen der Juden haben. Sie genießen das Geschehen lachend und laut rufend. Während der härtesten Szenen, vor allem, wenn viel Blut aus den Opfern trieft, brechen sie in Begeisterungsstürme aus und klatschen Beifall.

Knapp eine Woche nach der Entlassung von Edda und Réina aus der Klinik erkrankt die Kleine an Lungenentzündung. Der winzige Körper windet sich im hohen Fieber. Die Eltern sind verzweifelt. Sie bitten Vital, Albertos Bruder, der Arzt ist, zu ihnen zu ziehen. Er folgt ihrer Aufforderung. Die überraschende Besetzung der Stadt durch die Deutschen hatte es ihm unmöglich gemacht, seinen Traum zu verwirklichen und mit seiner Frau nach Palästina zu ziehen.

Sie verbringen die Nächte an der Wiege der Kleinen, beobachten den rasch pulsierenden Atem der zierlichen Brust, den schweißgebadeten Körper. Dieses süße Lebewesen, das für kurze Zeit einen Lichtstrahl in ihre erschütterte Existenz geworfen hat, scheint sich aufzugeben und sie in ihrer beklemmenden Finsternis zurückzulassen.

Vital, der alles versucht, um das Leben seiner Nichte zu retten, begreift, dass er den Kampf verlieren wird. Da beschließt er, seine allerletzte Karte auszuspielen. Er beginnt der Kleinen wenige Tropfen eines neuen Medikaments einzuträufeln, des Penizillins, das sich noch im Versuchsstadium befindet. Es ist purer Zufall, dass Vital über einige Musterpackungen verfügt. Es gelingt ihm, die Kleine dem Tod zu entreißen.

Réina überlebt, um mit ihrem Dasein eine Todesbahn zu beschreiben und in der merkwürdig irren Welt der Erwachsenen zu bestehen. Sie wird ihr persönliches Schicksal auf dieser ganzen Laufbahn mit sich schleppen, und der unverzeihliche Makel, als Jüdin geboren zu sein, wird ihr ganzes Leben unauslöschlich prägen.

Nur wenige tausend Juden waren noch außerhalb des Ghettos verblieben, aber auch sie warteten bloß, bis sie an die Reihe kamen, in der Ruine eines elenden Gebäudes eingepfercht zu werden. Auch das Letzte an menschlicher Würde zu verlieren, die Hoffnung auf freies Zusammenleben, auf freien Gedankenaustausch, auf minimale Sicherheit. Weit entfernt von der, nach der krankhaften Auffassung der »Arier«, »gesunden« menschlichen Gesellschaft. Sie marschierten stundenlang gebückt, Menschenhaufen hinter Menschenhaufen. Sie trugen auf ihrem Rücken alles von ihrem Besitz, was sie mitschleppen konnten, in ihren Armen die Kinder. Erschöpft und schweigend folgten sie ihrem unbekannten Schicksal.

»Wir werden nicht ins Ghetto gehen«, sagte Alberto.

Edda erschrak. Sie kannte diesen Ton in seiner Stimme, der keinen Widerspruch zuließ. Seinen Stolz und sein Bedürfnis nach Freiheit, die ihm genauso unentbehrlich waren wie das Atmen. Seit Langem befürchtete sie einen Ausbruch und hatte ängstlich auf diesen Augenblick gewartet. Alberto beugte nie sein Haupt. Er konnte auch scheinbar milde Versuche der Unterdrückung nicht akzeptieren. Das Freiheitsrecht für sich, aber auch für die anderen hatte er immer hochgehalten. »Schweigen ist Mitschuld«, sagte er oft, und Edda hatte begriffen, dass in diesem Satz sein ganzes Leben enthalten war.

»Was sagst du da und machst mir Angst«, erwiderte sie, nur um etwas zu sagen. »Du weißt genau, dass die Befehle der Deutschen Gesetz sind.«

»In welchem Gesetzbuch steht das? Sag es mir, denn ich kenne es nicht, obwohl ich Jurist bin.«

Was um ihn herum geschah, alles Schändliche und Unbegreifliche, es drängte sich in seinem reinen Herzen zu einem schweren und unauflöslichen Gemenge zusammen. Es verlangte nach einem göttlichen Gericht, das urteilen und die Taten dieser gesetzlosen Bestien ahnden würde.

Edda wusste, dass es ihr nicht möglich sein würde, ihn umzustimmen. Sie musste ihn zum Sprechen bringen, seine Gedanken zu Ende denken lassen, wie dieses Ende auch aussehen würde.

»Woran denkst du?«, sagte sie schließlich nachgebend.

»An die Scheidung!«

Sie schaute auf, blickte ihn an mit staunendem Schmerz, wie man einen geliebten Menschen bei den ersten Anzeichen des Wahnsinns ansieht.

»Welche Scheidung?«, stammelte sie.

»Unsere Scheidung, Edda«, sagte er, und sein Lachen, scharf wie das Hämmern in einem leeren Zimmer, entsetzte sie. »Es erscheint dir widersinnig, aber nichts mehr ist paradox! Bevor wir heirateten, hattest du das spanische Bürgerrecht. Du wirst es zurückerhalten nach der Scheidung. Die Bürger Spaniens haben noch gewisse Vorrechte. Du wirst das Recht haben, nicht ins Ghetto gehen zu müssen. Du bleibst mit der Kleinen zu Hause.«

»Und du?«, fragte sie mit erloschener Stimme.

»Lass mich. Ich weiß, was ich zu tun habe.«

»Was wirst du tun?«, beharrte sie.

»Ich gehe in die Berge zu den Partisanen.«

Eddas Beunruhigung steigerte sich beim Hören dieses Satzes.

»Du weißt, Liebling, dass dies nicht mehr möglich ist«, sagte sie verzweifelt. »Du trägst den Stern, hast keine Ausweise …«

»Alles ist möglich, wenn man nur will. Ich werde auf jeden Fall kämpfen. Ich bin so oder so verloren.«

Edda wusste, dass sie nichts erreichen würde, wenn sie diesem Vorsatz und seinem verzweifelten Mut ihre Vernunft entgegenzustellen versuchte.

Was er vorhatte, war ein Spiel mit dem Feuer. Aber sein Herz wollte dies. Nie würde er sich ergeben. Mit dem Licht, das sein starker Geist ausstrahlte, öffnete er seinen Weg durch die Finsternis und schritt voran.

Schließlich akzeptierte sie scheinbar gelassen seine Entscheidung. In Gegenwart zweier Zeugen ließ sie sich von ihrem geliebten Mann scheiden. Wie leidenschaftlich war sie verliebt gewesen, wie viele Widerstände hatte sie überwinden müssen, um ihn zu ihrem Gemahl zu machen.

Aber nichts geschah so, wie es Alberto geplant hatte. Edda kam gar nicht dazu, ihre spanische Staatsbürgerschaft zu aktivieren. Sie musste dem

Schicksal aller anderen Glaubensgenossen folgen und zusammen mit der Kleinen ins Ghetto ziehen. In der allgemeinen Verwirrung weiß Alberto auch nicht mehr, was er tun soll. Er packt Edda an den Armen.

»Ich muss mit dir kommen, Edda. Es ist feige, dich alleine zu lassen«, sagt er ihr in panischer Angst.

Diesmal ist sie es, die nicht will, dass so etwas geschieht.

»Es ist nicht vernünftig, was du da sagst. Außerdem sind wir nicht mehr ein Ehepaar.«

Er schaut sie verzweifelt an.

»Und du? Wie wirst du zurechtkommen?«

»Mach dir keine Sorgen um mich. Ich werde es schon schaffen.«

Sie sagte dies mit fester, ruhiger Stimme. Aber in ihrem Herzen wüteten wilde Fragen. Wie würde sie es alleine schaffen mit einem kleinen Mädchen in den Armen? Viel wichtiger war jetzt, ihn davon zu überzeugen, wegzugehen. Für seinen freiheitsliebenden und kompromisslosen Charakter war das Ghetto viel gefährlicher als das Abenteuer der Flucht.

»Ich verspreche dir, dass es mir gelingen wird, das Ghetto zu verlassen.«

Er drückte sie verzweifelt an seine Brust. Ihr zarter Körper krümmte sich zwischen seinen starken Armen. Sie unterdrückte einen Aufschrei, um sich nicht zu verraten.

»Geh jetzt, bitte!«

Er küsste sie leidenschaftlich auf die Lippen. Er umarmte seine Tochter. Er riss den Davidstern von seiner Jacke und trat auf die Straße. Das *Russische Roulett*, das er mit seinem Leben spielen sollte, war zu jener Zeit nichts Außergewöhnliches. Das Ziel war allein entscheidend. Und das Ziel war irgendein Wachtposten der Partisanen, den er oben auf dem Berg erreichen wollte.

Er schritt zielgerichtet voran, immer nur nach vorne schauend. Er hatte gemäß einer geheimen Landkarte, die er konsultieren konnte, eine Richtung nach Norden eingeschlagen. Als Kompass benutzte er nur sein Gehirn, in dem er schier unbegrenzt alles abbilden und speichern konnte. Nicht ein einziges Stück Papier trug er mit sich. Ein junger Mann, getrieben vom

Durst auf Überleben und von der Hoffnung, dass irgendwo mitten in der Finsternis ein Licht erscheinen würde, um ihm den Weg zu weisen.

Edda fand sich mitten in der allgemeinen Verzweiflung des Ghettos zusammen mit Zehntausenden von Glaubensgenossen. Sie war in eine wilde Welt ausgesetzt, völlig verschieden von jener, in der sie bisher gelebt hatte. Sie fror, war schmutzig, gefühllos, ihr gewichtloser Körper war auf einmal schwer. Noch schwerer aber wog der Säuglingskörper ihrer Tochter. Die Existenz dieses Wesens war eine angstvolle Verantwortung in diesem harten Abenteuer ihres Lebens.

Alberto marschierte und marschierte endlos, ohne Unterbrechung. Wenn seine kräftigen Beine ihn nicht mehr tragen wollten, ruhte er sich für wenige Augenblicke aus, dann setzte er seinen Marsch fort. Seine Seele schien ihn von selbst zu beruhigen, wenn er aufbrausen wollte. Er spürte, dass ihn etwas beschützte, ihm den Weg wies, seinen Schritt lenkte. Vielleicht war es der Gott der Verfolgten.

»Ist es denn der gleiche Gott, der dieses Verbrechen erlaubt hat?«, dachte er für einen Augenblick, als ihn die Bitterkeit überkam.

Er verscheuchte diese Gedanken. Er fühlte für sich dasselbe, was Moses für sein Volk empfunden hatte, als er ihm, koste es, was es wolle, den Weg aus der Wüste weisen musste. Oft hüpfte er, ohne es zu merken, wie ein Steinbock durch das unwegsame Dickicht und über die eng verschlungenen Zweige der Mácchia. Diese sonderbare, gefährliche Freiheit schmeckte ihm wie Meerwasser im Mund, und dieser Geschmack blieb bestehen, auch nachdem er an irgendeiner Quelle seinen Durst gelöscht hatte. Er gab sich große Mühe, einen klaren Kopf zu behalten, was ihm aber nicht immer gelang. Die Bilder von Edda und Réina trübten seine Gedanken und brachten seine Seele gefährlich durcheinander. Er versuchte sich davon zu befreien, um sich Erleichterung zu verschaffen und den Schwung seiner Schritte nicht zu vermindern. Dieser Zweck musste die Mittel heiligen. Die Vergangenheit musste ausgelöscht werden. Sein Geist musste zu einem unbeschriebenen Blatt werden, wollte er sein Ziel erreichen. Die Zukunft kannte er nicht. Niemand kannte die Zukunft. Um irgendeinmal

später seiner Frau und seiner Tochter helfen zu können, musste er sie heute vergessen. Das war kein Verrat. Wut und Schmerz waren ganz gefährliche und hemmende Elemente. Sein Gedächtnis durfte nicht den Gefühlen gewidmet, nicht von den zurückgelassenen Erfahrungen überwältigt sein. Es musste sich neu aufbauen auf den Fundamenten der wirklichen Geschehnisse. Er versuchte, so zu empfinden, wie es ihm Edda raten würde:
»Schreite voran, Alberto! Blicke nur vorwärts.«
Ihre weise Ansicht über Dinge, die er gar nie bedacht hatte, beschämte ihn.

Die bekannteste jüdische Familie von Thessaloníki waren die Fernandez. Nicht nur wegen ihres Reichtums und der adligen Herkunft, sondern weil sie sich auf dem Gipfel befanden, wie ein Heiligenschein über der Stadt. Eine adlige Familie, welche die Tradition vieler Generationen und die Kontinuität der Denkweise der *familias excelentes* in diese Hafenstadt gebracht hatte. Sie waren italienischer Abstammung und hatten ihre italienische Staatsbürgerschaft behalten.

Das Haus, das sie erbaut hatten, war ein wahrer Palast. In den großen und hellen Zimmern standen die wertvollsten Möbel aus Europa und dem Orient. Sie passten so vollkommen in die Räume, als wären sie die Seele, die den zugehörigen Körper gefunden hatte. Die Wände waren mit auserlesenen Kunstwerken geschmückt. Es fehlten weder Degas oder El Greco noch Renoir, Van Gogh oder die Maler der Renaissance.

In den Nächten ertönten aus dem Grammophon des großen Salons die sanften Weisen des Orients, die alle Gäste bezauberten und eine Atmosphäre erlesener Feinfühligkeit erzeugten. Alles war so geschmackvoll aufeinander abgestimmt, dass die Seele nicht aus ihrer Ruhe abgelenkt werden konnte. Sie hatte sich vom Kleinmut der Menschen befreit und in diesen Räumen eine schöne und großzügige Welt gestaltet. Nichts war übertrieben oder überflüssig. Nichts machte auf seine Gegenwart aufmerksam. Das Beseelte und das Unbeseelte blieben genau das, was sie waren: natürlich, ohne Auffälligkeit, ohne Pomp.

Viele bekannte Persönlichkeiten, Einheimische und Juden, haben durch ihre Anwesenheit zum Ruhm dieses Hauses beigetragen, das den

Namen *Casa Bianca* erhalten hatte, nach dem Vornamen der großen Dame der Familie, der Edelfrau Bianca Fernandez. Intellektuelle und Künstler, Politiker und Geschäftsleute, Menschen mit Ansehen und Würde fühlten sich besonders geehrt, von der Familie Fernandez zu ihren Empfängen geladen zu werden, die immer aufs Perfekteste durch die Edelfrau persönlich vorbereitet waren.

Bianca und Dino Fernandez hatten zwei Kinder. Pierre und Aline. Von den Eltern hatten beide eine spontane Höflichkeit und den Geist der Solidarität mit den Mitmenschen übernommen. Seit Generationen waren diese Eigenschaften entwickelt und gepflegt worden, um der folgenden Generation vermittelt zu werden.

Die Fernandez hatten einen geachteten Platz im Herzen ihrer Mitmenschen eingenommen. Eine Familie, deren Ausstrahlung, menschliche Zuversicht und Lebensfreude sich auf die anderen innerhalb der Gemeinde übertrugen. Die Besetzung der Stadt durch die deutschen Truppen geschah, während die dritte Generation der Familie in Thessaloniki lebte.

Aline hatte Spýros Alibértis geheiratet, einen Offizier der griechischen Armee, Sproß einer angesehenen Familie. Ihre Eltern hatten anfänglich Bedenken geäußert. Spýros war zwar ein gebildeter und vielversprechender junger Mann. Aber der Glaubenswechsel ihrer einzigen Tochter stellte eine Abweichung von all dem dar, was in der Familie seit Generationen mit Hingabe und Leidenschaft bewahrt worden war: die Fortführung der religiösen Tradition, die heilige Pflicht dem Volk gegenüber. Aber die trauerbeschwerten Augen von Aline, die zum ersten Mal in ihrem Leben den Freudenglanz verloren und die Eltern anflehten, stimmten deren Herz um. Sie konnten dem Glück ihrer Tochter nicht im Wege stehen und akzeptierten den Bräutigam.

Der Sohn, Pierre, heiratete Liliane, eine liebenswürdige, bildhübsche Jüdin aus vermögender Familie. Ihre strahlende Schönheit und außergewöhnliche Herzensbildung verliehen der *Casa Bianca* noch mehr an Attraktivität. Aber auch Liliane fühlte sich vom ersten Augenblick an in ihrem neuen Heim so wohl, als wäre die *Casa Bianca* ihre gelobte Heimat, die auf sie gewartet hatte. Gleich einer ätherischen Prinzessin aus durchsichtigem Porzellan mit stahlblauen ruhigen Augen ließ sie ihre fröhliche Gegenwart durch die luftigen Räume wandeln und erfüllte diese mit einem stillen Glück. Obwohl ihr Leben, das einer wohlerzogenen und verwöhnten Tochter, beneidenswert bequem war, hatte Liliane schon in frühen Jahren das menschliche Leid kennengelernt und sich auch damit angefreundet, einen Beitrag zu dessen Linderung zu leisten. Ihre Eltern gehörten, wie die Fernandez, zu den Mitfühlenden und Wohltätigen unter der Bevölkerung.

Liliane war von ihrer Schulzeit her mit Edda befreundet, als sie gemeinsam die Schule des Nonnenklosters Saint Joseph besuchten. Sie wurden noch engere Freundinnen, als Lilianes Schwester Saríka Albertos Bruder Vital heiratete.

Edda und Liliane hatten vieles gemeinsam. Gleiche Herkunft, gleiche Schulbildung, die gleichen schwärmerischen Mädchenwünsche und ähnliche Vorlieben und Gedanken, als sie zu Frauen heranreiften. Stundenlang waren sie auf dem großen Platz geschlendert, in endlose Gespräche vertieft.

Die Familie Fernandez hatte rechtzeitig dank ihrer italienischen Staatsangehörigkeit erreicht, dass sie nicht ins Ghetto musste. Aber Lilianes weiches Herz schmerzte beim Anblick ihrer Glaubensbrüder, die abgemagert und in Lumpen gekleidet vorbeischlichen. Ihre Augen füllten sich mit Tränen, wenn die verelendeten Kinder mit flehendem Blick zu ihr aufschauten. All die schrecklichen Ereignisse haben sie nicht abhärten können. Ganz im Gegenteil: ihre innere Freude und das Glück, das sie in sich geborgen hatte, machten sie noch zartfühlender und verletzlicher, aber gleichzeitig menschenfreundlicher und hilfsbereiter.

Alberto marschierte weiter mit unverminderter Entschlossenheit und Anspannung. Der Schweiß tropfte von der Stirn und trübte seinen Blick. Erschöpft und überwältigt von all dem, was er sich vorgenommen hatte, war er in der ihm eigenen Hartnäckigkeit von der Richtigkeit seines Handelns überzeugt. Manchmal hatte er Lust, zur Erleichterung laut aufzuschreien, aber er schämte sich vor sich selber und befürchtete, an Kraft und Energie einzubüßen. Auf keinen Fall wollte er daran denken, dass er möglicherweise einen falschen Weg eingeschlagen hatte. Dies würde sein Ende bedeuten. Wie lange könnte er noch durchhalten? Es war eine Wette mit sich selbst. Seine Kräfte begannen nachzulassen. Wenn er dies spürte, stürzte er sich noch heftiger vorwärts. Oft stolperte er oder fiel um und fluchte leise vor sich hin. Dann wieder, wenn er den Mut zu verlieren schien, flüsterte er, um sich aufzumuntern: »Alles ist nur ein Unwetter, das bald vorübergeht.«

Er gehörte nicht zu jenen, die leicht aufgeben. Er wollte das Leben erobern, und es gefiel ihm, sich selbst seine außergewöhnliche Stärke zu beweisen. Es gefiel ihm auch, Eigenschaften in sich zu entdecken, die ihm noch unbekannt waren. Die Freiheit, die er jetzt spürte, war nichts anderes als die Bestätigung für die Richtigkeit seines Entschlusses. Sein Ungehorsam gegenüber den Nazis, seine Weigerung, sich ihnen bedingungslos zu ergeben, durchströmten seinen jungen Körper wie ein Freudenschauer der Rache. Die Erklärung seiner eigenen Unabhängigkeit war die verwegenste Art der Verachtung, die ein Jude den Deutschen zeigen konnte. Dies wusste er. Auch wenn er sterben sollte, so wäre dies sein eigenes Anrecht am Leben, die Bestätigung, dass er noch frei über sein eigenes Leben verfügt. Dieses Empfinden prägte sich tief in sein Bewusstsein als instinktiver Ursprung von Stolz und Würde. Sein Scharfsinn wurde trotz der großen Müdigkeit klarer und kühner. Seine neue, außergewöhnliche Freiheit glich einem nie da gewesenen Rausch, einem ekstatischen Hochgefühl. Sein hageres, sonnenverbranntes Gesicht strahlte mit einer prophetischen Leuchtkraft, die graugrünen Augen funkelten unter den dichten Brauen in leidenschaftlicher Entschlossenheit.

Die Dämmerung war schon weit fortgeschritten, als er feststellen musste, dass er zu erschöpft war, um weiterzumarschieren. Er ließ sich auf die Wurzeln eines Baumes fallen, und seine schweren Knochen knirschten auf den Blättern. Sonderbare Laute kamen aus dem Berg, als wäre es das leise Stöhnen von Menschen. Zwischen den dunklen Umrissen der Bäume schienen mystische Ungeheuer mit Stoßzähnen und schreckliche Drachen mit spitzen Krallen auf ihn zu lauern. In seinem Innern rang die Angst des erschrockenen Kindes mit der Prahlsucht des jungen Mannes. Schließlich überwog die Müdigkeit. Die furchteinflößenden Bilder wurden schwächer und verschwanden. Ein erlösender Schlaf eroberte seinen erschöpften Körper. Die feuchte Frühlingsnacht ließ ihn in ihre verführerische Tiefe sinken.

■ *Auf Befehl von Max Merten werden viele Juden völlig grundlos verhaftet und ohne die geringste Anschuldigung in die schrecklichen Gefängnisse von Eptápyrgos, den berüchtigten Jedi Kulè, geworfen.*
Es sind Erpressungsmethoden gegenüber der jüdischen Gemeinde, deren Mitglieder alles unternehmen, um die von ihm geforderten Lösegelder aufzutreiben, um so viele ihrer Mitbrüder wie möglich vom Tod zu retten.
Dieselbe Erpressungsmethode benützt Merten, um Geiseln freizugeben, die zu schwerer Zwangsarbeit herangezogen werden. Die Deutschen wechseln alle paar Wochen die Schichten der zur Zwangsarbeit Genötigten. Nur die kräftigsten und jüngsten der Betroffenen haben die Chance zu überleben. Der Hunger, die Krankheiten, die Kälte und die Schläge bringen sie um. Jene, die zurückkehren, sind zu Skeletten abgemagert, mit Lumpen bedeckt oder mit Zeitungen, die um den Körper geschnürt sind.
Die Glaubensgenossen sind von deren Anblick erschüttert. Sie scheinen nicht wirklich lebendig zu sein, sondern bloß an Lebewesen zu erinnern. Man versucht das Unmögliche, um sie zum Leben zurückzuholen, pflegt ihre Wunden, gibt ihnen zu essen, deckt ihre Nacktheit zu. Diese wandelnden Schatten sind ihre Geschwister. Sie selbst sind nur vorläufig dem Ungeheuer entkommen. Niemand weiß, was der folgende Tag bringen wird. Niemand kann abwägen, zu welchem Spiel, zu welchem Vergnügen das Ungeheuer morgen aufgelegt sein wird. Nichts mehr zählt, ob arm oder reich, ob angesehen oder unbedeutend, für die Deutschen genügt es, dass du ein Jude bist, was du auch immer früher getan hast, wo du auch hingehörtest, es war von allem Anfang an ein großer Fehler, ein unsichtbares Verbrechen, für das du büßen musst. Der größte Fluch des Menschen, der Schrecken, wird dich überallhin verfolgen. Er lauert auf dich wie eine Spinne, um dich in ihrem dichten Netz einzufangen und darin einzuwickeln, bis du erstickst.
Wonach die Deutschen am meisten verlangten, war die Seele der Juden. Das Töten ihres Gottes in ihnen. Mit ihrem verruchten Sarkasmus spotteten sie:
»Wo ist er denn, dein Gott? Wenn er dich liebt, warum rettet er dich jetzt nicht?«

Edda stützte alle ihre Hoffnungen auf ihr und das Überleben ihrer Tochter auf Liliane. Auf jenen blonden Engel, der in dieser finsteren Hölle den Verlassenen und Leidenden einen Funken Hoffnung brachte. Eine Erinnerung an das Leben. Die Botschaft, dass noch Menschen mit einer Seele existierten. Eine kleine Erinnerung daran, die sich gerettet hatte, die nicht mitbegraben wurde zusammen mit allen Idealen, allen inneren Schönheiten während des großen Einsturzes und der totalen Zerstörung.

Liliane sorgte dafür, dass ihre Freundin das Lebensnotwendigste erhielt, allem voran Milch für ihre Tochter. Sie ließ sogar ihre Kinder alles Mögliche in ihren Kleidern verstecken. Sie bezahlte Christen, für die es leichter war, ins Ghetto zu gelangen und es wieder zu verlassen, um den Eingeschlossenen Lebensmittel zu bringen.

Bei jedem ihrer Besuche im Ghetto versuchte sie es von Neuem, Edda dazu zu überreden, von ihrem Recht als Spanierin Gebrauch zu machen, um das Ghetto verlassen zu können. Edda aber fiel die Entscheidung schwer. Ihr ruhiger, reiner Geist war in eine Wolke aus Verwirrtheit und Indifferenz gehüllt. Mit einem kränkelnden Baby in ihrem Arm, schmutzig, ungepflegt, abgemagert; sie spürte, dass ihr Mut sie verlassen hatte. Ohne Alberto an ihrer Seite schien alles ungewöhnliche und unüberwindbare Dimensionen anzunehmen. Auch wenn es ihr gelingen sollte, den Mut aufzubringen, um bei der deutschen Kommandantur ihren Anspruch auf Befreiung vom Ghetto durchzusetzen, was würde sie mit dieser Freiheit anfangen können? Wohin sollte sie gehen? Alle ihre Freunde und Verwandten waren im Ghetto. Ihr Haus hatten sich die Deutschen angeeignet. Um bei der spanischen Botschaft um Asyl zu ersuchen, musste sie bis nach Athen fahren, was ihr am schwierigsten erschien. Eine solche Reise wäre ein Stelldichein mit dem Tod.

»Ich kann es einfach nicht, Liliane, begreif mich. Ich hab einfach keine Kraft mehr dazu«, sagte sie und bewegte wehrlos ihre schwachen Hände vor der kleinen Brust.

Liliane teilte ihre Bedrängnis. Sie wusste genau, wie schwer es für Edda war, ihrem Rat Folge zu leisten. Es war ein wilder, gnadenloser Kampf ums Überleben mit äußerst geringen Chancen, ihn zu gewinnen. Aber Liliane musste sie überzeugen, es trotzdem zu versuchen.

Edda war von den Bemühungen Lilianes zutiefst gerührt. Sie wollte ihre Freundin nicht enttäuschen. Diese über alle Maßen liebenswürdige Frau ließ durch ihre Worte tropfenweise etwas vom geheimen Licht ihrer Seele über Edda fließen und sie in Wärme und Zuneigung einhüllen. Aber es ging über ihre Kräfte, sich dazu durchzuringen, das Ghetto zu verlassen und sich in ein gewagtes Abenteuer zu stürzen.

Der Tag war noch nicht richtig angebrochen. Die Sonne hatte erst ein fahles rosarotes Licht über die Berge verstreut, als laute Schritte und wilde Stimmen Alberto hochfahren ließen. Vor ihm standen drei raue Gestalten mit grässlichen Gesichtern, bei deren Anblick einem der Schreck in die Knochen fuhr. Er rieb sich die schläfrigen Augen. Als er zu ihnen aufschaute, schienen sie ihm Titanen aus der Mythologie zu sein, und er wirkte daneben wie ein Däumling, den sie sofort verschlingen würden. Aber Alberto begriff sofort, dass er sein Erschrecken nicht zeigen dürfe. Er ließ seine Vernunft walten, und sein rasch arbeitendes Gehirn beruhigte ihn mit der Botschaft:

»Sie scheinen weder Deutsche noch Kollaborateure zu sein. Was sie sonst sein mögen, es wird nicht den Tod bedeuten.«

Er fasste Mut. Der eine der drei, der korpulenteste, schien schon die Geduld zu verlieren, während Alberto schweigend alle drei musterte. Schon packte er ihn, hob ihn in die Höhe und schüttelte seinen schwachen Körper.

»Wer bist du?«

Er war ein Hüne mit breiten Schultern und kräftigen Armen, aber seine Hände hatten eine weiche Haut, was für einen Bergbewohner ungewöhnlich war.

Alberto wusste nicht, was er antworten sollte. Er wollte sich erst vergewissern, mit wem er es zu tun hatte. Er versuchte Zeit zu gewinnen. Er stotterte, ohne Worte zu formen. Der Hüne wurde wütender. Er schrie ihn erneut mit seiner wilden Stimme an:

»Was turtelst du da wie eine Taube. Hast du meine Frage nicht verstanden oder spielst du den Schwerhörigen?«

Er hielt ihn noch immer in der Höhe und dachte nicht daran, ihn auf die Erde abzustellen.

Alberto spürte, dass es kein Entkommen gab. Er musste etwas sagen.

»Ich komme von weit her«, begann er, um noch mehr Zeit zu gewinnen.

»Das freut uns sehr. Wir scheißen drauf, woher du kommst. Wirst du uns freiwillig sagen, wer dich geschickt hat, oder soll ich es aus dir herauspressen?«

»Niemand hat mich geschickt, ich komme von alleine«, stotterte Alberto, der zu merken begann, dass es nicht gut um ihn stand.

»Mit wem sprichst du so, du Nachttopf, wem erzählst du solche Ammenmärchen. Weißt du, wer wir sind?«

Alberto ergriff dankbar diese Frage, um etwas zu erfahren.

»Nein. Ich weiß es nicht. Wer seid ihr?«

»Schau dir diesen Gauner an, der hierher kam, um sich über uns noch lustig zu machen.«

Und nachdem er ihn auf die Erde gestellt hatte, begann er ihn zu ohrfeigen.

In diesem Augenblick schritt der eine der beiden anderen ein, die bislang schweigend das ganze Geschehen verfolgt hatten. Er war dürr, es fehlten ihm zwei Zähne, sodass sich eine Furche inmitten seiner Zunge bildete. Sein dichtes Kraushaar fiel ihm bis zu den Schultern und verlieh ihm das stolze, unbändige Aussehen der Befreiungskämpfer gegen die Türken.

»Lass ihn los, Dionýsi«, sagte er. »Lass ihn erst mal zu sich kommen, und sollte er nicht sprechen wollen, dann werden wir es ihm schon noch zeigen. Seine Augen sind noch immer schlaftrunken. Siehst du es nicht?«

Alberto war erleichtert, dass ihm mehr Zeit vergönnt war. Er schaute auf die von Tau überdeckten Felder unter sich, die sich erst jetzt im Morgenlicht vom Horizont abhoben. Ein goldgelber Schimmer verband die gegenüberliegenden Berge mit dem Himmel, und ein milchiger Schleier stieg auf die Erde herab und verlieh ihr einen überirdischen Schein.

In wenigen Wochen werden die Fernandez nach dem Lago Maggiore in Italien abreisen, da sie glauben, dort in Sicherheit zu sein. Als Pierre die gefälschten Reisepässe ins Haus brachte, für die er eine Riesensumme ausgegeben hatte, brach Liliane in Tränen aus. Was würde aus all diesen

Kindern werden, die sich auf sie stürzten, wenn sie das Ghetto betrat, sie wie ein Bienenschwarm umringten, damit sie in ihre ausgemergelten winzigen Handflächen ein Stückchen Zucker lege, ein Brotkrümel, etwas Glänzendes, was wie Käse aussah. Die erloschenen Augen leuchteten kurz auf voller Hoffnung und Begehren. Und was würde aus Edda und Réina ohne ihren Beistand. Die Tränen unterdrückten ihre Stimme.

»Was wird aus ihnen?«, sagte sie schluchzend.

Ihr Mann umarmte sie zärtlich, er hatte selber Tränen in den Augen. Diese Güte ihrer empfindsamen Seele, die große Sorge um das Schicksal der anderen zu einer Zeit, da kaum jemand einen Gedanken, eine Empfindung für andere verlor, berührten ihn tief und machten ihn gleichzeitig stolz. Ihr graziler Körper schmiegte sich an seinen, er streichelte das goldblonde Haar.

»Meine Liebe, du kannst gar nichts machen. Niemand kann etwas tun«, sagte er ruhig. »Wir können nur Gott anflehen, dass dieser Fluch von uns genommen wird. Er soll sich unser erbarmen.«

Sie blieb in ihre Gedanken versunken.

»Ich muss zumindest Edda und ihre Tochter retten.«

Sie verbrachte zwei grüblerische Nächte und versuchte sich eine Lösung auszudenken. Sobald sie einnickte, sprang sie erschrocken auf, schweißgebadet und tränenüberströmt. Denn es erschien ihr Edda im Traum inmitten von Feuerzungen, die ihr Fleisch versengten. Aus den leeren Augenhöhlen flossen Ströme von Blut. Und darüber schwebte die kleine Réina, weinte jämmerlich und streckte ihre dürren Arme nach Hilfe aus. Plötzlich hatte Liliane einen Einfall, und diese Lösung schien ihrem betrübten Geist die einzig richtige zu sein. Sie fühlte sich etwas erleichtert.

Am folgenden Tag stand sie im Morgengrauen auf, packte alle Lebensmittel ein, die sie finden konnte, steckte sich noch einen teuren Ring gut sichtbar an den Finger, um, falls es nötig würde, einen der Wächter des Ghettos bestechen zu können, und machte sich auf den Weg.

Ihr Denken war von der Leidenschaft ihres Auftrags durchdrungen. Niemandem hatte sie etwas verraten. Sie wollte zuerst mit Edda sprechen. In ihrem Inneren arbeitete es weiter, um alle Aspekte ihres Vorhabens bis zur größten Klarheit auszuleuchten. Jene, die sie als schöne, wohlhabende und etwas unnahbare Frau kannten, würden Liliane für eine Träumerin halten, die in einer eigenen schönen Welt lebte und auf alles von hoch oben hinabschaute, oberflächlich, ohne Tiefe. Aber sie täuschten sich. Liliane war sehr kultiviert, hatte sich angewöhnt und darin geübt, alles zu prüfen, bis sie auf das Wesen der Dinge stieß. Ihre Seele war stark genug, um sich durch die merkwürdigen Wandlungen der Werte nicht überraschen zu lassen. Sie erlaubte sich keine bequeme Betäubung.

Edda erschrak, als sie das müde Gesicht und die roten Augen ihrer Freundin sah. Lilianes rätselhafte Erscheinung ließ Edda sie mit wachsender Aufmerksamkeit betrachten und Schuldgefühle aufkommen, da sie, von der eigenen Not überwältigt, nicht nach den Sorgen und Ängsten der Freundin gefragt hatte. Sie blickte voll zärtlicher Unruhe auf sie.

»Was hast du, meine Liebe, was ist los?«

»Ich leide für dich, Edda«, antwortete Liliane, und ihre großen blauen Augen füllten sich mit Tränen. »Ich denke darüber nach, dass ich dich zurücklassen werde. Was wird aus dir?«

Bei diesen Worten begriff Edda, was sie seit geraumer Zeit nicht wahrhaben wollte.

»Du gehst fort«, sagte sie kaum hörbar.

Liliane erwiderte nichts. Sie senkte schuldbewusst den Blick. Sie wich Eddas Augen aus. Sie spürte, dass ihre Abreise auf Edda wie ein Verrat wirken musste.

»Hör mir zu, ich flehe dich an, hör mir zu«, flüsterte sie und hielt Eddas Hände fest in ihren Händen. »Was ich dir sagen werde, habe ich lange überlegt, nach allen Seiten gewendet und gedreht. Es war sehr schmerzvoll. Du weißt, wie sehr ich mich um dich sorge, wie ich mit dir leide.«

Edda nickte zustimmend.

»Sag es mir. Was du meinst, das geschehen soll, wird geschehen!«

In dieser absoluten Selbstverleugnung spiegelte sich das Ausmaß von Eddas Verzweiflung. Liliane spürte das Gewicht der Verantwortung auf sich lasten und sie zermalmen. Aber sie musste Edda davon überzeugen, dass ihr Vorhaben die einzig mögliche Lösung war.

»Du musst mir das Kind geben«, sagte sie kurz, ohne es zu wagen, Edda in die Augen zu blicken. Sie spürte die Schamröte in ihrem Gesicht beim

Aussprechen dieser Worte. Aber sie fühlte sich auch schon erleichtert, da sie den Anfang gemacht hatte.

Edda schaute sie völlig teilnahmslos mit leeren Augen an. Angst beherrschte sie, nachdem sie begriffen hatte, dass Liliane für immer fortgehen würde. Sie verstand nicht genau, was sie jetzt vorschlug.

»Wirst du die Kleine zum Lago Maggiore mitnehmen?«, fragte sie.

»Nein. Das ist leider nicht möglich.«

Edda blickte sie erstaunt an.

»Was dann?«

»Ich werde sie im Kloster von Kalamarí abgeben.«

Eddas Schwächeanfall war auf einmal verschwunden. Er machte einer instinktiven Kraft, einer animalischen Wut Platz. Wie bei einer friedlichen Löwin, die plötzlich bemerkt, dass jemand ihr Kleines wegnehmen will.

»Das – niemals, hörst du, niemals. Das Kind weicht nicht von meiner Seite, was auch immer passiert. Verstehst du? Was auch immer passieren wird.«

»Was auch immer passieren wird, Edda?«, fragte Liliane angsterfüllt und schaute tief in Eddas Augen, die vor Wut und Schmerz ockergelb geworden waren. »Hast du wirklich gut darüber nachgedacht, Edda, was du da gesagt hast? Wenn du sterben willst, ist es dein gutes Recht. Das Kind aber, was hat es dir angetan?«

Edda atmete schwer. Ihr Körper war schweißgebadet, die Adern an ihrem Hals waren dick angeschwollen. Es klopfte scharf in ihren Schläfen. Ihr noch vor Kurzem verklärtes Gesicht glänzte in feuriger Wut.

Liliane versuchte sie zu besänftigen.

»Du musst mich verstehen. Ich sorge mich um dich. Ich leide mit dir. Jede Nacht erscheinst du mir im Traum zusammen mit dem Kind. Du lässt mir keine Ruhe. Ich muss vor meiner Abreise etwas für dich tun. Es muss sein.«

»Und das ist das Beste, was du für mich tun kannst. Mir mein Kind wegnehmen! Danke für deine Fürsorge.«

Liliane spürte Eddas Selbstzerfleischung. Aber sie wusste, dass sie nicht nachgeben durfte. Sie musste ihren Plan zu Ende führen. Es war der einzige Hoffnungsschimmer für die beiden. Sie appellierte an den Mutterinstinkt.

»Denk wenigstens an dein Kind«, sagte sie flehend. »Denk nur an dein Kleines. Es trägt keine Schuld, für nichts.«

»Und die Tausende von Kindern im Ghetto? Woran sind sie schuld?«, erwiderte Edda trotzig. »Hast du eine Mutter angetroffen, die ihr Kind den katholischen Nonnen gibt?«

»Nein, ich hab keine gesehen. Ich hab keine gesehen, weil sie es nicht tun können. Du aber kannst es.«

»Nein. Ich kann es nicht«, sagte Edda mutlos.

Und auf einmal fand die ganze Anspannung ihren Ausweg in einem erschütternden wehklagenden Weinen. Die schwache Brust bebte beim Schluchzen, das den Atem stocken ließ. Zum ersten Mal, seit sie im Ghetto war, konnte ein solches spontanes Weinen Edda Erleichterung bringen. Der Schmerz, der sich in ihr gestaut hatte, konnte ungehindert hinausstürzen.

Liliane nahm sie in ihre Arme, und Edda kauerte wie ein kleines Kind und ließ sich liebkosen und trösten.

»Edda, ich liebe dich«, sagte Liliane.

Und dieses Wort, das seit geraumer Zeit von allen hier vergessen worden war, ließ Eddas Klage ruhiger werden, ihr Weinen wurde regelmäßiger, weicher, um nach und nach aufzuhören. Ihr Zorn war verflogen. Der erschöpfte Körper wurde auf den Armen ihrer Freundin immer schwerer. Und Liliane nutzte die Entspannung Eddas, um mit der Darlegung ihres Plans fortzufahren.

»Du bist in allen Punkten im Recht, Edda. Aber wir leben in einer verrückten Zeit. Du musst einsehen, dass wir das am wenigsten Schlimme vom Schlimmen suchen. Und dieses weniger Schlimme möchte ich für dich und Réina erreichen, bevor ich Thessaloníki verlasse. Rette dein Kind, meine Liebe. So wirst du auch dich retten können, und du wirst es einmal zurückerhalten.«

■ *Der einzige Feind, der den Deutschen noch Widerstand leisten konnte, waren die Partisanen. Die sich nie ergebende Seele des Griechentums war eine Eigenschaft, die die Nazis nicht richtig einkalkulieren konnten. Der gut dressierte und mit präziser Logik organisierte faschistische Apparat war etwas ganz Lebloses, in ihm war keine Spur von Fantasie, Lust und*

Lebenskunst zu finden. Ihm war es unmöglich, auch nur annähernd das Ehrgefühl und die Heimatliebe dieser Menschen zu begreifen, geschweige denn den Geheimcode der Bereitschaf zur Selbstaufopferung zu entziffern, die in jahrhundertelangem Kampf gegen Sklaverei und Verrat gewachsen war und sich in die Gewissen eingeprägt hat. Die Partisanen, die mit wenigen und veralteten Waffen kämpfen mussten, fanden dank ihres scharfen Geistes und ihrer Flexibilität Mittel und Wege zum Entkommen und Überleben. So bereiteten sie den Nazis großes Kopfzerbrechen. Der klein gewachsene, unterernährte und zerbrechliche David erhob sich gegen die unbesiegbare, größenwahnsinnige Armee, zielte mit seiner schwachen Schleuder auf den eisernen Vogel und traf ihn oft mitten ins Herz. Und dieser fiel schäumend vor Wut auf die blutgetränkte griechische Erde. Aus seinem grässlichen Schnabel drang sein letztes Röcheln.

Trotz der tollwütigen Drohungen der Deutschen, dass jeder, der Partisanen Unterschlupf gewährte, standrechtlich erschossen und sein Haus niedergebrannt würde, und trotz der Verhaftungen und Hinrichtungen hörten die Griechen während der ganzen Besatzungszeit nie auf, die Partisanen mit allen Mitteln zu unterstützen. Diese stellten den einzigen Rest an Würde und Hoffnung, der übrig geblieben war. Das nicht zu unterjochende griechische Herz konnte nicht leicht gebrochen werden, es besaß diese Stärke seit uralter Zeit, seit der Epoche von Apostel Petrus, dessen Name Stein bedeutet. Diese Herzen waren aus Granit, hart und ausdauernd.

Immer wenn irgendein Barbar dieses kleine, heroische Land erobern wollte, stand er vor unerwarteten, unüberwindbaren Schwierigkeiten. Sogar inmitten der schwersten Sklaverei und trotz der scheinbaren, oberflächlichen Ergebenheit und Unterwerfung bewahrten die Griechen ihre Leidenschaft für die Freiheit. Sie ergaben sich nicht ihrem Schicksal. Ein inneres Licht ließ sie bis ans Ende durchhalten und widerstehen. Asketisch oder aufbrausend, nie gaben sie auf. Die vierhundertjährige osmanische Knechtschaft hatte sie am eigenen Leib erfahren lassen, dass es nichts Schlimmeres als Unfreiheit gibt. Nicht einmal den Tod. Deshalb fürchteten sie diesen nicht.

Die griechische Armee kehrte aus allen Fronten zurück, zerlumpt, versengt, amputiert. Zusammen mit den griechischen Christen haben auch die griechischen Juden gekämpft. Dicht nebeneinander. Brüderlich, ohne auch nur für einen kurzen Augenblick an die Verschiedenheit ihres Glaubens zu denken. Juden dienten in allen Bereichen, in allen Dienstgraden, vom einfachen Soldaten bis zum Obersten. Ihr Mut, die Tapferkeit und Heimatliebe fanden Bewunderung und Anerkennung und brachten die jüdischen Soldaten noch näher an ihre christlichen Mitkämpfer. Und als danach die Deutschen mit ihrer gnadenlosen Jagd auf die Juden begannen, halfen die griechischen Partisanen diesen überall und retteten einer großen Zahl das Leben.

Die Sonne sprang auf den gegenüberliegenden Bergkamm und begann rasch emporzuklettern. Sie brachte etwas Glanz in das dunkle Gesicht des Wildmenschen. Alberto entdeckte in seinen Augen den zarten Ausdruck von Menschlichkeit. »Hunde, die bellen, beißen nicht«, dachte er, sich an ein Sprichwort erinnernd, das sich allerdings bei den deutschen Besatzern nicht bewahrheitete. Diese waren sehr wohl nach jedem Bellen bereit zu beißen. Alberto konnte aber seine Gedanken nicht zu Ende führen, denn der Wildmensch, der seine Entspanntheit bemerkte, sprang zweimal in die Luft vor Wut und rief zu seinem dürren Kumpanen, der sich für den Fremden eingesetzt hatte:

»Da haben wir es, Jiórji, wie du siehst. Wärst du nicht eingeschritten, hätte ich diesen schon ins Jenseits befördert, und wir hätten das Problem gelöst. Es ist meine Schuld, dass ich dir zuhöre, ich Dummkopf. Ist jetzt die Zeit des Mitleids?«

Und noch bevor er ausgeredet hatte, hob er seine breiten Handflächen und fing sofort mit unerwartetem Ingrimm an, auf Alberto einzuschlagen. Dieser ertrug die Schläge, ohne zu protestieren, auch ohne sich zu schützen. Aus seinem rechten Nasenloch begann Blut zu fließen, und diesmal schritt der Dritte ein, der bis dahin geschwiegen und sich neutral verhalten hatte. Er hatte ein rundes kindliches Gesicht, aber sein lockiges Haar war weiß wie Schnee. Er trug eine winzige, randlose Brille, die ihm den Ausdruck eines Intellektuellen verlieh. Der Adamsapfel sprang auf und ab, während er sprach.

»Halt ein, Chef«, sagte er. »Du wirst ihn noch umbringen!«

Seine sanften Augen wurden feucht, als würde er sofort zu weinen beginnen.

»Lass mich ihn umbringen, damit wir damit fertigwerden. Wenn ich ihn nicht umbringe, wird er uns die Nazis heranschaffen. Er ist ein Spitzel, hast du es noch nicht begriffen?«

Und er warf sich wieder auf Alberto und schlug gnadenlos mit Händen und Füßen auf ihn ein.

»Wirst du endlich den Mund öffnen, du Muttersöhnchen, oder wirst du uns weiterhin verhöhnen? Siehst du nicht, dass du es zu weit treibst?«

Und er schlug und schlug auf ihn ein, bis man Alberto nicht wiedererkennen konnte. Alberto aber begann, eine große Freude zu verspüren. Verglichen mit ihr war der Schmerz der Schläge bedeutungslos. Aus den Worten des Wildmenschen hatte er herausgehört, dass sie Partisanen waren. Es war nicht der geringste Zweifel darüber mehr möglich. Als der Chef einen Schritt zurückwich, um Atem zu schöpfen und erneut zum Schlagen auszuholen, ergriff Alberto die Gelegenheit. Er fiel auf die Knie und sagte mit seiner ganzen Kraft und einem Lächeln, das auf seinem blutenden Gesicht wie eine Grimasse wirkte:

»Brüder, ich bin Jude und bin gekommen, um an eurer Seite zu kämpfen und mich vor den Deutschen zu retten.«

Dann fiel er ohnmächtig um.

KAPITEL 3

Edda nahm ihre Tochter in die Arme und drückte sie fest an ihre Brust. Réina hatte die ganze Zeit während des Gesprächs der Mutter mit Liliane ruhig und mit dem ernsten Blick einer Erwachsenen zugeschaut. Mit ihrem kindlichen Geist konnte sie natürlich nicht nachvollziehen, was hier vorging. Sie drückte sich fest an ihre Mutter. Heute war ihr Geburtstag. Sie war ein ganzes Jahr auf dieser Welt.

Alle Kinder des Ghettos hatten eine frühreife Gelassenheit entwickelt. Sie beklagten sich nicht über all die merkwürdigen Ereignisse. Sie versteckten ihre Verzweiflung in ihren zarten Seelen, um ihren Eltern nicht noch mehr Kummer zu bereiten. Wenn ihnen die Deutschen nachliefen und sie auf ihre zu Knochen abgemagerten Füße schlugen, weil sie ihr Vergnügen daran hatten, eilten sie davon wie verwundete Schmetterlinge und versteckten sich hinter einer Hausecke, um sich dort alleine auszuweinen und ihre blau angelaufenen Füße so lange zu reiben, bis der Schmerz nachgelassen hatte. Erst dann kehrten sie nach Hause.

»Mach schon, Edda, wir müssen uns beeilen«, sagte Liliane. Sie gab ihr ein Blatt Papier und einen Bleistift.

»Schreib irgendetwas«, sagte sie ihr. »Was du willst.«

Und Edda schrieb auf Französisch: »Sie heißt Réina. Möge Gott sie beschützen.«

Liliane nahm ihr vorsichtig das Kind aus den Armen, zog es an, packte alle seine übrigen Kleider zu einem Bündel zusammen, küsste Edda auf beide Wangen und sagte:

»Du musst jetzt auf dich aufpassen. Mach dir keine Sorgen um das Kind. Ihm wird es gut gehen. Auf dich musst du aufpassen. Du bist dazu verpflichtet.«

Und sie beeilte sich fortzugehen, bevor sich Edda anders besinnen konnte. Edda aber stand da mit hängenden lahmen Armen und schaute ihr nach. Aus ihrer engen Brust drang ein Laut wie ein Todesstöhnen. Ihre Lippen lispelten ganz langsam ein jüdisches Gebet:

»Schemáh Israél, Antonái heloénu, Antonái echád! Baruch schem kebód malchutó leolám baéd!« (Höre Israel, es gibt nur einen Gott, Gott den Herrn! Sein Name sei gesegnet, sein Reich geehrt in aller Ewigkeit!)

Liliane flüsterte dasselbe Gebet, als sie durch das Tor des Ghettos hinausschritt. Sie drückte das Kind fest an sich. Niemand hielt sie an. Ich Herz schlug dröhnend, als wollte es aus ihrem Leib springen. Sie beschleunigte ihren Schritt und ging so schnell sie nur konnte weiter. Sie kam an der *Casa Bianca* nur wenige Augenblicke vor der Sperrstunde an und warf sich erschöpft auf einen Sessel. Die große Verantwortung lastete auf ihr, aber sie fühlte auch Genugtuung, dass ihr dieses Unternehmen bislang geglückt war. Sie fuhr Réina, die ihr voller Staunen in die Augen blickte, zärtlich über den Kopf. An ihrem Jäckchen war die Notiz ihrer Mutter mit einer Stecknadel befestigt.

»Mein Kleines«, sagte sie, »Tante Liliane liebt dich sehr.«

Der letzte Satz Albertos hatte die Partisanen und ganz besonders ihren Chef tief beeindruckt. Er versuchte, sein Empfinden zu verstecken, denn er hatte sich darin geübt, in keinem Fall zu vertrauensvoll zu sein. Sein Leben hier war voller Fallen, überall lauerte der Verrat, und er war für fünfzig Männer verantwortlich. Er trat ganz nahe und schaute auf Albertos Gesicht, das voller Blut war, das an einzelnen Stellen zu dicken Klumpen geronnen war. Es sah kindlich unschuldig aus.

»Gut, Chef«, sagte der mit der Brille. »Er ist Jude.«

Dionysis antwortete nicht. Er betrachtete weiterhin Alberto, der ohnmächtig am Boden lag. Nach einiger Zeit befahl er:

»Pflegt ihn, damit er wieder zu sich kommt. Dann sehen wir weiter.«

Die zwei Männer wuschen seine Wunden und gaben ihm Wasser zu trinken, in dem sie etwas Kandiszucker aufgelöst hatten. Dann tränkten sie ein sauberes Stück Tuch mit Äther, den sie in einem Fläschchen bei sich trugen. Albertos Augen zitterten wie Schmetterlinge, die aus ihrer Puppe schlüpfen. Durch seine dichten Wimpern hindurch konnte er die drei Männer schwach erkennen, und die Andeutung eines Lächelns strich über seine Lippen. Aber seine Qual war noch nicht beendet. Er hatte sich kaum erholt, da ertönte bereits die wilde Stimme des Chefs:

»Deine Beglaubigung.«

»Welche Beglaubigung«, sagte er mit einem Ausdruck des Erstaunens und einer Schmerzgrimasse. »Ich trage keine Papiere mit mir. Ich habe nichts bei mir.« Und er schaute den Chef an, der ihn um nichts in der Welt in Ruhe lassen wollte.

»Du hast aber etwas anderes«, fuhr der Chef fort, und ein vieldeutiges Lächeln umspielte die Enden seiner dicken Lippen.

»Was hab ich? Ich verstehe nicht«, meinte Alberto, der weiterhin erschöpft auf der Erde kauerte, wartend, dass die Plagerei ein Ende nehmen würde.

»Hört ihr, er versteht nicht. Und dabei behauptet er, dass er Jude sei. Runter damit!«

»Runter womit?«

»Bist du taub? Oder spielst du den Blöden? Runter mit deiner Hose, damit ich deine Beglaubigung sehen kann.«

Der Oberlehrer, wie Alberto den Brillenträger im Stillen schon bezeichnete, versuchte einzuschreiten.

»Um Gottes Willen, Chef, das ist eine Schan...«

Die wilde Stimme ließ ihn nicht ausreden.

»Halt du dein Maul, Mitsáko, verstanden? Besser Schande als Seil. *Ich befehle hier.*«

Mitsákos schluckte und trat zur Seite. Alberto wurde bewusst, dass ihm die Prozedur nicht erspart werden konnte. Er musste auch diesen letzten Test bestehen. Er versuchte sich aufzurichten, torkelte aber. Sein Körper pendelte hin und her. Jiórjis und Mítsos beeilten sich, ihn zu stützen. Nachdem es Alberto gelungen war, einigermaßen aufrecht zu stehen, bückte er sich und begann, seinen Gürtel zu öffnen. Seine Hose, die ihm nach der Hungersnot der letzten Zeit viel zu weit geworden war, fiel sofort zu Boden. Mit zitternden Händen öffnete er seine Unterwäsche, die auf dem Körper klebte. Sein beschnittenes Glied wurde sichtbar.

»Da habt ihr meine Beglaubigung«, sagte er mit bebender Stimme, aber voller Stolz, und spürte zugleich, wie seine Kräfte zurückkehrten.

Es war zu jener Zeit keine einfache Sache, mit Stolz auf seine jüdische Identität hinweisen zu können.

■ *Die Koordinationsgruppe der Sonderkommission, die für die Vorbereitung und Ausführung der »Endlösung« zuständig war, hatte sich im Februar 1943 in der Stadt niedergelassen und stand unter dem Vorsitz des Leiters der Militärverwaltung von Thessaloniki, des blutrünstigen und verruchten Mörders Max Merten.*

Merten war ein würdeloser Mensch. Ein ganz gewöhnlicher Verbrecher. Genau das richtige Subjekt zur Umsetzung der teuflischen Pläne des »Führers«. Was ihn über alles interessierte, war, an das Vermögen der reichen Juden zu kommen. Die einfachste, arglistige Methode dazu, die Merten als erste anwandte, ist, solche Juden mit erfundenen Beschuldigungen in die Gefängnisse von Eptápyrgos zu werfen und ihnen, nach deutschem Gesetz, mit der Todesstrafe zu drohen. So gelang es ihm, von der jüdischen Gemeinde große Geldbeträge zu erpressen, um die unschuldigen Opfer zu entlasten und freizulassen. Die zweite Methode ist, die Juden zu schwerer Zwangsarbeit zu zwingen und für ihre Freilassung große Lösegelder zu fordern.

Merten ist aber mit dieser finanziellen Ausbeute noch nicht zufrieden. Er will noch mehr. Er will alles. Er spürt, dass noch ein großer Schatz vorhanden ist, und tobt vor Wut, solange er dessen nicht habhaft werden kann. Er erfährt, dass die Juden mit ihrem Geld Goldmünzen und wertvollen Schmuck kaufen und diese für schwierigere Zeiten verstecken. So ändert er seine Taktik, um sie dazu zu bewegen, mit ihren versteckten Schätzen herauszurücken. Ganz plötzlich wechselt er vom Terror zu einer zuvorkommenden, höflichen Behandlungsweise, lockert die Zügel der stark Unterdrückten, damit diese weniger stöhnen. Auf diese Weise will er alle von seinen guten Vorsätzen überzeugen. Die Juden, die nach einer menschlichen Behandlung dürsten, wie der Baum nach etwas Wasser, lassen sich leicht täuschen und laufen blindlings in diese tückische Falle.

Merten trifft sich mit dem Rat der jüdischen Gemeinde und gibt sein Ehrenwort als Offizier, dass er die Juden in Zukunft nicht weiter behelligen werde, falls sie für ihn die Summe, die er benötige, auftreiben würden. Die jüdischen Ratsherren schütteln ihm voller Rührung die Hand und versprechen, alles zu unternehmen, obwohl die Summe, die er fordert, möglicherweise ihre Kräfte übersteigt. Merten zeigt sich sehr zufrieden. Um seiner Genugtuung Ausdruck zu verleihen, erlaubt er ihnen in Raten zu zahlen, damit sie Zeit hätten, ihr Vermögen zu liquidieren und die Gelder zu beschaffen.

Als die Vertreter der Gemeinde ihm die erste Rate in Schecks überbrachten, zeigte er sich unzufrieden. Er wollte Bargeld, da sein Plan darin bestand, das Geld für sich zu behalten. Nach wenigen Tagen kamen die Vertreter erneut. Diesmal trugen sie schwere Säcke mit den Ersparnissen und den lebenslang erwirtschafteten Geschäftsgewinnen ihrer Glaubensgenossen.

Merten und sein Komplize Meissner, ein weiteres verbrecherisches Mitglied der deutschen Unterwelt, zwängten die Säcke in eine große schwarze Limousine und fuhren davon. In ihren Gesichtern strahlte die, nur für den Augenblick, befriedigte unersättliche Gier. Die Juden konnten aufatmen. Sie waren erleichtert, auch wenn diese erste Rate mit Schweiß und Blut zusammengetragen worden war. Aber welchen Wert hat das Geld? Es lässt sich wieder gewinnen. Nichts ist so wertvoll wie das Leben. Wenn dieses finanzielle Opfer Tausende von Kindern und Erwachsenen vor dem Tod retten konnte, war es nicht zu groß. Geld lässt sich wieder gewinnen. Merten hatte sein soldatisches Ehrenwort gegeben, dass die Juden definitiv von der schweren Zwangsarbeit befreit würden. Auch von den feindseligen Diskriminierungen durch die Deutschen. Mit seinen betrügerischen Versprechungen und seinem hinterlistig höflichen Verhalten war es Max Merten gelungen, die Juden zu täuschen.

Diese vorübergehende Aufhellung mit der Vision besserer Tage war nichts als eine Seifenblase, die zerplatzte, noch bevor sie zu Ende geformt war. Die Juden hatten bloß ihre Mörder gestärkt, die sie in Scharen in die Todesfabriken zur Schlachtung führen würden, nach Auschwitz, Dachau, Bergen-Belsen.

Schwache Sonnenstrahlen trafen die Augen von Edda. Sie hatte fast die ganze Nacht wach gelegen. Ihr muskelloser Körper schmerzte überall, denn sie lag über den letzten Milchkonserven. So versteckte sie sie, damit sie während der Nacht nicht gestohlen würden. Aber sie hatte keine Tochter mehr, die sie ernähren müsste. Sie richtete sich etwas auf. Ihre Hand suchte spontan die Stelle ab, wo sonst ihr Kind schlief. Da erinnerte sie sich und spürte einen Stich im Herzen. Dieses Kind war es, das sie auf den Beinen gehalten und getröstet hatte. Die Leere von dessen Abwesenheit war der größte aller Schrecken im Ghetto. Sie begann jämmerlich zu weinen. In ihrer stürmischen Brust stürzten sich die Wut und der mütterliche Schmerz aufeinander über das, was sie geschehen ließ. Ihr Inneres schien zu zerreißen. Eine unsichtbare Schneide war dort eingedrungen und zerschnitt sie kreuz und quer. Sie begann kleine, kaum artikulierte Würgeschreie auszustoßen.

Eine Menge Leute hatte sich um sie versammelt und beobachtete ihr Leiden. Niemand hatte den Mut, sich ihr zu nähern und sie zu trösten. All die Blicke, die auf sie genagelt waren, wirkten wie ein engmaschiges Netz, das sie erwürgte. Sie strengte sich an, tief Atem zu holen, vom Strom ihrer Tränen getrieben. Sie sprang auf. Eine mütterliche Schmerzensflut ergoss sich aus ihrer Brust, sie schlug mit ihren Händen darauf, und ein Wehklagen begleitete ihre Bewegungen.

Es war wie ein Chorauftritt vor einer antiken Tragödin. Aber die anderen blickten auf sie mit steinerner Maske und entfernten sich stumm.

■ *Thessaloniki, die schöne Blume des Balkan, von dessen Bevölkerung ein Viertel Juden waren, die mit ihrer bestechenden Kultur der Stadt ihren Glanz verliehen, sollte »judenrein« werden wie alle anderen Städte, auf die der deutsche Dämon des gezeichneten Jahrhunderts seinen Fuß setzte. Die jüdischen Geschäfte mit ihren Anschriften in Ladino, in Hebräisch und Griechisch gaben der Braut des Nordens die internationale Aura des Fortschritts und des paneuropäischen Handels. Samstags, wenn sie geschlossen blieben, schien die Stadt verlassen. Und jetzt sollten sie für immer schließen und den fünf Jahrhunderte währenden Frühling versiegeln. Die Vorfahren waren als Verfolgte aus Barcelona, Madrid und Segovia, aus Alicante,*

Cordoba und Toledo hierher gezogen und haben den Sonnenschein mitten im Winter gefunden, den ihre Herzen benötigten, um neue Kraft zu schöpfen und ihr Leben von vorne zu beginnen. Und nun werden ihre Nachkommen entwurzelt, vertrieben, vernichtet.

Nicht einmal die Generationen der Verstorbenen durften ihre Ruhe bewahren. Ihre heiligen Gebeine wurden in barbarischer Bestialität verstreut. Die jüdische Gemeinde schickte in ihrem Entsetzen Leute, um sie einzusammeln. Sie liefen schluchzend zwischen die Gräber und suchten zusammen, was von ihren Toten übrig geblieben war. Die Deutschen befahlen, die Marmorplatten und die Ziegelsteine einzusammeln, damit diese beim Straßenbau Verwendung fänden, während viele davon an Baufirmen verkauft wurden. Es gab so viel Marmor auf dem jüdischen Friedhof, dass zu jener Zeit sein Preis in die Tiefe stürzte. Die Gebeine aller, der angesehenen Vorfahren, der weisen Rabbiner, Schriftsteller, Dichter, Intellektuellen wie auch jene der einfachen Leute, die friedfertig gelebt und hier ihre ewige Ruhe gefunden hatten, wurden ins Meer geworfen.

Die Plünderung betraf auch die wertvollen Handschriften, die heiligen Pergamente und die seit Jahrhunderten mit großer Frömmigkeit bewahrten Bücher. Das ganze geistige Kulturerbe, in Bibliotheken mit besonderer Sorgfalt aufbewahrt, wurde systematisch auf satanische Weise zerstört, sodass gar nichts mehr an die Niederlassung von Juden in dieser Stadt erinnern würde.

Nur die Geschichte wird in der Zukunft diese schrecklichen Ereignisse herausgreifen und sie den folgenden Generationen erzählen, damit die Forscher sie in ihren Studien berücksichtigen können.

Edda wollte nicht bemitleidet werden. Seit ihrer frühen Kindheit fand sie das Mitleid der anderen quälend. Fiel sie beim Spielen um und verletzte sich, so biss sie sich auf die Lippen, um nicht zu weinen. Wenn sie all diesen Blicken begegnete, die sie mit unendlichem Mitleid anstarrten, versuchte sie, ihren tiefen Schmerz zu verbergen. Sie wollte ganz allein mit ihm fertig werden, ihre Gefühle abtöten. Dazu zwang sie sich einen Zustand des Nichtvorhandenseins auf. Würde sie die Dinge in ihrer wahren Dimension zur Kenntnis nehmen, so würde die Weggabe ihres Kindes sie in den Wahnsinn treiben.

»Vielleicht existiere ich gar nicht«, dachte sie sich. »Vielleicht sind all diese Ereignisse nur in meiner Fantasie vorhanden. Die Fantasie treibt manchmal ihr Spiel mit uns.«

Sie setzte sich mit gekreuzten Beinen und begann sorgfältig ihr Kleid zu ordnen. Diese Haltung veranlasste alle Umstehenden, sich nach und nach diskret zurückzuziehen, um sich mit ihrer eigenen Not auseinanderzusetzen. Edda hatte im Zentrum ihres Gehirns, inmitten des schier unerträglichen Schmerzes, die letzten Worte bewahrt, die ihr Liliane sagte, bevor sie mit Réina wegging. Sie waren in ihr als Auftrag eingeprägt. »Du musst jetzt auf dich aufpassen, du bist dazu verpflichtet.«

Heute aber, am ersten Tag ohne Réina, wollte sie am liebsten tot sein. Sie wollte an nichts denken. Sie wollte mit aller Anstrengung ihre innere Struktur vor der Zerstörung durch den Schmerz bewahren. Sie kreuzte die Hände über ihrem flachen Bauch und ließ ihren Blick ins Leere schauen. Diese Haltung entspannte sie. Sie dachte nur noch an die Notwendigkeit, die schmerzhafte Empfindung der Gegenwart zu verlieren.

Sie atmete tief und versuchte, das Dröhnen der Stimmen aus der Umgebung nicht zu vernehmen. Das war ihre Verteidigungsstellung, wenn sie die Dinge erschreckten und sie aufzulösen suchten.

Die drei Partisanen schauten stumm auf Alberto. Auch der wilde Dionýsis sagte kein Wort.

Die Steine glänzten unter dem feinen Regen, der den angenehmen Geruch des Erdbodens freimachte. Die Sonne stand jetzt schon ziemlich hoch und erwärmte alles.

Schließlich unterbrach der Chef die Stille. Seine Stimme klang jetzt ganz anders. Ruhig, besänftigend, menschlich.

»Wird es dir gelingen, so wie ich dich zugerichtet habe, mit uns zu marschieren? Du wolltest nicht reden und hast mich zum Wahnsinn getrieben.«

»Ich schaff es schon«, sagte Alberto mit männlichem Stolz und wollte sich erheben. Aber es war nicht einfach. Er blickte die drei an und errötete.

»Mach dir nichts draus«, sagte Jiórjis sanft. »Wir werden dir helfen.«

»Los, Kinder, unterstützt ihn«, sagte der Chef, und seine heftige Stimme war gleichzeitig Befehl und Aufmunterung.

Die graugrünen Augen Albertos funkelten aus Dankbarkeit. Er wischte sich den mit Blut vermengten Regen aus dem Gesicht. Diese menschliche Anteilnahme und die persönliche Sicherheit, die er seit langer Zeit nicht mehr gespürt hatte, durchströmten wie ein warmer Schauer sein Blut und erfüllten seinen Körper mit Sonnenschein.

Liliane wartete die Dunkelheit ab. Sie nahm das Kind, wickelte es in eine Decke, und nach Tausenden von Vorsichtsmaßnahmen kam sie vor dem Kloster Kalamarí an. Es war die Zeit der Vesper, und die Nonnen beteten. Sie rannte bis zur Nebenkapelle, legte Réina vor die Füße der Muttergottes und versteckte sich hinter den Bäumen. Die Kleine begann, erschrocken von der fremden Umgebung, untröstlich zu weinen. Die kindliche Klage gelangte bis zu den Nonnen, die herbeieilten, um zu sehen, was los sei. Überrascht entdeckten sie das Kind, nahmen es in ihre Arme, streichelten, trösteten es. Sie traten ins Kloster ein, Réina hatte sich beruhigt. Die angenehmen Gestalten mit den sanften Zügen und dem ruhigen Lächeln besänftigten sie. Liliane machte sich mit Tränen in den Augen auf den Weg, zurück zur *Casa Bianca*.

Ihr Auftrag war grundsätzlich geglückt. Aber sie ging noch jeden Tag zum Kloster zurück und schaute sehnsüchtig von Weitem auf Réina. Die Nonnen traten mit ihr hinaus vors Kloster, wo sie spielen konnte. Sie schienen Réina ins Herz geschlossen zu haben.

Lilianes Seele beruhigte sich. Sie war überzeugt davon, das einzig Richtige getan zu haben. In wenigen Tagen würde auch sie mit ihrer Familie abreisen. Sie hofften, am Lago Maggiore ein besseres Schicksal und größere Sicherheit zu finden.

Die Tage bestanden für Edda aus Qual und Verzweiflung. Manchmal lief sie hin und her ohne Rhythmus und Ziel gleich einer Marionette, der man einen Faden durchgeschnitten hatte, dann wieder verweilte sie zusammengekauert und bewegungslos, in ihr Leid gehüllt blickte sie ins Leere. Liliane ging nicht mehr ins Ghetto. Sie wusste, welche Ängste Edda durchstehen würde, aber Liliane war überzeugt, dass es so besser war. Oft erschien ihr Edda im Traum und flehte sie weinend an, ihr Kind zurückzubringen. Dann durchzuckten Liliane Schuldgefühle. Aber sie besaß eine außerordentliche Besonnenheit. Sie war klug und ausgeglichen, ihr Geist begegnete der Wirklichkeit ohne Angstgefühle.

»Es ist besser, wenn sie jetzt leidet und für ihr Überleben zu kämpfen beginnt, als wenn beide zugrunde gehen. Ich darf mich nicht wieder im Ghetto zeigen.«

Das war Lilianes Sicht der Dinge. Sie glaubte, dass die Schwächen niemals auf der Seite des Lebens stünden, und zu jenen Zeiten musste für jede Schwäche ein zu hoher Preis bezahlt werden.

■ *Das Volk Israel durchlebte jetzt, nach fünfundzwanzig Jahrhunderten der Verfolgung, das größte Drama seiner Geschichte. Griechenland hatte zahlenmäßig nach Polen die zweitgrößte Anzahl an Vernichtungsopfern zu beklagen, was die fast vollständige Ausrottung der Gemeinde der Sepharadim von Thessaloniki bedeutete. Fünfundsechzig der achtundsiebzigtausend Mitglieder der jüdischen Gemeinden wurden auf dem Altar der Intoleranz und des paranoiden Hasses der Nazi geschlachtet.*

Es waren künstlerisch empfindende Seelen. Die geschicktesten Weber im Balkan, die vor Jahrhunderten ihr Kunsthandwerk aus Toledo mitgebracht hatten. Sie bückten sich über die Seidenfäden und webten Zentimeter um Zentimeter ihre Teppiche. Ihre geschickten Finger ließen die Weberschiffchen wie kleine Vögel durch die bunten Muster fliegen.

Der fröhliche Bienenschwarm der Hafenarbeiter, die noch immer den charakteristischen Akzent von Christoforo Colombo und Cervantes bewahrt hatten und die Silben wie durch den Schlag einer Glocke betonten, sie waren die Nachfahren der Überlebenden der Scheiterhaufen von Generalinquisitor Torquemada. Ihre Urväter wollten an der Sonne des östlichen Mittelmeers ihre angesengten Flügel wieder frei bewegen können. Und nun sind sie als Opfer an der Reihe, zum Untergang durch den deutschen Sturmwind bestimmt.

Die Juden waren auch besondere Typografen. Sie bearbeiteten das frische Papier, über ihre schweren Maschinen gebückt, die sie geduldig und mit großem Geschick bändigten. Es ist kaum etwas erhalten von den Schriften, die sie gedruckt hatten, von den Studien der Theologen, der Wissenschaftler und Denker jener Zeiten.

Sie waren geschickte Händler. Unermüdlich. Fleißig. Fortschrittsgläubig. Seit Jahrhunderten gewohnt, sich auf ihrer Hände Fleiß und ihren Scharfsinn zu verlassen. Sie besaßen die intellektuelle Flexibilität, die einen Handelsvertreter auszeichnet. Der Hafen von Thessaloníki war ein geeigneter Ausgangspunkt für Verbindungen zu Venedig, Ancona und Genua, Hamburg, Antwerpen und Lyon, natürlich auch zu Alexandroúpoli und Konstantinopel. Dank der jüdischen Initiative konnte sich Thessaloniki zu einem großen Industrie-, Handels- und Wirtschaftszentrum entwickeln. Die Stadt galt als Metropole Israels, weshalb man sie auch Klein-Jerusalem nannte.

Die Juden gründeten viele Gymnasien und Schulen von hohem Niveau sowie große Kulturzentren, deren bedeutendstes und aller Stolz die Alliance Française Israélite war. Dort erlernten ihre Kinder ein perfektes Französisch. Zu Hause sprachen sie mit ihren Eltern immer noch Ladino.

Eine fröhliche Renaissance entwickelte sich aus dem Keim, der verpflanzt werden musste und hier eine fruchtbare Umgebung fand, um Blätter und Zweige zu treiben und während fünf Jahrhunderten zu blühen. Fünf Jahrhunderte mit vielen Dichtern und Musikern, Rednern und Troubadouren, Rechtsgelehrten und Historikern, Ärzten und Astronomen, Mathematikern und Philosophen. Es gibt in der Geschichtsschreibung sonst keine Überlieferung von Vertriebenen, denen es gelungen wäre, sich so großartig weiterzuentwickeln, ohne ihre Herkunft und ihren Charakter zu verleugnen und ihre umherirrenden Seelen zur Anerkennung der Gesetze des Fortschritts zu bewegen, um so eine glänzende, hoffnungsvolle Zukunft aufbauen zu können.

Eine Gruppe ungepflegter Männer mit Bart, wildem Haar und dunklen Augen versammelte sich um Alberto und seine drei Begleiter. Sie sprachen nicht. Was ihr Chef Dionýsis tat, war gut getan. Sie wussten, dass er die Männer durch Feuer und Stahl schickte, bevor er sie in seine Gruppe aufnahm. Er verstand keinen Spaß. Hielt er es für notwendig, so tötete er ohne Gewissensbisse.

»Fressen wir ihn nicht, so wird er uns fressen.«

Fast noch mehr als die Deutschen hasste er Kollaborateure und Spione.

»Die Verräter ekeln mich an, wie mein Erbrochenes«, sagte er. »Tötest du einen Verräter, ist deine Hand gesegnet.«

Er schaute im Kreis der Versammelten herum.

»Was wartet Ihr noch? Bereitet ein Pflaster, eine Kräuterpaste. Seht ihr nicht, wie ich ihn zugerichtet habe? Ich habe sein Gesicht zerschlagen.«

Alberto schwieg. »Bei so viel Pflege und Fürsorge«, dachte er für sich, »vergiss die Schläge.«

Er fühlte sich so sicher wie nie in seinem Leben. Das Einzige, wonach er sich jetzt sehnte, war zu essen und sich schlafen zu legen. Aber er schämte sich, dies zu sagen. Das erste Pflaster schmerzte etwas, aber er sagte nichts. Zwei hagere, groß gewachsene Jünglinge waren damit beschäftigt, ihn sorgfältig zu verarzten, immer unter dem unruhigen, aber wohlwollenden Blick ihres Chefs.

Die Nonnen eilten zur Äbtissin, um ihr das neueste Ereignis zu berichten.

Sie blickte Réina an. Sie war eine empfindsame vornehme Frau. Nichts konnte sie aus der Ruhe bringen. Ihr tiefes Wissen um die Menschen bewahrte sie vor jeder Aufregung um irgendein Ereignis. Sie wählte eine von den Nonnen aus und beauftragte sie, die Pflege des Mädchens zu übernehmen.

»Schwester Josèphe, kümmern Sie sich um die Kleine, waschen Sie sie, geben Sie ihr zu essen und legen Sie sie schlafen. Morgen, nach dem Morgengebet werde ich Sie in meinem Büro erwarten, um alles Weitere zu besprechen. Ich hoffe, dass Gott uns den richtigen Weg weisen wird.«

Die Worte von Äbtissin Rosset wurden von den Schwestern der Gnade in Fleisch und Blut umgewandelt und wurden für diese zum heiligen Leib. Die Weisheit der Äbtissin war für sie alle das Ewige Licht, das sie leitete. Sie verbeugten sich demütig, nahmen das Kind und entfernten sich. Réina ließ sich ohne Widerstand all die Fürsorge gefallen und fiel schließlich in den tiefen, ruhigen Schlaf des Säuglings. Zum ersten Mal nach sehr langer Zeit erhielt sie ein warmes Bad und eine richtige Mahlzeit. Nun schlief sie auf einem weichen Bettchen.

Ihr neuestes Abenteuer, das bereits den dritten Wechsel in ihrem einjährigen Leben bedeutete, schien ihr zu gefallen.

▪ *Als Merten davon überzeugt war, dass die Juden ihm keine weiteren Gelder übergeben konnten oder es nicht mehr tun würden, da sie eingesehen hatten, dass sich nichts zum Besseren gewendet hatte, ging er zum nächsten Schritt seines verbrecherischen Vorhabens über. Er richtete im Keller eines jüdischen Hauses eine Folterkammer ein. Nach Denunziationen durch frühere Geschäftspartner der Juden, die sich zu fanatischen Antisemiten gemausert hatten, ließ er die reichsten Juden verhaften und überließ sie den zwei ruchlosesten Sadisten unter seinen Agenten, Bruckler und dem jungen, erst dreiundzwanzigjährigen blonden Teufel Görbing.*

Dieser Keller wurde für viele jüdische Seelen zum Ort des Martyriums. Die unglückseligen Opfer wurden mit Peitschen geschlagen, die aus Riemen bestanden, welche aus feinen Lederstreifen und Draht geflochten waren. Dann presste Bruckler seine Pistole in den Nacken all jener, die ihr Versteck von Gold und Wertsachen noch nicht verraten hatten. Die meisten unter ihnen hatten eigentlich gar nichts zu verraten, da sie ihr ganzes Vermögen bereits verbraucht hatten. Trotzdem gaben die Folterer ihre gnadenlosen Quälereien nicht auf. Sie wollten jedes Detail über alles bis zur letzten Münze herauspressen. Sie schäumten vor Wut, wenn ihnen dies nicht gelang. Sie brachten ihre Opfer hinaus in den Garten, wo sich ein Ziehbrunnen befand, und hängten sie kopfüber ins Wasser. Sie holten sie erst kurz vor dem letzten Atemzug herauf, um mit der Befragung fortzufahren.

Über diesem Keller waren die Stockwerke zu Luxuswohnungen für die Henker Wisliceny und Brunner eingerichtet worden, die sich inmitten der wertvollen Möbel und Kunstgegenstände der reichen jüdischen Familien vergnügten. In diesen Wohnungen fanden die orgiastischen Saufgelage der SS statt, zu denen ein namhafter Koch die feinsten Gerichte zubereitete. Auf den Tafeln glänzten das Silber und die Kristallgläser, die in jüdischen Läden von Thessaloniki beschlagnahmt worden waren.

In die vergnügliche Musik und das laute Gelächter mischte sich das Wehgeschrei der Unglückseligen, die im Keller gefoltert wurden. Und dies war das größte Vergnügen der monströsen »Übermenschen«. Es reizte ihre Sinne zu noch tierischeren Umarmungen der leichten Damen und Dirnen, die diese Dienste gegen schwer aufzutreibende Lebensmittel tauschen mussten.

Liliane ging zum letzten Mal zum Kloster. Am folgenden Morgen würde sie nach Lago Maggiore abreisen. In ihrem Verlangen, Réina noch einmal zu sehen, trat sie nahe ans Kloster. Eine der Nonnen bemerkte, wie sie mit großer Aufmerksamkeit Réina beim Spiel im Garten beobachtete. Sie näherte sich ihr. Liliane erschrak.

»Haben Sie keine Angst, meine Tochter«, sagte die Nonne sanft. »Kommen Sie nur herein.«

Liliane hatte keine Wahl und folgte der Nonne ins Kloster. Die Nonne fasste sie zärtlich an den Schultern. »Die Äbtissin möchte, dass wir alles über die Kleine herausfinden. Ihr dürfen wir nichts sagen, damit sie keinen Meineid schwören muss, falls die Deutschen bis ins Kloster gelangen. Unser Auftrag ist es zu erfahren, wo sie hingehört, damit ihre Eltern sie wiederfinden können, wenn der Krieg mit Gottes Hilfe zu Ende sein wird. Haben Sie keine Angst, uns alles zu sagen. Vertrauen Sie uns. Wir werden alles tun, um die Kleine zu beschützen und ihr die beste Pflege angedeihen zu lassen.«

Liliane begriff, dass sie sprechen musste. Es blieb ihr unter diesen Umständen auch nichts anderes übrig. Sie erzählte von Réinas und Eddas Schicksal, das sie im Ghetto eingeschlossen hielt, und von der Entscheidung, die die zwei Frauen in ihrer Verzweiflung fällen mussten, zur einzig möglichen Hoffnung auf Rettung von Réina.

Die Nonne drückte ihr verständnisvoll die Hand und küsste sie auf die Stirn.

»Die heilige Äbtissin hat dank ihrer Weisheit sofort erkannt, dass es sich um ein jüdisches Mädchen handeln muss«, sagte sie. Sie kann nachempfinden, wie schwer es der jüdischen Mutter gefallen sein muss, ihr Kind vor einem katholischen Kloster auszusetzen. Aber für uns sind alle Lebewesen dieser Welt unter Gottes Obhut, und sie sind alle von gleichem Wert, unabhängig von Rasse und Glauben, zu denen sie gehören.«

Liliane war entspannt und beruhigt.

Die Worte der Nonne zeugten von echter Güte, die durch einen göttlichen Wahrheitsglanz, der aus ihren Augen strahlte, bestärkt wurden. Ihre Aufrichtigkeit stand außer Zweifel. Die Nonne verließ für kurze Zeit das Zimmer. Als sie zurückkehrte, nahm sie ein hornförmiges Gebilde aus ihrer Schürze, brach es entzwei und gab die eine Hälfte Liliane.

»Dies, meine Tochter, muss der Mutter überbracht werden«, sagte sie ruhig, »damit sie irgendeinmal, mit Gottes Unterstützung, ihr Kind wieder zurückerhalten kann. Sollte es für sie nicht möglich sein, so kann sie es demjenigen anvertrauen, den sie für den Geeignetsten hält. Wir sind verpflichtet, das Kind demjenigen zurückzugeben, der uns dieses Beweisstück zurückbringt.«

Lilianes Augen füllten sich mit Tränen.

»Ich kann leider nicht mehr ins Ghetto gehen«, sagte sie. Morgen früh verlasse ich mit meiner Familie Thessaloníki. Aber ich weiß, dass die Mutter der Kleinen in großer Not ist und sich sehr um das Schicksal ihrer Tochter ängstigt. Ich gehe schweren Herzens fort, Schwester. Sehen Sie, in diesen harten Zeiten weiß niemand, was das Beste für sein Leben ist.«

Die Schwester der Gnade schlug ihr sanft auf die Schulter.

»Lass gut sein, meine Tochter. Sagen Sie mir, wo die Mutter ist, und ich werde sie suchen gehen.«

Lilianes heiße Tränen strömten jetzt über die glatte, durchsichtige Haut ihrer Wangen, und ein Schluchzen unterbrach ihre Worte, mit denen sie sich von der Nonne verabschiedete und sie ihrer großen Dankbarkeit versicherte.

Die Nonne küsste Liliane auf beiden Wangen.

»Gott, der Vater von uns allen, möge dich überall begleiten und dich beschützen.«

Edda versuchte, in ihren Kleidern versteckt, die meisten Stunden des Tages damit zu verbringen, ihre Erinnerung zu täuschen, damit die Ereignisse nicht ins Unerträgliche wuchsen. Es gelang ihr schwer. In diesen letzten Tagen war sie zu einem schmerzvollen Gebilde zusammengeschrumpft. Mit gebeugtem Rücken wiegte sie sich in ihrer Trauer und wirkte autistisch. Sie aß kaum, nur so viel, um weiterzuexistieren. Sie sprach nicht mehr.

An jenem Morgen war sie gerade aus ihrem kurzen, unruhigen Schlaf erwacht und fragte sich, wie sie diesem neuen Tag begegnen sollte. Sie fühlte, wie eine riesige Krake mit ihren Fangarmen ihren Kopf zusammenzudrücken versuchte.

Ihre Mitgefangenen waren schon aufgestanden und eilten zu den wenigen vorhandenen Waschräumen, um den anderen zuvorzukommen. Plötzlich stürzte eine Zwanzigjährige in den Raum, in dem sich Edda befand, näherte sich ihr und schüttelte sie mit beiden Armen an den Schultern.

»Steh auf, Edda. Steh auf. Eine Nonne hat nach dir gefragt.«

Eddas getrübter Geist begriff sofort und schickte die Nachricht in ihr Bewusstsein, so wie ein guter elektrischer Leiter den Strom weiterleitet. Alle Schwere verflüchtigte sich aus ihrem Innern, sie sprang auf und eilte, ungewaschen und mit wirrem Haar, zur Treppe. Das Wort *Nonne* stellte sofort einen Zusammenhang zu ihrer Tochter her, als hätte sich in ihrer Finsternis ein Fenster zum Licht geöffnet.

■ *Die täglichen deutschen Grausamkeiten, die Morde, die exemplarische Hinrichtung von jedem, der bei der Flucht gefasst werden konnte, und die öffentliche Bekanntmachung dieser Bestrafung aller »Deserteure« durch »öffentliche Aushänge« zur Abschreckung der Bevölkerung hielten die Juden von jedem Fluchtversuch ab. So wagte niemand mehr, sich auf den Weg zu den wichtigen Widerstandszentren und den von Partisanen kontrollierten Gebieten zu machen, wo sie Unterstützung und Schutz finden würden. Die große Entfernung von Thessaloníki war ein zusätzliches Hindernis, und es fehlte mangels Kommunikationsmöglichkeiten in der Stadt auch an der richtigen Information darüber, wo sich diese Gebiete befanden und auf welchen Schleichwegen sie ohne Lebensgefahr zu erreichen wären. All dies entmutigte alle vor dem Abenteuer der Flucht.*

Aber sie ahnten auch nicht im Geringsten, was ihnen bevorstand. Niemand konnte sich auch nur annähernd eine Vorstellung darüber machen, dass das organisierte Verbrechen der Nazis alle denkbaren Grenzen überschreiten würde. Die Juden dachten, dass sie erneut vertrieben würden und sie wieder einmal durch ihrer Hände Arbeit ein Leben von Grund auf neu aufbauen müssten. Die Jungen würden ihre Kraft und Ausdauer einsetzen, die Alten ihre Weisheit und Lebenserfahrung. So, wie es immer geschehen war. Ihre Solidarität würde ihnen auch in diesem Abenteuer helfen, sich erneut aufzurichten. Aber jetzt geschah alles mit solcher Überstürzung, dass es kaum jemandem gelang, gefasst darüber nachzudenken, um richtig reagieren zu können. Die Absperrung im Ghetto, die Stigmatisierung durch den Davidstern, die Unmöglichkeit, Identitätskarten mit christlichen Namen zu erhalten, isolierten die Juden und zwangen sie zur Untätigkeit. Deswegen hatten gerade in Thessaloníki die Pläne der Nazis einen so gewaltigen Erfolg.

In den übrigen jüdischen Gemeinden sollten die Dinge etwas weniger dramatisch verlaufen. Die Juden hatten immerhin mehr Zeit, um sich auf das vorzubereiten, was offensichtlich unvermeidbar werden würde. Sie waren nicht so zahlreich. Es gelang ihnen in ihren Gemeinden, die Namenslisten der Mitglieder zu zerstören, sodass es für die Deutschen nicht einfach war, sie zu entdecken. Außerdem war es außerhalb von Thessaloniki auch für die Denunzianten nicht einfach, einen Juden zu erkennen, da diese ein perfektes Griechisch sprachen und sich in nichts von ihren christlichen Landsleuten unterschieden. Für die Juden von Thessaloniki war es zudem ein fatales Unglück, dass die Deutschen unmittelbar in ihre Stadt einmarschiert waren, während andere Gebiete Griechenlands zunächst unter italienischer Besatzung standen.

Die Italiener waren ein ganz anderer Schlag Eroberer. Die meisten waren nicht nur keine Barbaren, sondern hegten sogar eine besondere Sympathie zu allem Griechischen und hassten Juden nicht. Nach dem Sturz von Mussolini aber wurden auch die von Italien verwalteten Gebiete Griechenlands von deutschen Truppen besetzt. Da mussten auch die Juden dieser Gebiete das Schicksal ihrer Glaubensgenossen von Thessaloníki teilen, außer denjenigen, die sich rechtzeitig in die Berge oder in den Mittleren Osten retten konnten. Obwohl es nicht einfach war, diese zu entdecken, fielen sehr viele Juden durch Denunziation in die Hände der Deutschen, die eifrig damit beschäftigt waren, sie in Fallen zu locken, und dazu ihren ganzen Einfallsreichtum verwendeten.

Kein Partisanenauge blieb ungerührt, während Alberto ihnen seine Geschichte erzählte. Ihre eigenen Schicksale waren nicht weniger tragisch, aber sie waren schon abgehärtet. Die Jüngeren unter ihnen hatten weder Frau noch Kinder, und so fiel es ihnen viel leichter, in die Berge zu den Aufständischen zu ziehen. Auch sie hatten nahe Verwandte zurückgelassen, aber da diese keine Juden waren, drohte ihnen kaum unmittelbare Lebensgefahr.

Auch Dionýsis war stark bewegt, und er schaute voller Güte auf Alberto, als dieser von seiner Frau und seiner Tochter berichtete, die im Ghetto zurückgeblieben waren. Und Dionýsis gehörte nicht zu jenen, die rasch von Gefühlen ergriffen werden. Zumindest war ihm dies nie anzusehen. Auf einmal schien er sich dessen bewusst zu werden.

»Zum Teufel«, fluchte er, »bin ich ein Kindskopf.«

Und er fand seine harte Haltung wieder.

»Los mit euch, was wartet ihr? Wer steht Wache? Beeilt euch nachzuschauen.«

Dann wandte er sich Alberto zu, und seine Zorneswelle ergriff auch diesen:

»Merk dir, einen Tag lang hast du Zeit, um dich mit Liegen und Weinen zu erholen. Morgen wirst auch du eingespannt. Du wartest nicht wie eine Wöchnerin vierzig Tage ab. Hier geht es noch härter zu, als du dir vorstellen kannst.«

Dionýsis' Worte hüpften im Kopf von Alberto auf und ab wie Kiesel, die man mit Wucht auf den harten Boden wirft. Ihm wurde schwindlig. Der plötzliche Sinneswandel von Dionýsis schien ihn zu stören. Seine Halsadern schwollen an, und er sagte trotzig:

»In Ordnung, Chef, wenn du willst. Übrigens kann ich auch jetzt schon aufstehen.« Und er reckte sich in die Höhe, obwohl sein Körper wankte.

»Spar dir deinen Eifer. Beeil dich nicht, sonst wird nichts aus deiner Genesung. Du bist heißblütig. Kaum kannst du wieder atmen, brüstest du dich schon. Das gefällt mir, aber hier befehle ich. Und ich habe gesagt, heute erholst du dich.«

Liliane mit ihrem Mann, den drei Kindern und ihren Schwiegereltern sind am Lago Maggiore angekommen und haben sich in einem kleinen ruhigen Hotel am Ufer des Sees niedergelassen. Dort trafen sie sich mit zwei weiteren jüdischen Familien aus Thessaloniki, Torres und Mosseri. Später kam Daniele Montiano aus Milano hinzu, um einige Tage mit ihnen zu verbringen. Ihr Leben floss ruhig dahin, weit entfernt von den Tragödien in anderen europäischen Ländern.

Eine friedliche Landschaft breitete sich um den See aus. Der grüne Himmel, der die Farbe des Sees spiegelte, die großen Bäume mit ihrer dunklen Wildheit und der Frühlingsduft der Luft bildeten einen ganz anderen Lebensraum, als sie vom Hafen von Thessaloniki her gewohnt waren.

Die Tage waren langen Spaziergängen und intensiven Gesprächen gewidmet. Die Kinder konnten unbesorgt und ausgelassen spielen, und ihr befreiendes Lachen beglückte alle. Ein Leben in Frieden und Freiheit, weit entfernt von der Erfahrung der Unterdrückung, der Angst und Qual. Aber Lilianes Seele konnte sich nicht von dem Erlebten befreien. Die gekrümmte Gestalt von Edda und der anderen Juden, die in der Verzweiflung des Ghettos zurückgeblieben waren, konnte sie nicht vergessen. Der einzige Lichtblick war, dass Réina in guter Obhut war, und die Hoffnung, dass es Edda bald gelingen würde, das Ghetto zu verlassen und auf irgendeine Weise nach Athen zu gelangen, um von dort aus durch die spanische Botschaft ins Ausland gebracht zu werden. Liliane wusste, dass Edda alles unternehmen würde, um ihr Kind wieder zu sich zu holen.

Nach der Versicherung der Nonne, dass Réina in Sicherheit war und gut umsorgt wurde, fühlte Edda, wie eine neue Seele von ihrem Körper Besitz ergriff.

Niemand kann nachvollziehen, wie sehr der Schmerz um ihr Kind eine Mutter aushöhlen kann. Eddas Rettung war ihre meditative Fähigkeit der Selbsttäuschung, des Ausstiegs aus der Gegenwart. Nur durch diese Übungen konnte sie dem Wahnsinn entgehen. Diese Art der Konzentration gab ihr die Kraft, die Schärfe der zerstörerischen Gefühle abzustumpfen und sich zu retten. Auch im früheren, an sich sehr glücklichen Leben hatte sie Momente, wo sie durch diese Selbstverteidigungsübung große Schwierigkeiten überwand. Es war ihre ganz persönliche Art zu beten. Eine mystische Betrachtungsweise, die ihr ermöglichte, allem, was sie erschreckte, zu entfliehen und ihr Gleichgewicht zu bewahren. Manchmal sind es ein paar Worte, einige menschliche Sätze, die eine neue Dimension eröffnen und den Riesenknäuel der Verzweiflung auf magische Art ausrollen, in einen langen Faden verwandeln, der die Richtung des neuen Weges weist.

Ein rosa Schein beleuchtete die Hütten des Ghettos. Edda wartete ungeduldig auf diesen Tag. Zum ersten Mal erwachte sie, ohne zu frieren. Sie stand auf und begann das beste Kleid, das noch in ihrem Besitz war, zu suchen. Ein Sonnenstrahl fiel auf ihr Gesicht und erwärmte ihre zarte Mädchenhaut. In ihren kastanienbraunen Augen erstrahlte eine rätselhafte Ruhe, eine geheimnisvolle Unschuld inmitten der harten Realität von Unglück und Verzweiflung.

Seit Liliane Réina ins Kloster gebracht hatte, lud die heilige Äbtissin die Schwestern der Gnade täglich in ihr Privatbüro zu geheimen Sitzungen. Sie machte sich Sorgen. Sie wusste, dass es sehr schwierig werden würde, wenn die Deutschen das Kloster durchsuchten, die Gegenwart des Kindes zu legitimieren. Das wäre eine große Gefahr für Réina. Man einigte sich, dass es nur eine Lösung gab, nämlich die Hilfe der Familie Citterich anzufordern, die in einem Häuschen gegenüber dem Kloster lebte. Lina, die Frau des Hauses, kannten sie gut. Sie hatte die Klosterschule von Saint Joseph besucht. Sie besaß ein goldenes Herz und hatte einen ehrenwerten Italiener, Mario Citterich, geheiratet. Sie hatten einen Sohn, Vittorio, der damals dreizehn Jahre alt war. Die Nonnen waren überzeugt, dass sie der Familie vertrauen und sie darum bitten konnten, das Mädchen zu retten, indem sie es in ihre Familie integrierten.

Für den Augenblick war das Kloster in ständiger Alarmbereitschaft, um einer Überraschung durch die Deutschen zuvorzukommen. Auf der hinteren Seite des Klostergeländes, das an den Strand grenzte, hielten sie immer ein kleines Boot in Bereitschaft. Kam eine deutsche Patrouille in Sichtweite, so benachrichtigte sie ein katholischer Priester durch das Pfeifen einer bestimmten Melodie. Eine der Nonnen nahm in aller Eile die Kleine mit sich, versteckte sie im Boot und ruderte hinaus aufs Meer.

Réina begriff sehr schnell die Botschaft der Nonnen. Mit ihrer frühreifen Intelligenz spürte sie deren Bereitschaft, ihr zu helfen und sie zu beschützen. Sie tat alles, was sie von ihr verlangten, vom Instinkt getrieben, Wohlwollen ebenso wie Unrecht zu spüren und sich vor Feinden zu schützen.

Den Frieden der Juden am Lago Maggiore erschütterte ein völlig unerwartetes Ereignis. Ein SS-Offizier trat in den Speisesaal des Hotels, und sein schwerer Schatten fiel auf die jüdischen Gäste, die am Mittagstisch saßen, und brachte ihr Blut zum Erstarren. Hochmütig, grob, mit gläsernem Blick aus schmalen Augen blickte er alle Gäste an, und ein teuflisches Grinsen hing an seinen schmalen, bösen Lippen.

Wie kam er nach Lago Maggiore? Welcher Todesengel hatte ihn hierher geschickt? Niemand wusste eine Antwort. Der Grund war, dass dieser SS-Offizier durch eigenmächtiges Handeln zu seiner persönlichen Bereicherung bei seinen Vorgesetzten in Ungnade gefallen war und desertieren musste. Jetzt suchte er einen Weg, zu Geld zu kommen, um seine Schulden zurückzuerstatten und dabei natürlich auch seine Habgier zu befriedigen. Er steckte in einem Sumpf von Gesetzwidrigkeiten und Verbrechen.

Die jüdischen Familien zogen sich bald in ihre Zimmer zurück.

Jacques Mosseri ergriff als Erster das Wort:

»Wir müssen uns beeilen, zu einem Entschluss zu kommen.«

Die anderen fanden seine Unruhe übertrieben.

»Was kann er uns antun?«, entgegnete Pierre Fernandez. »Wenn wir ihn nicht beachten, wird er wieder fortgehen und uns in Ruhe lassen. Wenn wir in Panik geraten, sitzen wir wie die Maus in seiner Falle.«

Edda wählte das allerschönste Kleid, das sie noch besaß, ein tailliertes aus bedrucktem Stoff mit roten und weißen Blüten. Sie zog es an und begann langsam und sorgfältig ihr dichtes Haar zu kämmen. Im Schein der Morgensonne wirkte sie wie ein bunter Schmetterling, wie ein Kind, dem man unerwartet ein langersehntes Geschenk gab. Ihre Augen strahlten in die triste Umgebung wie Sterne im Nebel.

Die anderen schauten ihr schweigend zu. Dieser plötzliche Wandel in Eddas Verhalten erschreckte sie. Freude und Leichtigkeit waren in diesen Räumen unbekannte Gefühle. Sie wurden nur noch von Leuten zum Ausdruck gebracht, die die »heilige Krankheit« befallen hatte. Wenn dies eintraf, bemühten sich die Mitgefangenen, die wahnsinnig Gewordenen vor den Wächtern und Spitzeln zu verstecken, denn sie wussten, was auf sie wartete.

Aber Edda besaß ihr Geheimnis, das sie ganz für sich behielt. In ihren Gedanken und in ihrer Ruhe fand sie ihren eigenen Ausweg. Sie wollte allein über sich entscheiden, ohne große Worte. Wer konnte übrigens hier richtig abwägen und die Verantwortung für andere übernehmen?

In ihrem Innern besaß Edda etwas ganz Positives. Obwohl ihre äußerlich jugendliche Erscheinung und ihre kindliche Unschuld täuschte und es nicht vermuten ließ, konnte sie mit großer Entschlusskraft ihre Ziele verfolgen. Nachdem sie von der Nonne erfahren hatte, dass es ihrer Tochter gut gehe, schien nun für sie alles viel einfacher zu werden. Der lastende Schmerz, der sie niedergeschmettert hatte, ließ langsam nach, und sie begann wieder an ihr eigenes Schicksal zu denken. Jetzt erst begriff sie Lilianes Worte.

»Der Entschluss allein zählt. Wenn du ins Wasser springst, wirst du schwimmen.«

Bis zum vorangegangenen Tag wollte Edda weder ins Wasser springen noch schwimmen. Sie wollte in ihrer Ecke liegen bleiben, ohne Entscheidung, ihre Gedanken stillhalten, um den Schmerz auszuhalten. Jetzt aber war sie bereit zum Wagnis, für ihr Überleben zu kämpfen.

Alberto stürzte sich bereitwillig in die Arbeit. Als Erstes musste er lernen sich zu schützen, zu gehorchen und seinen ungeübten, schwächlichen Körper abzuhärten. Die Befehle, die oft von unanständigem Fluchen begleitet wurden, stillschweigend anzunehmen. Der Chef war für alle ein Gott, dem man aufs Wort gehorchen musste, auch wenn er Fehler machte. Dionýsis war launisch, aber friedfertig. Er brauste auf und beruhigte sich wieder. So schnell er auch immer Feuer fing, noch schneller konnte er es löschen. Schließlich war er für das Leben seiner Leute verantwortlich, auch wenn er öfters wetterte:

»Ein jeder ist für sein Vlies verantwortlich. Wenn er will, verkauft er es teuer oder verschwendet es. Aber eins müsst ihr wissen. Hier kämpfen wir nicht nur um unser eigenes Leben, sondern darum, so viele Seelen wie möglich zu retten. Daran müsst ihr immer denken.«

Alberto trug jetzt den warmen Soldatenmantel und den Pullover eines Getöteten, der wesentlich breiter als er gewesen sein muss, sodass sie ihm viel zu groß waren. Auch seine leichten Stadtschuhe, die vom langen Marsch ruiniert waren, wurden durch die Stiefel des Getöteten ersetzt.

»Da drin hat noch ein halber Fuß Platz«, spottete Jiórjis.

Alberto hatte die Stiefel mit Papier ausgestopft, und an Stelle von Schuhbändern verwendete er dicke Schnüre. Wie auch alle anderen zog er sie nur selten aus. Sie mussten zu jeder Zeit kampfbereit sein, bei jedem Alarm, bei jeder Gefahr. Ihm war all das Neue nicht leichtgefallen. Er war aber entschlossen, diese Schwierigkeiten mit Würde zu bestehen und alle diese heldenhaften Menschen zu ehren, die ihn vor Demütigung und Tod gerettet hatten.

Edda trat hinaus in die Straßen des Ghettos, leichtfüßig, beinahe frohgemut wie damals, als sie Arm in Arm mit ihrer Schwester Susann durch die schönen Straßen der Stadt schlenderte und alle Männer von der Schönheit der Schwestern bezaubert waren. Die Sonne stand jetzt hoch, eine ganz runde Frühlingssonne, die in die schmutzigen Straßen schien und die gebückten, zum Skelett abgemagerten Menschen erwärmte, die ziellos herumirrten und nichts gegen ihren quälenden Hunger unternehmen konnten. Edda blickte weg, diese Bilder würden das wenig stabile Gleichgewicht, das sie so mühsam erlangt hatte, wieder zerstören. Vor allem der Anblick der Kinder, die seit dem frühen Morgen ihre dürren Arme ausgestreckt hielten und um einen Bissen Brot flehten, war für sie unerträglich.

Das frühlingshafte Wiedererwachen der Natur schien ihrem Lauf zu folgen, unabhängig davon, was für schreckliche Zustände der Mensch, ihr höchstes, aber pervertiertes Wesen, geschaffen hatte. Flächen von frischem, taubedecktem Gras, Kamillenblüten, Malven, Margeriten mischten ihren zarten Duft in den schweren Geruch der stehenden Wasserpfützen und der Abfallhaufen, überdeckten zeitweise triumphierend diesen Gestank und verbreiteten eine bunte frühlingshafte Hoffnung, die den Menschen die noch immer allgegenwärtige Existenz Gottes verkündete. Niemand, auch nicht der so mächtige Besatzer, konnte diese Hoffnung zerstören, sie aus dem Herz der Menschen reißen. Edda war zutiefst betroffen von diesem Frühlingswunder, das früher als üblich versuchte, die Trauerlast des Winters und die untragbare Qual der Menschen aus den Herzen zu heben.

Sie bewegte sich, von dieser Erhabenheit der Natur vorwärtsgetrieben. Das Leben drang durch alle Poren wieder in ihren erlahmten Körper und befreite ihn von der Starrheit. Sie war überzeugt, dass dieser Tag, den sie ohne Ziel begonnen hatte, für sie noch ein Versprechen bereithielt. Sie wusste noch nicht, wonach sie suchte. Nach dem Anfang des roten Fadens, der sie aus dem Ghetto leiten würde, hinaus in die Freiheit. Auch wenn ihr dies niemals gelingen würde, so war in diesem Augenblick der Versuch schon eine Befreiung. Die Weisen der Antike sagten: »Der Anfang ist die Hälfte des Ganzen«, und dieser Spruch, den sie von der Schule her kannte, war heute auf einmal Eddas Realität geworden.

Das Leben der Juden am Lago Maggiore war zum Albtraum geworden. Sie wagten nicht mehr hinauszugehen, um am wunderbaren Ufer des Sees zu spazieren. Sogar die Kinder blieben drin und beschäftigten sich still mit Brettspielen. Die ganz Kleinen versuchten die Erwachsenen abzulenken, indem sie ihnen Märchen vorlasen oder mit ihnen Kinderlieder sangen.

Nur zu den Essenszeiten stiegen sie in den Speisesaal hinunter. Aber das Essen war kein Genuss mehr. Jeder Bissen musste dreimal gekaut werden. Denn ihnen gegenüber saß der deutsche SS-Offizier und stierte mit seinem gläsernen Blick auf sie. Sein böses, teuflisches Grinsen hing immer an seinen schmalen, enggepressten Lippen. Ihr nicht zu übersehender Schrecken schien ihm großes Vergnügen zu bereiten, und er beeilte sich nicht, irgendetwas zu unternehmen, um so lange wie möglich diese Panik auszukosten.

Die Juden kannten jetzt dieses Verhalten des Deutschen und warteten immer auf das Schlimmste. In der Vorgehensweise eines jeden Verbrechens der Nazis spielte die Vorbereitungszeremonie eine große Rolle. Ganz selten handelten sie rasch. Denn sie ergötzten sich genüsslich an der Unsicherheit und Angst ihrer Opfer. Deshalb zelebrierten sie den Vernichtungsprozess in aller Langsamkeit. Wie die Katze sich nicht einfach damit zufrieden gibt, die Maus zu verschlingen, sondern sich mit den verschiedenartigsten Todesspielen belustigt. Was hatte dieser SS-Mann mit ihnen im Sinn? Auf keinen Fall durften sie gelassen bleiben. Sie konnten sich nicht dadurch beruhigen, dass er möglicherweise denken könnte, sie seien reiche

Katholiken, die hier am Seeufer ihre Ferien verbringen. Vorerst aber ließ er sie nicht in seine Karten blicken, er vergnügte sich offensichtlich und ganz genüsslich an ihrer Furcht.

»Gott, der alles sieht und hört, wird einmal jeden von uns einzeln richten. Vorerst aber bedeutet der Tod von Deutschen unser aller Überleben. Dies müsst ihr gut begreifen.«

Der Chef, das wussten alle, gehörte nicht zu jenen, die Widerspruch vertrugen.

»Die Konversation gehört in das Empfangszimmer«, unterbrach er jeden, der etwas einwenden wollte. »In dieser Hölle hier bin ich der Teufel, der befiehlt. Ich teile die Karten aus, und ihr müsst das Beste daraus machen.«

Für Alberto war diese doppelte Seele des Chefs etwas äußerst Beeindruckendes. Wie konnte er von der unerbittlichsten Härte unvermittelt zu großer Sensibilität und Mitgefühl wechseln? Aber die Zeit und die Umstände ließen ihm keine Möglichkeit, sich intensiver mit dieser Persönlichkeit auseinanderzusetzen, die in die ungewöhnlichsten Stimmungen ein- und daraus wieder auftauchte. Dionýs fand für alles eine Lösung. Auch die geringste Nebensächlichkeit entging ihm nie. Und er besaß ein Elefantengedächtnis.

»Hier werden die Fehler nicht verziehen. Hörst du, Edelmann? Du musst mit ›Ich höre‹ antworten«, unterwies er ihn.

Alberto gefiel dieser Übername überhaupt nicht, aber er getraute sich nicht zu widersprechen.

Der Chef bestimmte, wer Wachdienst hatte und wer seine Gunst verdiente. Für Alberto schien er Sympathie zu hegen, obwohl er ihn einmal zu zwei aufeinanderfolgenden Wachablösungen verdonnert hatte, was Alberto als Willkür empfand, obwohl der Chef es dadurch begründete, dass Michális, ein ganz abgemagerter, schmalgesichtiger Partisan mit dunklem Kraushaar, wegen Fieber liegen bleiben musste. Aber Alberto war überzeugt, dass der Chef dies tat, um ihn noch mehr abzuhärten, ihn dazu zu bringen, aus seiner alten Haut zu schlüpfen und nicht länger an sein früheres Leben zu denken. Die Erfahrung der Gefahr sollte Alberto läutern.

Obwohl er kaum gebildet war, verfügte Dionýsis über eine Fähigkeit zu logischen Schlussfolgerungen, die auch durchtriebene Intellektuelle in großes Staunen versetzt hätten.

Als Alberto zum ersten Mal an einer Sabotageaktion teilnehmen sollte, wurde ihm mulmig. Er war mit dem Gesetz Moses großgeworden und der Botschaft, dass niemand anderer als Gott das Recht hat, ein Leben zu beenden. Diese Grundhaltung hatte er gleichzeitig mit der Muttermilch in sich eingesaugt. So sehr er mit seinem Verstand begriff, dass der Chef recht hatte, war sein Gefühl dagegen. Er wusste zwar, dass die Sprengung von Eisenbahnschienen den Tod von verruchten Mördern bedeutete, die ihn tausendfach verdient hatten, aber seine Seele widersetzte sich diesem Morden, denn es widersprach seinem Credo.

Dionýsis spürte dieses innere Duell am Blick von Alberto und am Schütteln seines Kopfes, die ohne Worte verrieten, dass er nicht einverstanden war. Und als Alberto, im Unterstand verschanzt, sich mit der Vorbereitung des Sprengsatzes beschäftigte, spürte er an seiner Wange den heißen Atem des Chefs, der ihn mit seiner Bärentatze an der Schulter packte.

»Pass gut auf, Jude«, begann er, und es war das erste Mal, dass er ihn so nannte, während aus seinen Nasenlöchern Funken zu sprühen schienen wie bei einem Pferd, das einen Steilhang hochklettert. »Merk es dir: Mit deiner eigenen Haut kannst du machen, was du willst. Du kannst beide Seelen, die du da unten zurückgelassen hast, verraten. Hier oben aber dulde ich keine Feigheit, kein romantisches Getue. Wenn du zu solchem hierher raufmarschiert bist, dann wäre es besser gewesen, du wärst ein Spitzel und ich hätte dich fertiggemacht.«

Alberto war beschämt wie nie in seinem Leben. Diese Worte ernüchterten ihn und entflammten sein Ehrgefühl, sodass er nie wieder in eine ähnliche Situation geriet. Dionýsis war im Recht. Er musste sein früheres Leben wie eine Schlangenhaut ganz abstreifen und hinter sich lassen, und er musste ein echter Partisan werden, dessen einziges Ziel es war, sein eigenes wertvolles Leben zu erhalten und so viele Deutsche wie möglich umzubringen, damit diese Unmenschen den höchstmöglichen Preis für ihre Taten bezahlten.

KAPITEL 4

Edda war schon ein langes Stück Weges gegangen, als sie beschloss, umzukehren. Da bemerkte sie etwas, das sie anhalten ließ. Ein pausbackiger, gut ernährter Bauer um die Dreißig, mit einem breiten Gurt um die Taille, stand neben einem kleinen Esel und besprach sich mit einem Juden.

Sie verhandelten um die Menge Öl, die der Bauer geben sollte für ein Halsband aus seltenen Steinen, die in der Frühlingssonne glitzerten. Das Licht wurde durch die Edelsteine in Tausende von Farbtönen gebrochen. Der Jude flehte zumindest um zwei Kanister Öl für dieses sehr wertvolle Schmuckstück. Der Bauer wandte ein, dass er für sein Öl auch bessere Angebote habe, und wollte weitergehen, als der Jude in den ungünstigen Tausch einwilligte. Solches Geschehen war alltäglich im Ghetto. Die Juden verkauften so gut sie konnten alles, was sie mit sich ins Ghetto retten konnten, um ihren Hunger stillen zu können. Von wertvollen Möbeln und Schmuck bis zu Stickereien, Decken, sogar alte Bettlaken und Wäsche, wenn sie nichts anderes besaßen. Edda blieb versteckt, bis der Tauschhandel zu Ende war. Der Jude ergriff den Kanister mit dem Öl, legte das wertvolle Halsgeschmeide in die Hand des Bauern und verschwand eilenden Schritts in den Ruinen, nachdem er sich wie ein Dieb nach links und nach rechts umgeschaut hatte. Der Bauer rieb kurz den kleinen Schatz mit seinen schwieligen Fingern, dann öffnete er den breiten Gurt und ließ den Schmuck in seiner Unterwäsche verschwinden. Im Augenblick, wo er seinen Gurt wieder festgezogen hatte, sprang Edda aus ihrem Versteck und stand vor ihm. Er erschrak für einen Augenblick beim Knistern ihres Kleides, aber schnell beruhigte er sich, nachdem er den Davidstern an ihrer Jacke bemerkt hatte.

»Was willst du?«, fragte er. »Ich habe nichts mehr zu verkaufen.«

»Ich will nichts kaufen«, antwortete Edda.

»Und was kann ich für dich tun?«

»Du sollst mich hinausbringen!«

»*Was* soll ich?«

»Mich hinausbringen! Hast du nicht gehört, bist du taub?«

»Ich bin nicht taub. Du aber bist sicher verrückt. Lass mich in Ruhe, junge Dame«, sagte er und wollte weiter.

Edda trat ihm in den Weg.

»Moment mal«, sagte sie, und in rascher Bewegung zauberte sie aus ihrem Ausschnitt einen Beutel mit Goldstücken hervor, die sie vor seinen gierigen Augen klingen ließ.

Er griff nach dem Beutel. Edda hatte ihn aber schon hinter ihrem Rücken versteckt.

»Es sind genau zwanzig«, sagte sie provokativ, »und ich habe auch zwei Ringe, einen mit einem Saphir, den anderen mit einem klaren Topaz. Aus reinem Gold.«

Der Bauer schluckte. Die Gier starrte aus seinem Blick. Die Versuchung war groß, aber außer dem Gold reizte ihn auch etwas an der ganzen Erscheinung der jungen Dame. Ihre samtene, aber feste Stimme, ihr Mut, von ihm mit einer solchen Gewissheit etwas so Gefährliches zu fordern, ihr schönes, reines Gesicht, ihre Kleidung, die sich von der tristen Erscheinung der Menschen im Ghetto so sehr unterschied.

»Du weißt wohl nicht ganz, wo du dich befindest und wer du bist«, sagte er ihr. »Wenn man uns erwischt, erschießt man uns beide.«

»Niemand wird uns erwischen«, sagte Edda entschieden. »Wenn du mir falsche Ausweise beschaffst und Bauernkleider mitbringst, wird niemand Verdacht schöpfen.«

Der Bauer hob seine Mütze etwas, um an seinem Kopf zu kratzen, als würde dies ihm eine Erleuchtung bringen. Er fragte sich, was so wider Erwarten mit ihm geschah, gerade jetzt, wo er sich über den gelungenen

Öltausch freuen wollte. Er könnte vielleicht der jungen Dame den wertvollen Beutel entreißen. Niemand würde ihn daran hindern. Jeder war mit seiner eigenen Not beschäftigt. Dies aber passte ihm nicht. Nein, er war weder Dieb noch Spitzel. Er hatte noch ein Gewissen, wollte nicht Seelen ins Unglück stürzen. Ja, er profitierte schon wie alle anderen beim Tauschhandel mit einigen reichen Juden, damit es ihm etwas besser gehe.

Er betrachtete Edda von oben bis unten wie ein Verkäufer, der die Kleidergröße seiner Kundin abschätzen will. Sie beeindruckte ihn wirklich sehr, diese junge Dame. Obwohl sie einen vornehmen Eindruck machte, war sie energisch und mutig. Die Frauen, die er kannte, waren von ganz anderer Art. Sie ergriffen nie die Initiative und waren noch weniger dazu bereit, eine Entscheidung zu fällen. Der Mann war der Herr. Er entschied über alles, das Einfachste und das Schwierigste, und die Frauen folgten, ohne zu reklamieren.

»Warum antwortest du nicht?«, fragte ihn Edda, die sah, wie er, scheinbar am Boden angenagelt, sie musterte. »Wirst du auf meinen Vorschlag eingehen?«

Réina lebte nun außer im Kloster auch bei der Familie Citterich.

Der kleine Vittorio genoss dieses unerwartete glückliche Abenteuer. Endlich hatte er ein eigenes Schwesterchen, auch wenn seine Mutter immer betonte, dass Gilberta nur vorübergehend bei ihnen war und dass sie, wenn der Krieg zu Ende ginge, wieder zu ihren wirklichen Eltern zurückkehren würde, die sehr darunter litten, ihre Tochter nicht bei sich zu haben. Aber vorläufig gehe es nicht anders. Vittorio hörte gar nicht auf diese Worte. Wichtig für ihn war, dass er jetzt ein eigenes Schwesterchen hatte, nach dem er sich so lange gesehnt hatte.

Réina hatte sich schnell daran gewöhnt, auf ihren neuen Namen *Gilberta* zu hören. Die heilige Äbtissin gab ihn ihr, zum Andenken an ihren Bruder Gilbert, den sie über alles geliebt hatte und der früh verstorben war. Dies aber genügte nicht. Man musste auf diskrete Weise zu offiziellen Ausweisen kommen, die bestätigten, dass die Kleine zur Familie Citterich gehörte.

»Wir müssen uns an Bruder Bucca wenden«, sagte Lina. »Er ist der Einzige, der uns helfen kann.«

Die Nonnen zögerten, aber Lina beruhigte sie, indem sie versicherte, dass Bruder Bucca ein weiser und gerechter Mensch sei. Ein wahrer Hirte mit einem sicheren und festen Urteil. Die Nonnen hatten keinen anderen Vorschlag. Die Angelegenheit musste ohnehin geregelt werden. Bruder Bucca widmete diesem Fall große Aufmerksamkeit.

»Wenn du eine Seele rettest, vollbringst du das heiligste aller Sakramente«, sagte er, »aber damit das Kind die erforderlichen Ausweise erhält, muss es zuerst nach den Regeln der katholischen Kirche getauft werden. Nur so kann es ein echter Spross der Familie Citterich werden.«

Die sanfte Lina äußerte ihre Bedenken. »Ihre Mutter hat sie uns anvertraut, um sie zu retten, nicht um ihren Glauben zu ändern, Heiliger Vater«, sagte sie mit allem Respekt.

Bruder Bucca klopfte ihr auf die Schulter.

»Meine Tochter, vor Gottes Auge ist dies ein heiliges Werk. Was wird sich daran ändern, wenn wir etwas Salz auf die Stirn und Wasser auf die Lippen der Kleinen geben? Das Leben zählt am meisten. Wenn unser Tun dazu beiträgt, dass dieses unschuldige Leben gerettet wird, sind wir vor Gott und den Menschen gerecht. Und auch unser Werk wird gerecht sein.«

■ *Nach der »Säuberung« von Thessaloniki von den Juden und der Abfahrt des letzten Zuges in Richtung der Konzentrationslager waren fünfundvierzigtausend Juden deportiert worden, während mehrere Tausend weitere vor der Deportation, bei Folterungen, in der Zwangsarbeit oder »zum Vergnügen« der Nazis den Tod gefunden hatten. Das Volk, das diese Stadt bereichert und zum kulturellen Mittelpunkt gemacht hatte, war vollständig vertrieben. Ihr Besitz und die Tausende von leer gebliebenen Häusern und Läden mussten neue Eigentümer finden. Diese »illegalen« Besitztümer, wie sie die Deutschen bezeichneten, da die Juden nach der Auffassung der Nazis »Fremde« waren und keinen Anspruch auf Immobilienbesitz im »fremden Land« hatten, beschlossen die Deutschen großzügig zu »verschenken«. Zum Zeichen des guten Willens informiert Wisliceny den Direktor der Bank von Griechenland vertraulich, dass das Dritte Reich beschlossen hat, diese jüdischen Vermögen dem griechischen Staat zu schenken. Drei Monate später wurde der Beschluss mit dem offiziellen Befehl Nr. 5/98 vom 15. Juni*

1943 bekannt gegeben. Er trägt die Unterschrift von Max Merten, Chef der Militärverwaltung von Thessaloniki und der Ägäis.

Mit diesem Befehl geht der gesamte jüdische Besitz, der sich im Verwaltungsbereich von Thessaloniki befand, an den griechischen Staat über. Die Agrarbank wird als Zwangsverwalterin (Haftgutverwalterin) eingesetzt und bevollmächtigt, wie als Privateigentümerin darüber zu verfügen. In der Zwischenzeit begannen die Deutschen aus Häusern und Läden alles Teure und Wertvolle wegzutragen. Antike Möbel, Teppiche, Kleidung, teure Haushaltsgegenstände, Tafelsilber, Porzellan, seltene Kunstwerke wurden verladen und den Familien und Freunden nach Deutschland zugestellt.

Nach diesem ersten Raubüberfall der deutschen Besatzer auf die jüdischen Immobilien wird alles übrige, nicht besonders Begehrte, dem Mob überlassen. Dieser raubt nicht nur, sondern zerstört auch. Häuser werden niedergerissen, Synagogen ruiniert, um die Baumaterialien dem Meistbietenden zu verkaufen. Feuer zerstören religiöse und andere Schriften, die der deutschen Raserei entgangen waren. Und die Deutschen schauen mit besonderem Vergnügen der Fortführung ihres zerstörerischen Treibens zu. Auf der Suche nach Schätzen, die die Juden vor ihrem Weggang in geheimen Hohlräumen oder in einer Ecke des Haushofes versteckt haben könnten, werden Wände und Türen, Böden und Decken und vieles andere blindwütig zerstört. Die Deutschen schauen dem Treiben tatenlos zu und freuen sich offensichtlich darüber. Elftausend Wohnungen werden von Leuten übernommen, die dazu gar keine Bewilligung haben. Wilde Haufen von Neueinwanderern ersetzen die rechtmäßigen, kultivierten Eigentümer, und schändliche Hände zerstören heilige Gegenstände.

Derselbe raubende Pöbel dringt auch in die jüdischen Geschäfte ein, die viele Generationen mit unermüdlichem Fleiß aufgebaut und sorgfältig unterhalten hatten. Menschen ohne irgendeine Fähigkeit, ungebildet und ahnungslos werden von einem Augenblick auf den anderen zu illegalen Eigentümern der Besitztümer der unglücklichen Vertriebenen. Aber gerade wegen dieser Unfähigkeit und rohen Gesinnung werden sie zu Günstlingen der Nazis. Sie helfen mit, dass die Schöpfer dieser Kultur vergessen werden und der Staub aus den Ruinen die Erinnerung an sie und ihre Vertreibung schnell zudeckt. Es gibt keine Kontrolle und keinen Widerstand. Die Väter dieser Zerstörung sind selber gesetzwidrige Piraten. Wisliceny, Merten und Meissner sind hemmungslose Verbrecher und erfahrene Räuber, die unter dem Vorwand des Kriegsrechts alle ihre Untaten und Diebstähle als natürlich und gesetzmäßig darstellen. Die Anarchie ist für sie und ihre dunklen Absichten der günstigste Nährboden. Das Chaos, das so entsteht, hilft ihnen zu größerem persönlichen Profit.

Jetzt wohnen in den Häusern der Juden Denunzianten, Dirnen, Vertreter der Unterwelt, frei von jeder ethischen Hemmnis. Die schlimmsten Schichten, ohne jegliche Selbstachtung, deren niedrigste Instinkte dank der deutschen Besatzung an die Oberfläche gelangten und sich als Tugenden etablierten, profitieren von diesen Plünderungen. Dunkle Wolken aus Geiervögeln, die auch die unbeerdigten Toten in ihrer ewigen Ruhe stören, sie entkleiden, um alles, was sich bei ihnen finden lässt, zu verkaufen.

Die überwältigende Mehrheit der Bewohner von Thessaloniki sah schmerzerfüllt auf diese wilden Abscheulichkeiten. Die meisten waren mit jüdischen Familien befreundet. Hatten mit ihnen Haus an Haus zusammengelebt, zusammengearbeitet, gegessen, gemeinsam Feste gefeiert. Sie hatten die Weisheit, Intuition und außergewöhnliche Bildung geschätzt und gebraucht. Das jetzige Wüten gegen alles Schöne und Große, das ihre Hafenstadt während Jahrhunderten zu einem wichtigen Zentrum, gleichwertig mit anderen großen europäischen Zentren gemacht hatte, würde vernichtend wirken und sie in ein dunkles Mittelalter zurückwerfen. Sie vernahmen das Schnauben des wilden Tieres, bereit, den Leib der verwundeten Stadt zu zerfleischen. Einer Stadt, deren Bild und Andenken unzertrennlich mit diesem Volk des Leidens verknüpft war.

Die gefühlvollen Thessaloniker würden niemals die Kultur vergessen, die ihre Stadt so viele Jahrhunderte lang wesentlich mitgeprägt hatte. Eine Kultur, die unermüdliche Architekten hier auf einem Grundstein wiederaufbauten, den sie in ihrem Herzen während der Jahrhunderte ihres Herumirrens durch die Weltgeschichte stets mitgetragen haben. Sie hatten nie das Recht beansprucht, ihre erschöpfte Seele ausruhen zu lassen und das Leben in jenem Garten zu genießen, den sie mit Schweiß und Blut kultiviert hatten. Im Schatten »ihrer Rebe und ihres Feigenbaumes«. Nichts hat ihnen auf Dauer gehört. Ihr Wehgeschrei, der Schmerz, die ungerechte Strafe würde *die Menschen nicht berühren. Nur kurz an ihrem Ohr vorbeistreifen. Bis die erneute Verfolgung beginnen würde. Die Hetze gegen ein Volk, das fünfundzwanzig Jahrhunderte an den Dornen blutet, die jeder Menschenverächter ihm in den Weg stellt, von einem Exil zum nächsten wechselt, den härtesten Prüfungen unterworfen wird und gnadenlosen Massakern, ohne dass die Menschheit ihr Interesse bekundet. Immer von Neuem suchen die Überlebenden ein Land, in dem sie sich zu Hause fühlen können. Und wieder werden Leiber eingeäschert, um die machiavellistische Lust von Machthabern zu befriedigen. Seit den »Cremaderos« der heiligen Inquisition wurde ihre Vernichtung immer weiter perfektioniert, um innerhalb weniger Jahrhunderte bis zu den technisch vollkommenen Krematorien des zwanzigsten Jahrhunderts zu gelangen, die von einem europäischen Volk geplant wurden, das gut organisiert und technologisch hoch entwickelt war.*

Ein jüdisches Sprichwort sagt: Wenn der Mensch denkt, lacht Gott. Im Fall der jüdischen Familien am Lago Maggiore lachte Gott nicht, sondern staunte traurig darüber, dass sie weiterhin dort verweilten und nichts unternahmen, obwohl die Gefahr deutlich sichtbar vor ihren Augen war und eine richtige Entscheidung sie vermutlich vor dem Tod gerettet hätte. Aber auch diese Juden beharrten, gemäß ihren Lehren, auf der Logik des stets naiven Denkens:

»Was habe ich getan, um mich zu verstecken? Ich habe niemandem geschadet.« Und dieser unpassende Gedanke, der in keinem Fall ihrer Geistesstärke entsprach, stürzte sie so oft ins Verderben.

Aber es gelang ihnen trotzdem oft nicht, aus diesem Verderben die Lehren zu ziehen. Keine ihrer bitteren Erfahrungen half ihnen, einer der vielen gegen sie gelegten Fallen zu entgehen.

Noch etwas anderes machte die Juden so leicht verletzbar in der Gesellschaft von Andersgläubigen. Es war das rasche Vergessen, mit dem sie sich im Nachhinein gegen ihr Leiden verteidigten, im Glauben, dass sie dadurch ihre Nachkommen schützen würden.

»Ich meine, wir sollten versuchen, uns in die Schweiz abzusetzen«, schlug Daniele Montiano vor. »Es sind nur einige wenige Stunden dorthin.

Es ist kein schwieriger Weg. Und mit Geld lässt sich alles erreichen. Es gibt genug Leute, die bereit sind, uns hinüberzubringen«

»Warum diese Panik?«, entgegnete Pierre Fernandez. »Er wird Verdacht schöpfen, wenn wir eine Flucht zu organisieren beginnen. Schließlich haben wir alle notwendigen Papiere, die bestätigen, dass wir katholisch sind. Beruhigen wir uns und führen unser Leben so weiter, wie wir es bis jetzt getan haben. Jede unüberlegte Aktivität wäre das Gefährlichste, was wir in unserer jetzigen Situation tun könnten. Die vorahnende Angst ist manchmal größer als die reale Gefahr.«

Aber der Deutsche war wie immer dort bei ihnen. Er begrüßte sie stets mit demselben satanischen Grinsen, schlug auf soldatische Art seine Stiefel zusammen und erhob den Arm zum »Heil Hitler!« Von ihnen erwartete er, dasselbe zu tun.

»Heil«, antworteten sie widerwillig, und ihr müder Arm erhob sich in Zeitlupe.

Mit seinen schielenden Augen und der Riesenhaftigkeit seiner groben Gestalt warf er unerbittlich seinen bleiernen Schatten auf ihren Alltag. Tagelang blieb er stumm. Ihre wachsende Unruhe schien ihm eine besondere Freude zu bereiten.

Bis er schließlich eines Morgens beschloss, seine Macht auszuspielen. Als sie alle zusammen im Speisesaal des Hotels beim Frühstück saßen, näherte er sich ihnen und fragte nach ihren Papieren. »Eine Formalität«, fügte er mit boshafter Höflichkeit hinzu.

Der Nazi schaute während einer langen Weile in die Papiere, die man ihm gebracht hatte. Zwischendurch musterte er sie abwechslungsweise. Sein Ziel war es, sie in Angst zu versetzen, ihre Geduld zu erschöpfen, sie zur Weißglut zu treiben. Er zweifelte überhaupt nicht daran, dass es sich um Juden handelte. Seine breiten Nasenlöcher zogen lärmend die Luft ein, wie ein Hund, der das Opfer riecht und Angriffsstellung bezieht. Tatsächlich standen alle schweigend da und verfolgten seine Bewegungen. So sehr sie sich auch darum bemühten, ihre Ruhe zu bewahren oder zumindest sich ihre Unruhe nicht anmerken zu lassen, war diese langsame Prozedur eine Höllenqual. Schließlich gab der Deutsche ihnen ihre Papiere zurück.

»In Ordnung«, sagte er.

Sie holten tief Atem. Das Gesicht von Bianca Fernandez war durch die Anspannung so erschöpft, dass in den stark gezeichneten Falten kleine Schweißtropfen glitzerten.

»Fühlt sich die Dame nicht wohl?«, fragte der Nazi in seiner zynischen Höflichkeit.

»Danke, mir geht es gut«, beeilte sich Bianca zu antworten, und Montiano übersetzte es auf Deutsch.

Aber der Deutsche entfernte sich nicht. Er wollte noch etwas. Sie warteten erstarrt. Er biss in ein Croissant und sagte mit vollem Mund:

»Die Papiere sind in Ordnung. Niemand kann einen Fehler entdecken. Aber da ihr alle wirklich so reich seid, dass ihr während des Krieges Ferien machen könnt, meine ich, seid ihr verpflichtet, einen Beitrag für die Ziele des Dritten Reichs zu leisten, das für die Verbesserung der Menschheit kämpft.«

Edda ging und ging immer wieder an die Stelle, wo sie mit dem Bauern verabredet war. Sie hatte ihm weder ihren Namen verraten, noch wo er sie im Ghetto finden könnte. Als er gefragt hatte, »wie werde ich dich finden?«, hatte sie geantwortet: »Ich werde jeden Tag hierher an diese Stelle kommen, immer um die gleiche Zeit. Mach dir keine Sorgen.«

Aber es war nun eine ganze Woche verstrichen, und er wollte sich nicht zeigen.

»Er wird nicht kommen«, dachte Edda.

Sie war besorgt, in ihrem Innern spürte sie Angst, aber keine Panik. Nichts mehr konnte sie in Panik versetzen, da ihre Tochter in Sicherheit war. Sie trug nur den Gedanken, mit allem von vorne anfangen und ihre Bemühung vorerst als gescheitert ansehen zu müssen, das Ghetto verlassen zu können. In den ersten Tagen war es leichter gewesen, und eine Hoffnung begleitete sie jedes Mal, wenn sie zum Treffpunkt ging, während ihre Fantasie vorauseilte in eine bessere Zukunft. Sie wollte schon aufgeben und sich wieder entfernen, als sie in der Ferne den Bauern sah, der auf seinem Esel in ihre Richtung ritt. Sie freute sich wie ein hungerndes Kind, dem man ein Stück Schokolade gibt.

Er schien ihr viel schöner zu sein, so wie er hoch oben auf dem Esel saß. Aufrecht und gut gebaut mit einem rötlichen breiten Kindergesicht und himmelblauen Augen, genau wie der griechische Himmel. Was sie ganz besonders beeindruckte, war ein kleiner Zweig Basilikum an seinem Ohr. Ein gewaltiger Gegensatz, diese Erscheinung, vor der grauen Kulisse des Ghetto-Elends. In diesem schmutzigen, bedrückenden Ort war seine Gegenwart fast schon eine verächtliche Provokation.

Aber ihm ging es überhaupt nicht darum. Er trug mit sich einen alten sehnsuchtsvollen Traum. Den Traum vom Frieden. Als er näherkam, überflutete Eddas Geruchssinn ein Duftgemisch aus Gesundheit, Schweiß und Muskatnuss. Seine Augen zwinkerten freudvoll, als sie ihrem Blick begegneten. Er stieg vom Esel ab und band ihn am Baum an. Dann reichte er Edda die Hand und hob seinen Kopf hoch, um sein ganzes Gesicht zu zeigen, ein stolzer Mann, der seine Pflicht erfüllt hat:

»Es ist alles in Ordnung. Ich habe alles mitgebracht!«

Die Stunden der Nacht waren für Alberto am schwierigsten. Tagsüber konnte er sich immer mit irgendetwas ablenken. Mit der Anstrengung, dem Herumrennen, den Verrücktheiten und lauten Rufen von Dionýsis. Es blieb ihm keine Zeit, an etwas anderes zu denken, in seinem Innern zu suchen und sich zu quälen. Wenn aber die Nacht einfiel und er seinen erschöpften Körper zur Ruhe brachte, wollte der erlösende Schlaf nicht zu ihm kommen. Eddas Gestalt, bleich und streng, wühlte ihn die paar Stunden auf, die ihm zum Ausruhen blieben. Er versuchte ihr eine Botschaft zukommen zu lassen, konzentrierte, sammelte sich, um mit ihr telepathisch zu kommunizieren.

»Sag ihnen, Edda, dass du Spanierin bist, meine Liebe. Sie haben mit Franco ein Abkommen geschlossen. Unternimm etwas, ich flehe dich an!«

Die Nachrichten, die bis zu ihnen gelangten, brachten tragische Neuigkeiten über die Behandlung der Juden durch die Deutschen. Alberto tobte vor Wut, fühlte aber auch Scham, dass er nicht bei seiner Frau und seiner Tochter war. Er machte sich oft Vorwürfe, redete mit sich in der Nacht wie ein Irrer.

Dionýsis beobachtete, wie er täglich magerer und bleicher wurde und immer größere Mühe hatte, vorwärtszukommen. Sein Mitgefühl war groß, da er von Albertos doppeltem Kummer wusste.

Auch die anderen waren in Sorge um ihre Familien. Sie alle hatten ihre Liebsten zurückgelassen. Alberto aber war noch jung und unerfahren, diese Trennung fiel ihm äußerst schwer. Die Tatsache, dass er Jude war, gab ihm das Recht, stärker zu leiden. Deshalb hatte Dionýsis auch besonderes Verständnis für das Schicksal dieses hageren jungen Mannes. Er empfand für ihn eine väterliche Sorge, die er ihm unter anderen Umständen auch offener gezeigt hätte. Hier musste er sich damit begnügen, ihm die Sorge, gehüllt in Fürsorge, mitzuteilen:

»Nimm noch einen Bissen zu dir, armer Schlucker! Du bist zur halben Portion geworden, das Essen wird dich aufrichten.«

Dionýsis zeigte ihm auch seine Teilnahme und sein Verständnis für die spezielle Situation der Juden:

»Wenn ich nur einen dieser Teufel festnehmen könnte! Ich würde ihn dir bringen, damit du deine Wut zähmen kannst und dein Herz sich beruhigt. Es brodelt wie der Kessel mit der Bohnensuppe!«

Diese besondere Gunst in den Worten des Chefs erzeugte ein angenehmes Gefühl. Alberto errötete bei diesen fürsorglichen und gleichzeitig neckischen Worten. Die Partisanen waren nun seine Familie und Dionýsis sein Vater. Am wohlsten fühlte er sich aber mit Mítsos, den sie den »Philosophen« nannten. Er wurde für Alberto wirklich zum Bruder. Die Weisheit seiner Worte und die Ruhe seiner Stimme beruhigten Alberto immer, und er suchte seine Nähe, wenn er spürte, dass er es allein nicht schaffen werde. Ihm gegenüber fühlte er sich auch freier, und er konnte ihm vieles anvertrauen.

Mítsos war, bevor der Krieg ausbrach, Universitätsprofessor gewesen. Seine reine Seele konnte die rechtswidrige Behandlung der Menschen nicht akzeptieren und revoltierte. Er sah, wie die Arbeiter vom Morgengrauen bis tief in die folgende Nacht schufteten, ohne damit ihre Familien ernähren zu können. So beschloss er, Mitglied der Kommunistischen Partei Griechenlands zu werden. Er glaubte, dies sei das Mindeste, was er als Mensch tun könne. Nach Ausbruch des Krieges fand er mit seinen Genossen in den Bergen Zuflucht. Zu ihm wagte Alberto als Erstem, von seinem Plan zu sprechen.

»Mítso, ich gehe weg. Ich gehe nach Athen, um Edda zu treffen. Sie muss inzwischen dort sein. Und wenn ich sie dort nicht finde, werde ich zumindest etwas über sie erfahren. Ich halte es nicht länger aus!«

»Herr, erbarme Dich unser!«, schreckte der Partisan auf. »Weißt du, was du vorhast? Deinen Kopf wirst du verlieren. Du gehst schnurstracks ins Maul des Wolfs!«

Alberto hatte aber schon lange in seinem eigensinnigen Hirn mit diesem Gedanken gespielt. Er musste endlich erfahren, was aus seiner Frau und seiner Tochter geworden ist. Dem Chef hatte er noch kein Wort darüber gesagt. Er wartete auf einen günstigen Moment, um ihm seinen Plan mitzuteilen, was gar nicht einfach war. Dionýsis war für überflüssige Worte nicht empfänglich. Er unterbrach dich, noch bevor du begonnen hattest.

Réina verbrachte ihr junges Leben nach wie vor teils im Kloster, teils in ihrer Pflegefamilie. Sie war ein folgsames und charismatisches Kind. Aus ihren großen kastanienbraunen Augen funkelte ihr heller Geist. Sie begriff rasch und wusste sofort, was die Erwachsenen von ihr verlangten. Ihr kindlicher Instinkt war ein guter Lotse. Alle in ihrer Umgebung liebten sie wirklich sehr und umsorgten sie.

Der Doppelpol von Mama Lina und Sœur Josèphe, die ihr die Mutter ersetzten, überflutete sie mit Güte und Fürsorge, und Réina genoss den Duft dieser zarten, warmen Obhut mit der ganzen Leidenschaft des geliebten Kindes.

Jeden Tag wartete sie auf Vittorio, wenn er von der Schule heimkehrte. Sie rannte ihm entgegen, und ihre kleinen Arme waren ausgebreitet wie die Flügel eines Kükens. Er hob sie in die Höhe und drückte sie an seine schmale Knabenbrust wie etwas ganz Wertvolles und Einmaliges, das ihm Gott völlig unerwartet geschickt hatte. Er hatte noch zu niemandem von dieser Überraschungsschwester gesprochen. Nicht nur, weil man dies von ihm verlangt hatte, sondern auch, weil er nie etwas tun würde, das ihr junges Leben gefährden könnte.

Am allergrößten war aber Sœur Josèphes Hingabe für Réina. Es war schon fast eine religiöse Anbetung. Sœur Josèphe war die jüngste Nonne im Kloster Die Äbtissin hatte in ihrem zarten, sanften Blick sogleich die mütterliche Sehnsucht erkannt, als sie mit Réina auf den Armen zu ihr gekommen war, und sie ihr vom ersten Augenblick an anvertraut.

Sie war ins Kloster gekommen, nachdem ihr Verlobter kurz vor der Hochzeit an den Folgen eines Unfalls gestorben war. Dieser Tod verschlang alle ihre Träume von einer eigenen Familie mit vielen Kindern, die sie sich so sehr gewünscht hatte.

Sie widmete sie sich also mit der ganzen Kraft ihrer Leidenschaft Réina, die sie mehr als eine eigene Tochter lieb gewann. Je mehr sie sich bewusst wurde, dass dieses zärtliche Wesen weit weg von seiner Mutter war und jeden Augenblick in Gefahr schwebte, den Deutschen in die Hände zu fallen, desto stärker wuchs in ihrem Herzen die Sanftheit und die Sorge. Das asketische Leben im Kloster hatte sie gar nicht verblassen und einrosten lassen. Im Gegenteil, sie hatte ihre mädchenhafte Frische bewahren können, und ihr Lächeln besaß die sinnliche Verspieltheit des freien Mädchens aus Berg und Tal. Ihr Herz besaß die Zartheit eines Säuglings. Stundenlang hielt sie die kleine Réina in ihren Armen, die in Wohlgerüchen von Thymian und Anis gebadet war, und sang ihr sanfte französische Lieder oder kurze religiöse Hymnen mit ihrer samtenen Stimme.

Die Äbtissin betrachtete sie, wenn sie dem Mädchen in ihren Armen etwas zuflüsterte und es in den Schlaf wiegte, sah ihre feurige Intensität, während die zwei dicken Zöpfe, kranzförmig rund um ihren Kopf gewickelt, ihre Nonnenhaube ausbeulten, und sie sagte liebevoll:

»Wäre Gilberta ein Knabe, Sœur Josèphe, so würde ich meinen, du seiest die Muttergottes selbst.«

Und sie errötete bis zu den Haarwurzeln.

»Gilberta liebt Sœur Josèphe, aber liebt auch Mama Lina und Vittorio und möchte gerne nach Hause gehen und mit ihm spielen«, sagte sie ganz diplomatisch.

»Aber ...«, stockte Sœur Josèphe, »es ist noch nicht die Zeit, mein Goldhäschen.«

Aber ein Küsschen und die zarten Händchen um ihren Hals genügten, und sie gab nach und erfüllte den Wunsch der kleinen Geliebten.

Der Bauer zog aus einer kleinen Tasche eine blaue Ausweiskarte. An der linken Ecke war ein Foto, das ihm Edda gegeben hatte. Es war aus ihrer Gymnasialzeit. Nur dieses einzige hatte sie bei sich gehabt.

»An den Rändern ist es etwas abgeschnitten«, hatte sie ihm gesagt.

»Mach dir keine Gedanken, das wird schon bereinigt«, hatte er geantwortet.

Wie sorglos sah sie auf diesem Bild aus! Ihr Haar hing frei und leicht gewellt auf ihre Schultern, ihre Augen lächelten und breiteten einen friedlichen Schein aus.

Sie las: »María Ananiádou, Ehefrau des Kornílios Ananiádis, geboren in Polýgyros von Chalkidikí im Jahre 1918.«

»Ich habe dich auf meinen Namen eingetragen. Als meine Ehefrau. Falls du nichts dagegen hast«, sagte der Bauer etwas unsicher.

Ein bittersüßes Lächeln fuhr über ihre weichen Lippen.

»Ich habe nichts dagegen«, sagte sie, »was soll es ausmachen?«

Nichts mehr störte sie. Alles veränderte sich so rasch, auf eine merkwürdige, unnatürliche Weise, dass man zu keiner Stunde wusste, was die nächste bringen wird. Während der letzten drei Jahre hatte sich ihr Leben so häufig total umgestaltet! Sie heiratete den Mann ihrer Träume und gebar das Kind, das sie sich wünschte. Sie ließ sich von ihrem Mann scheiden, von ihrem Kind trennen, und nun war sie dabei, die gesetzmäßige Ehefrau eines ihr völlig unbekannten und von ihr total verschiedenen Mannes zu werden. Hätte sie in einem Märchen davon gelesen, so würde sie den Autor einen krankhaften Fantasten schimpfen, dessen Erfindungsgabe alle Grenzen der normalen Einbildungskraft überschreitet.

Kornílios war gerührt von der Nachdenklichkeit, mit der sie den Ausweis betrachtete und die Eintragung wieder und wieder las, still, bewegungslos und traurig.

Er begann zu seufzen. Lang war er nicht zur Schule gegangen, konnte mit Ach und Krach seinen Namen schreiben, doch war er darauf sehr stolz, denn die meisten in seinem Dorf setzten an Stelle einer Unterschrift nur ein Kreuz. Er war stolz wie ein Pfau, wenn sie ihm neidisch zuschauten, wie er mit dicker Schrift seinen Namen schrieb.

Mit einer Stimme, die er so sanft wie möglich färbte, sagte er zärtlich: »Deinen Namen verlierst du nicht. Sei nicht so traurig. All diese Dinge sind nicht von Dauer. Ist das Übel vorbei, gehört dir dein Name wieder.«

Edda gefielen seine teilnehmenden Worte. Sie blickte ihn gerührt an. Er senkte den Blick und errötete.

Tag für Tag wurde die Lage der Juden am Lago Maggiore bedrohlicher. Die Gier des Deutschen wuchs, nachdem sie ihm das erste Geld gegeben hatten, und seine Forderungen wurden immer unverschämter. Die jüdischen Gäste spürten das Gewitter näherkommen. Sie wussten, dass es jetzt kein Zurück mehr geben konnte. Sie versammelten sich jeden Abend und berieten sich stundenlang, ohne einen Ausweg zu finden.

»Habe ich es nicht immer gesagt?«, begann Montiano, »aber ihr wolltet nicht auf mich hören. Wie Lämmer harrten wir hier aus vor dem hungrigen Maul des Wolfes.«

»Ich kann es nicht fassen«, fügte Jacques Mosseri hinzu. »Wir sind so weit gereist, um den Dämonen zu entkommen, und landeten wieder gerade in ihrem Schlund!«

Die Kopfsteuer wurde nun täglich eingefordert. Der Nazi hatte seine höfliche Maske fallen lassen und drohte jetzt kaum verhüllt.

»Ihr werdet verstehen, dass es eine große Provokation ist, wenn ihr hier in Saus und Braus lebt, während unsere Armee hungert.«

Den Familien wurden in rascher Folge das Vermögen und die Wertsachen, die sie mit viel Mühe und Geschick hierher gerettet hatten, vermindert. Bald realisierten sie, dass es ihnen nicht einmal mehr möglich war, für ihren Aufenthalt im Hotel zu bezahlen. Sie gingen nicht mehr in den Speisesaal hinunter. Sie gaben sich noch Mühe, die Kinder einigermaßen anständig zu ernähren, während sie sich wenig gönnten.

Im Gegensatz dazu nahm der Nazi üppige Mahlzeiten zu sich, trank und sang dazu mit einer provokativ lauten Stimme. Sein lärmendes Gejohle erreichte die Zimmer der Opfer, sodass sie in keinem Augenblick seine bedrückende Gegenwart vergessen konnten.

Die meiste Zeit des Tages verbrachten sie tatenlos, liegend, schweigsam. Die schönen Frauen wurden immer bleicher, dunkle Ringe umgaben ihre Augen. Die Kinder spielten nicht mehr und nahmen teil an der großen Bedrängnis der Erwachsenen mit einer verglühenden Flamme in ihren Augen.

»Ich kann es einfach nicht verstehen«, sagte Raul Torres, der Unschuldigste von allen. »Nie konnte ich es verstehen. Wozu all diese Bosheit. Dieser Hass. Was haben wir ihnen angetan?«

In seinen hellblauen unschuldigen Augen war eine Scheu versteckt, wie bei einem noch lebensunerfahrenen Mädchen, dem man einen Liebesantrag stellt. Montiano brauste auf.

»Du wirst niemals etwas verstehen! Denkst du, es sind alles unsere Brüder? Sie bestehlen uns, foltern uns, nehmen uns das Leben, und du bleibst bei deinem Unverständnis.«

Raul zuckte zusammen.

Daniele bereute schon seine Worte.

»Es tut mir leid, verzeih mir«, sagte er. »Ich brause schnell auf. Ich wollte dich nicht verletzen.«

Er griff nach der Hand von Raul und drückte sie fest.

Raul seinerseits, in einem spontanen Gefühl der Verbundenheit, das seiner reinen Brust entströmte, drückte die Hand von Pierre Fernandez.

»Estamos todos hermanos« (wir sind alle Brüder), sagte er mit bedrückter Stimme.

Ihre Hände vereinigten sich und bildeten eine Kette der Liebe, Brüderlichkeit und Solidarität in diesem Augenblick der gemeinsamen Gefahr.

Kornílios und Edda gingen gemeinsam bis zu dem Haus, in dem Edda wohnte. Ein Nieselregen hatte eingesetzt, und die Steine glänzten unter der trüben Sonne. Das Gras erlebte eine Auferstehung bei dieser Feuchtigkeit, und der Geruch der Erde breitete sich angenehm über alle Quartiere. Der aus lauter Klumpen bestehende weiche Boden löste sich unter ihrem Schritt auf.

Kornílios sprach kein Wort. Er folgte mit seinem Esel ihrem Weg ganz dicht hinter ihr. Er trug hohe, wasserdichte Stiefel und einen dicken Hirtenmantel. Sein schwerer Atem schlug an ihren Rücken wie ein warmer Schutzschild. Endlich kamen sie an.

»Warte hier«, sagte Edda. »Ich mache alles bereit.« Da kam ihr etwas in den Sinn, und sie hielt inne.

»Hast du die Kleider mitgebracht?«, fragte sie ungeduldig.

»Ach! Verzeih mir. Ich vergaß, sie dir zu geben. Da sind sie.«

Edda nahm den Sack mit den Bauernkleidern und verschwand in der grauen Hausruine.

»Kommt heraus und schaut«, rief Alberto. »Sie werfen etwas vom Himmel herunter.«

»Das wird das Manna deines Gottes sein«, spottete Dionýsis. »Bist du bei Sinnen oder hast du Visionen? Muss ich dich vielleicht anbrüllen, um dich aufzuwecken?«

»Ich schwöre, Chef, bei meiner Ehre«, fuhr Alberto ungeduldig fort, da man ihm nicht glaubte. Da sprang Kleówulos außer Atem herein. Seine Augen waren gerötet vom langen Wachdienst.

»Chef, die Engländer«, sagte er klanglos.

»Und? Was, die Engländer? Spuck es endlich aus!«

»Sie werfen Waffen und Lebensmittel herunter.«

Dionýsis wartete nicht länger. Mit großen Schritten trat er aus der großen Höhle hinaus, fast hüpfte er. Unter seinen dichten Augenbrauen blitzten seine Augen wie die Morgensonne. Ein wahrer Regen aus Waffen und Lebensmitteln kam tatsächlich vom Himmel herunter.

»Bravo, Kleówule. Du hast einen scharfen Blick. Aber woran hast du gemerkt, dass es Engländer sind? Du wirst jetzt sagen, wer sollte uns sonst Waffen und Fraß abwerfen, die Deutschen etwa? Du bist tatsächlich ein Teufelskerl. Heute nimmst du frei, da du uns diese große Botschaft gebracht hast. Du kannst den ganzen Tag liegen bleiben.«

Alberto stand abseits, etwas betroffen. Dionýsis bemerkte dies mit seinem Adlerblick.

»Bravo auch dir, Edelmann«, sagte er liebevoll. »Verzeih mir, wenn ich manchmal dir gegenüber zum Thomas, dem Ungläubigen, werde. Es ist, weil ich dich als Studierten anders sehe, und die Studierten sehen auch alles anders. Einverstanden?«

Albertos Ärger war noch nicht vergangen. So erhielt Dionýsis keine Antwort. Aber im Grunde war ihm diese Entschuldigung des Chefs mehr als genug. Er war zufrieden. Diese kleinen Einsichten waren für ihn geheime Orden, die ihm Dionýsis gab, selten genug, da er damit geizte. Es war für ihn eine Genugtuung, dass er auch etwas beitrug. Dass er sein Brot verdiente. Inmitten dieser allgemeinen Freude über die Abwürfe verschob er auch die Diskussion über seinen Entschluss, nach Athen zu gehen, die er heute mit Dionýsis zu führen geplant hatte.

Edda erschien vor der alten Kupfertüre in einer orientalischen Tracht. Mit dem dichtbestickten Jäckchen und dem bunten Kopftuch sah sie wie eine alexandrinische Königin aus. Ihre schneeweiße Haut, die mädchenhafte Gestalt, die riesigen kastanienbraunen Augen, voll zärtlicher Unschuld, und die sanften kleinen Hände würden nie jemanden täuschen können, dass sie ein Bauernmädchen sei, tagtäglich an der heißen Sonne oder im Schneeregen bei der Arbeit auf dem Felde.

Kornílios blickte sich um und sah, wie sie in einem gemächlichen Schritt die Stufen herunterkam. Es wurde ihm schwindlig. Seine starken schwieligen Hände griffen nach dem Eselsrücken, um Halt zu finden, da seine Männlichkeit und der Frühling in seiner Brust lustvoll revoltierten beim Anblick ihrer Schönheit. Edda näherte sich ihm.

»Du bist sehr schön, Herrin«, flüsterte er schüchtern. Seine Bewunderung jagte ihr einen Schrecken ein. Sie wollte kein Stelldichein mit ihm. Die große unbekannte Reise, die sie an der Seite dieses Mannes beginnen würde, verursachte ihr eine panische Unruhe, die sie zu verstecken versuchte.

»Hör gut zu, was ich dir sagen werde«, sagte sie ihm scharf. »Vergiss nicht, dass du bezahlt wirst, um einen Auftrag auszuführen. Merk dir das ganz genau. Ich will keine solchen Sätze mehr hören.«

Er sackte zusammen wie ein Kind, das man für einen Streich tadelt.

»Ich habe verstanden, Herrin«, sagte er beschämt. »Mach dir keine Sorgen. Ich habe keine bösen Absichten.«

»Er hat seine Seele dem Teufel verkauft. Wir werden sehen, wo wir unsere Leben verkaufen werden. Vielleicht auf dem Altar der Dummheit?«, sagte

Odette Mosseri, eine dunkle, große Frau mit einem Blick, der die explosive Kraft und Leidenschaft der Passionaria hatte. »Wir sitzen hier und diskutieren, und bald werden wir an Hunger sterben. Worte können uns nicht weiterhelfen. Wir verbünden uns so nur mit unseren Mördern wie Lämmer, die bis an ihr Ende nichts tun, um dem Messer zu entgehen.«

Jacques Mosseri blickte bewundernd und traurig seine Frau an. Es war ihm nie gelungen, ihrer raschen unstillbaren Leidenschaft zu folgen. Sehr oft hatte ihm dieser Mut seiner Frau Angst eingejagt, obwohl er wusste, dass er ihrem Gerechtigkeitssinn und ihrer Ehrlichkeit entsprang, Tugenden, die sie nie leugnen konnte. Er hatte ein ganz anderes Temperament. Ruhig, beherrscht, er sprach wenig und sehr langsam, wog jedes Wort ab, damit es so treffend wie möglich war.

Das Bewusstsein der menschlichen Würde beherrschte die gegenseitigen Empfindungen zwischen diesen Familien. Stärker noch als der Hunger und der Schmerz, intensiver als die Todesangst. Der Deutsche wollte jetzt noch ihre totale Demoralisierung erreichen, mehr noch als ihren körperlichen Tod. Er war sich im Klaren darüber, dass alles Geld und die Wertsachen, die sie hierher gebracht hatten, inzwischen aus ihrem Besitz in den seinen übergegangen waren, aber er wollte sie weiter und weiter erniedrigen. Die Selbstaufgabe, in die sie durch Hunger und Erschöpfung gebracht werden sollten, würde seiner Ansicht nach zur Folge haben, dass sie vor ihm kriechen und ihn demütig um Gnade anflehen würden.

»Wenn ich ihn sehe, ersticke ich vor Ekel«, fuhr Odette fort, die nun am Ball blieb. »Warum stirbt er nicht, mein Gott? Warum muss ein solches Scheusal am Leben bleiben? Warum töten wir ihn nicht?«

Liliane, die Odette in vielem glich, außer in ihrer Wortgewalt und ihrer ganz besonderen Gabe, rasch die notwendige Distanz zu jeder Situation zu gewinnen, war bei diesen letzten Worten erschrocken aufgefahren. Sie wollte, da sie gleich empfand, ihre Erregung mit ihr teilen und Odette sagen, dass sie eigentlich recht hatte. Aber nach der Leidenschaft von Odettes Worten blieb Liliane verstummt. Und doch musste jemand etwas sagen, schon um Odette nicht zu verletzen, da sie das Schweigen als Ablehnung auffassen würde. *Was* man ihr jetzt sagen würde, hatte weniger Bedeutung.

Diese Initiative ergriff Valerie Torres, eine klein gewachsene Frau von mädchenhafter Gestalt, einem angenehm offenen Ausdruck und einem Gesicht voller feiner bleicher Sommersprossen.

»Odette hat recht. Vielleicht ist es noch nicht zu spät, etwas zu unternehmen. Vielleicht gibt es noch eine Möglichkeit, von hier wegzukommen. Vielleicht können die Männer ihn töten. Nachts spaziert er am See.«

Valeries Worte, in einem ganz anderen Ton gesprochen als jene von Odette, ganz ohne Leidenschaft, ganz farb- und klanglos, schwebten wie ein schwaches Echo im Raum und verklangen, so wie ein Kiesel im Wasser verschwindet, wenn man ihn ungeschickt auf die Meeresoberfläche wirft und er nicht abprallt.

Niemand hatte Lust zu weiteren Worten. Die Erschöpfung verhinderte jede Denkanstrengung, welche so oder so zu keinem Ergebnis führen und sie nur noch mehr entkräften würde. In seinem tiefsten Innern hoffte keiner mehr. Sie waren bereits in eine stille Empfindungslosigkeit versunken, ein gemächliches Erlöschen des Geistes, nachdem der Körper unwiderruflich die Ziellinie des Todes erreicht hatte. Raul Torres begann zu beten. Niemand erhob Einspruch. Dieses Gebet bestätigte ihnen allen, dass sie ihre Wahrheit kannten und angenommen hatten.

KAPITEL 5

Edda blickte nicht zurück, um nochmals die Ihren zu sehen, die oben am Treppenabsatz standen und weinten. Sie stieg auf den Esel und sagte zu Kornílios:
»Lass uns jetzt gehen.«
Er lud rasch ihren kleinen Beutel auf und befahl dem Esel:
»Los, Adolf, vorwärts!«
Edda staunte über den Namen, den der Bauer seinem Esel gegeben hatte. Sie fand es witzig und gleichzeitig solidarisch mit ihr, den Juden und dem griechischen Volk. Das war für den Anfang mehr, als sie hoffen durfte.
»Sieh mal, wie er seinen Esel getauft hat!«, dachte sie und hielt den Kopf hoch, damit er ihre Tränen und den Abschiedsschmerz von den Ihren nicht bemerkte. Sogar ein Lächeln konnte sie den ausgetrockneten Lippen entlocken.
»Alles in Ordnung, Herrin?«, fragte Kornílios.
»Ja, alles in Ordnung.«
Der Esel schritt voran, und sie überließ sich der wiegenden Bewegung, die ihre Unsicherheit über das neueste Abenteuer ihres Lebens einschläferte.
Der Nieselregen hatte aufgehört, und Sonnenstrahlen kamen auf. Die Regentropfen zitterten noch auf den Blättern der kleinwüchsigen Bäume. Edda und Kornílios blieben stumm. Sie auf dem Rücken des Esels, er an der Seite, die Zügel in der Hand. Ein lauer Wind trocknete Eddas Tränen. Kurz bevor sie am Tor des Ghettos ankamen, bekreuzigte sich Kornílios.
»Möge Gott uns helfen durchzukommen.«

Edda schwieg still. Sie war von klein auf daran gewöhnt, vor jenen zurückzutreten, die mehr wussten als sie, und in dieser Angelegenheit wusste Kornílios mehr. Sie versuchte angesichts der drohenden Gefahr, sich die panische Angst aus dem Kopf zu schlagen, indem sie ihren Geist mit anderen Dingen beschäftigte, und wählte dazu bunte Details aus ihren optischen Eindrücken.

Der Bauer blickte verdutzt zu dieser so fremden und andersartigen Frau auf. Ihr ruhiges Gesicht, das von den schönen braunen Augen beleuchtet zu sein schien, enthielt viele Geheimnisse. Das grüne Jäckchen mit den roten Rosenstickereien spiegelte sich in der weißen Haut ihrer Wangen, die rötlich aufflammten. Ein Bienenschwarm dröhnte in seinem Innern und versetzte ihn außerhalb dieser Ereignisse, die er wie ein Zuschauer betrachtete. So realisierte er kaum, dass sie sich dem Tor näherten und der Wachtposten sich gar nicht die Mühe nahm, sie nach Ausweispapieren zu fragen. Kornílios kehrte erst, nachdem die Gefahr längst vorbei war, in die reale Welt zurück und rief:

»Gott sei gelobt, wir sind gerettet!«, und bekreuzigte sich wieder.

»Père souffleur«, der Pfeif-Pater, wie sie ihn getauft hatten, pfiff die verabredete Melodie, und Sœur Josèphe, erst halb gekleidet und mit einer schiefen Nonnenhaube auf dem Kopf, packte Réina, die noch barfuß war, unter den einen und eine Wolldecke unter den anderen Arm und rannte zum Boot. Sie ruderte mit ruhigen weit ausholenden Armbewegungen.

In der Ferne hörte man lautes Klopfen und einen Lärm wie in einer Schmiedewerkstatt. Vielleicht waren die Deutschen des Kindes wegen hier. Verräter und Spitzel gab es mehr als genug, und sie schnüffelten ständig und überall. Vielleicht hatte jemand etwas von einem Mädchen im katholischen Kloster erzählt. Der Körper der Kleinen erhielt durch die Bewegungen der Nonne impulsiv die Nachricht über die Gefahr. Ihr Köpfchen vermutete die Bedeutung der täglichen Ereignisse aus der Körperhaltung von Sœur Josèphe und bestätigte dies durch die Festigkeit ihrer Umarmung. Die Nonne ruderte, und die Kleine lag versteckt, in eine Wolldecke gewickelt, vor ihren Füßen und schien das laute Pochen der Angst in ihrem Herzen zu hören. Um ihre Furcht nicht auf die Kleine zu übertragen, begann Sœur Josèphe mit einer brüchigen, fast erstickten Stimme zu singen. Réina schaute sie erstaunt an. Viele Fragen lagen in ihrem Blick, zu denen es im Augenblick keine Antwort gab. Warum sang Joséka, wie sie sie nannte, mit so entstellter Stimme? Es musste einen wichtigen Grund geben.

Sœur Josèphe hörte einen Augenblick mit ihrem Gesang auf, um Réina ihre Liebe zu bestätigen:

»Gilberta, ich liebe dich über alles«, sagte sie und gab ihr rasch ein Küsschen auf die Wange, ohne das Rudern zu unterbrechen.

Ein weiteres wichtiges Ereignis veranlasste Alberto, sein Gespräch mit dem Chef über den Entschluss, nach Athen zu gehen, erneut zu verschieben. Es wurde ihm befohlen, an einem Spähtrupp teilzunehmen. Noch nie bisher war ihm ein so gefährlicher Auftrag erteilt worden. Es schien, dass der Chef ihm nicht allzu viel zutraute. Das Wort »Edelmann«, sein Spitzname bei Dionýsis, bedeutete offenbar, dass dieser ihn noch nicht für genügend abgehärtet hielt, obwohl er ihm schon öfters, wenn er mit ihm zufrieden war, gesagt hatte:

»Es sieht gar nicht so übel aus. Du hast doch Mumm.«

Aber Alberto verlor weiter an Gewicht, wegen seiner Appetitlosigkeit und des schlechten Schlafes infolge seiner geheimen Sorge, die ihn zermürbte. Dionýsis versuchte ihn aus dieser Lethargie aufzuwecken. So sehr er es ihm nachfühlen konnte, wusste er doch, dass es unter den herrschenden Bedingungen am gefährlichsten war, an das zurückgelassene Leben zu denken. Deshalb wechselte er vom väterlich fürsorglichen Ton brüsk aufbrausend zu harten Bemerkungen und martialischen Befehlen. Solange er ihn in Ruhe ließ, verlor sich Alberto in seinen Erinnerungen und Ängsten, und solange er sich darin verlor, stellte er für sich und die anderen eine Gefährdung dar. In letzter Zeit sah er ihn immer öfter in diesem verschlossenen, brütenden Zustand, und das gefiel Dionýsis gar nicht. Er hatte erkannt, dass Alberto mit ihm über etwas reden wollte, aber er ließ es nicht zu. Das, was ihn so quälte, mag gerecht gewesen sein, aber in ihrer Welt gab es keine Gerechtigkeit. Jeder Augenblick enthielt viele Gefahren, jede Stunde den Tod. Wo soll man die Gerechtigkeit suchen mitten in diesem Wahnsinn? Deshalb beschloss Dionýsis, Alberto mit einer wichtigen Mission zu betrauen.

»Wer sich selber rettet, ist gerettet. Verstanden? – ›Verstanden‹, musst du Antworten.«

Mit diesem »Verstanden?« beendete Dionýsis fast alle seine Sätze, und immer gab er selbst die Antwort, ohne seinem Gesprächspartner Zeit dazu zu lassen.

Alberto fühlte sich auf merkwürdige Weise überrascht, als er von diesem Auftrag erfuhr. Er war zwar stolz darauf, dass die Wahl auf ihn gefallen war, aber es kam ihm sehr ungelegen, jetzt, in dieser schlechten psychischen Verfassung. Die Entscheidung des Chefs aber war ein Befehl und kein Diskussionsvorschlag. Alle seine bisherigen Tätigkeiten hatten im Innern der sicheren Zone stattgefunden. Mal musste er Kabel für eine Explosion verbinden, die andere am entscheidenden Ort auslösten, mal trug er auf seinem Rücken Nachschubgüter für die Gruppe. Das Gefährlichste, zu dem man ihn bisher beorderte, war der nächtliche Wachdienst gewesen. Aber auch da war er nie allein. Und jetzt, ganz plötzlich, trat er in einen Spähtrupp ein.

Der Trupp war bereit. Alberto schwieg und hörte die Befehle:

»Jeder ist für sich und die Gruppe verantwortlich. Der Partisan muss noch ein drittes Auge an seinem Hinterkopf haben. Deshalb schaut er nicht nur nach rechts und nach links, sondern immer auch nach hinten. Er gehorcht sofort ohne jeden Widerspruch den Befehlen des Vorgesetzten.«

Kurz vor Beginn der Morgendämmerung gingen sie los. Die Männer marschierten mit großer Vorsicht. Einer hinter dem andern. Alberto war ungefähr in der Mitte der Reihe. Zuvorderst war Menélaos, der den Chef ersetzte. Sein Gesicht war rau und dunkel mit dichten Brauen, einem Schnauzer und Augen wie glühende Kohlen. Er lachte fast nie, und wenn er es tat, war sein Lachen barsch und wütend. Im Gegensatz zu Dionýsis lockerte er sich nie, um nahbar und menschlich zu sein. Immer blieb er kalt und verschlossen. Nie wagte jemand, sich ihm persönlich zu nähern. Im Spähtrupp, der aus fünfzehn Mann bestand, war auch Mítsos, der gerade vor Alberto marschierte. Es tröstete ihn, die hagere große Gestalt seines Freundes schützend vor sich zu wissen.

Schweigend marschierten sie Schritt um Schritt, bahnten sich den Weg zwischen dem Gestrüpp. Hoch über ihnen zwitscherten die Vögel. Die ersten Sonnenstrahlen zerrissen hie und da das Laub und warfen etwas Licht auf die Gesichter. Der Wald bestand aus Buchen und Eichen. Disteln und dürres Gehölz knirschten unter den Stiefeln. Alberto folgte stumm.

Vielleicht befanden sich ganz in der Nähe irgendwelche Deutsche, aber der Trupp war schon mehr als eine Stunde unterwegs, ohne auf jemanden zu stoßen. Alberto fühlte, wie der schwere Soldatenmantel und die an seiner Brust gekreuzten Patronengürtel ihn einengten und wie Steine beschwerten. Aber sein Schritt kam nicht für einen Augenblick aus dem Rhythmus. Er folgte treu den Stiefelspuren, die Mítsos zurückließ.

Auf einmal wurde ein schwaches Rascheln in der Tiefe des Dickichts hörbar. Alle hielten brüsk an, Menélaos als erster. Mit seinem erhobenen Arm befahl er, an Ort und Stelle anzuhalten. Sie verharrten alle still und warteten auf seinen Befehl, den Finger am Abzug ihrer Waffe und den Blick auf die verdächtige Stelle genagelt.

Menélaos durchforschte mit seinem Auge die dichtesten Stellen der Mácchia unter Zuhilfenahme all seiner Sinne. Die anderen warteten auf seine Entscheidung. Auf einmal befahl er mit einer kurzen Bewegung seiner erhobenen Hand, vorwärts zu stürmen, und er stürzte sich als Erster in das dichte Blattgestrüpp. Alle folgten. Dort waren tatsächlich Leute, aber keine Deutschen. Am Rande einer winzigen Lichtung befanden sich drei unbewaffnete, einen elenden Eindruck erweckende Männer mit blutenden nackten Füßen und blickten zu Tode erschrocken auf die Partisanen. Alberto erkannte sie sofort. Er sprang nach vorn und rief:

»Haltet an! Nicht schießen! Genossen, um Gottes Willen, nicht schießen! Es sind Freunde.«

Diese erblickten Alberto, und ihr trüber, vom Hunger seelenlos gewordener Blick hellte sich auf. Nach der Vergewisserung ihrer Rettung fassten sie Mut. Einer rief mit einer Stimme, die wie der krächzende Schrei eines wilden Vogels tönte:

»Alberto, Alberto. Wir sterben vor Hunger.«

Er warf sich auf sie und umarmte sie voller Tränen und mit liebevollen Begrüßungsworten, immer wieder ihre Namen wiederholend. Es waren Freunde. Sie waren Juden.

Alle anderen schauten stumm und bange auf dieses Begrüßungszeremoniell, bildeten einen Kreis um die drei verelendeten Wesen. Auch der sonst ungerührte Menélaos verbarg seine Bewegtheit nicht, und Mítsos vergoss dicke Tränen, die an seinem Schnurrbart hängen blieben.

Für die Juden am Lago Maggiore bestand nun überhaupt kein Zweifel mehr, dass der deutsche Offizier mit der schwarzen Seele ihre Vernichtung geplant hatte. Aber er wollte eine langsame, quälende Vernichtung. Der Hunger höhlte sie aus. Er entkräftete sie und raubte ihnen jede Möglichkeit, irgendeine Initiative zu ihrer Rettung ergreifen zu können.

»Ich möchte mit den Frauen sprechen!«, sagte Liliane, und ihre zarte Stimme mit den feinen Tonstufen schallte im Zimmer wie in einem leeren Glas.

Niemand reagierte. Für sie war das Leben eine bereits zu Ende gespielte und verlorene Partie. Und da wollte jemand, dass sie weiterspielten, um erneut zu verlieren. Aber Lilianes Seele, die vor allem durch die peinigenden Qualen der verhungernden Kinder gemartert wurde, wollte noch nicht aufgeben.

»Wir haben nicht das Recht, aufzugeben«, sagte sie. »Wir sind verpflichtet, weiterzukämpfen bis zum letzten Atemzug.«

Sie näherte sich Valerie Torres. Deren langes rotes Haar klebte über dem verschwitzten Gesicht. Ihre Augen waren vom Fieber gerötet. Ihr schwacher, fahler Körper war in weiße Laken gehüllt, seine hageren Konturen waren kaum zwischen den Falten zu erkennen.

»Steh auf«, bat Liliane eindringlich. »Wasch dein Gesicht und komm mit zum See, damit wir miteinander sprechen können. Die frische Luft wird dir gut tun.«

Valerie folgte ihr, sie stand zitternd auf.

Dann wandte sich Liliane an Odette.

»Komm auch du, Odette, ich bitte dich«, flehte sie.

»Ich gehe nirgends hin. Wir haben nicht einmal mehr Kraft zum Liegen, und du willst herumspazieren!«

»Wir müssen miteinander reden, Odette. Eine Lösung finden«, wiederholte Liliane mit Nachdruck.

»Welche Lösung? Es gibt keine Lösung. Oder hast du etwa im Sinn, das Ungeheuer zu verhexen? Es wäre einfacher mit einem Tiger oder einem Löwen. Du kannst dieses Ungeheuer nicht einmal töten, da es bereits tot ist, obwohl es weiterlebt. Es ist verdammt. Du kannst es nicht töten.«

Odette sprach und sprach weiter. In ihrem Fieber- und Hungerwahn wollte sie Liliane mitteilen, dass sie sich in ihrem Todeskampf um nichts mehr kümmerte.

»Ich möchte bloß mit euch sprechen. Nichts weiter. Kannst du mir diesen Wunsch nicht mehr erfüllen?«

»Ich kann niemandem mehr einen Wunsch erfüllen, nicht einmal mir selber.«

»Herr, warum bleibst du so fern, verbirgst dich in Zeiten der Not?
Wie lange noch, Herr, vergisst du mich ganz? Wie lange noch verbirgst du dein Gesicht vor mir? Wie lange noch muss ich Schmerzen ertragen in meiner Seele, in meinem Herzen Kummer Tag für Tag? Wie lange noch darf mein Feind über mich triumphieren?

Sein Mund ist voll Fluch und Trug und Gewalttat; auf seiner Zunge sind Verderben und Unheil. Er liegt auf der Lauer in den Gehöften und will den Schuldlosen heimlich ermorden; seine Augen spähen aus nach dem Armen. Er lauert im Versteck wie ein Löwe im Dickicht, er lauert darauf, den Armen zu fangen; er fängt den Armen und zieht ihn in sein Netz. Er duckt sich und kauert sich nieder, seine Übermacht bringt die Schwächen zu Fall.

Zerbrich den Arm des Frevlers des Bösen, bestraft seine Frevel, sodass man von ihm nichts mehr findet.

Herr, du hast die Sehnsucht der Armen gestillt, du stärkst ihr Herz, du hörst auf sie.

Du verschaffst den Verwaisten und Bedrückten ihr Recht. Kein Mensch mehr verbreite Schrecken im Land.«[2]

---

2 Psalm 10, 1.; 13, 2.–3.; 10, 7.–10.; 10, 15., 17.–18., s. O., S. 619–620.

Wo war Gott, um zu sehen und zu hören? Um die Gesetzlosen zu strafen, den Entrechteten zu helfen. Endlich auf sein Volk zu schauen und sich seiner zu erbarmen. Es zu erlösen. Seine Schmerzen zu lindern, die offenen Wunden zu heilen?

Valerie und Odette folgten Liliane, wie zwei Schatten stiegen sie schwankend die Stufen hinunter.

»Ich habe Hunger«, sagte Valerie krampfhaft.

Niemand antwortete ihr. Liliane war zumute, als ob ihr Magen sich in die Speiseröhre stülpte und dort kleben blieb.

Am Ufer des Sees legten sie sich aufs feuchte Gras. Der leichte Frühlingswind vermischte die Gerüche von Anemonen, Erdbeeren und Myrten. Das Schilf sang im Wind. Die Natur war ganz erwacht, lebte nach ihrem Gesetz, einem dauerhaften, ewigen Gesetz. Gottes vollkommenem Gesetz, dem der menschliche Wahn nichts anhaben konnte. Welch ein Gegensatz zu diesen zarten weiblichen Körpern, die niedergemäht auf dem Gras lagen, vorzeitig, durch die verbrecherische Hand des Menschen. Der monströsesten aller Wesen. Hätte Gott es nie erschaffen, wäre die Erde der Reinste der Sterne geblieben.

Die Frauen dachten an nichts anderes als an ihren quälenden Hunger. Sie hatten, um Liliane nicht zu verletzen, ihre zerschundenen Leiber bis hierher geschleppt, und weil sie keine Kraft mehr besaßen zu widerstehen.

»Es ist schön«, sagte Liliane, um das Gespräch zu beginnen. Sie erhielt keine Antwort. »Nun, ich will euch etwas sehr Wichtiges mitteilen und bitte um eure Aufmerksamkeit.«

Die dunklen Augen Odettes blickten sie trüb und verständnislos an. Valerie reagierte nicht, sie drehte nicht einmal ihren Kopf, um Liliane anzusehen. Sie war von den letzten Kräften verlassen, und sie wünschte nur noch, dort, am Ufer des Sees langsam zu erlöschen, damit die schrecklichen Qualen ein Ende fänden.

Liliane fuhr fort, obwohl keine Reaktion erfolgt war.

»Wir müssen etwas tun. Wir können nicht so untätig bleiben.«

»Das hast du bereits gesagt«, unterbrach sie Odette etwas verärgert. »Was weiter?«

»Wir müssen arbeiten. Das müssen wir tun.«

Sogar Valerie, die so lange keine Reaktion gezeigt hatte, blickte jetzt Liliane fragend an. Odette lachte vor sich hin. Ein schauriges kurzatmiges Lachen.

»Was sollen wir tun?«, wollte sie Lilianes verrückten Vorschlag bestätigt hören.

»Hast du nicht gehört? Arbeiten sollen wir.«

Odette erhob sich.

»Ich gehe«, sagte sie. »Ich will nicht länger deine verrückten Reden anhören. Ich gehe, solange ich mich noch schleppen kann. Ich will in meinem Bett in Ruhe sterben.«

»Du gehst nirgendwo hin«, befahl Liliane. »Heute beginnen wir mit der Arbeit!«

»Welche Arbeit?«, fragte Valerie mit lebloser Stimme.

»Was auch immer. Wir haben kein Recht, uns aufzugeben, uns diesem Schicksal zu ergeben.«

Ihr verzweifelter Ausdruck suchte in diesem verrückten Vorschlag einen Lichtblick, eine Hoffnung.

»An der Via Robatti in Meina gibt es drei Bars. Vergnügungsbars. Dorthin gehen wir.«

Odette schaute sie mit wütendem Blick an. Sie war scharfsinniger als Valerie. Sie begriff rasch, was Liliane meinte.

»Und was machen wir dort?«, fragte Valerie naiv und wartete auf eine Erklärung.

»Verstehst du nicht, was sie meint?«, entgegnete ihr Odette. »Der Hunger ist schuld, dass sie übergeschnappt ist. Was hören wir ihr noch zu. Gehen wir, solange wir noch gehen können.«

Sie packte Valerie am dürren Handgelenk und zog sie zum Eingang des Hotels. Diese folgte ihr stolpernd.

Liliane sah ihre zwei Freundinnen sich entfernen und versank in totale Verzweiflung. Ihr ganzer Körper schmerzte. Der leere Magen tötete sie ab. Ihre mutige Seele fühlte sich matt wie noch nie. Verraten von sich selbst.

Edda und Kornílios Ananiádis waren schon drei Tage unterwegs nach Athen. In jedem Dorf, in dem sie rasteten, machte Kornílios seine

Geschäfte, mal gegen Geld, mal gegen Wertsachen handelte er Waren ein, sodass auf dem Esel immer weniger Platz für Edda blieb.

Seit sie das Ghetto hinter sich gelassen hatten, konnte Edda wieder frei atmen. Das Elend und der tägliche Anblick von Gram und Jammer hatten ihre Seele zu ersticken gedroht. In den Dörfern sah man weder Hunger noch Krankheit, die Menschen waren fröhlich und gesund. Sie konnten immer wieder etwas von den Ernten in ihre Vorratskammern retten, zumindest an Brot und Öl fehlte es ihnen nicht.

Die Stille der Landschaft wirkte auf Edda wie ein geheimes Wundermittel. Sie bedurfte dringend wieder des Gefühls von Freude, von Erleichterung. Die duftende, bunte Wiedergeburt der Natur belebte ihr Blut und gab ihr neue Lebensenergie. Sie fühlte sich fast glücklich. Sie aß regelmäßig und marschierte stundenlang, ohne zu klagen. Kornílios war sehr zuvorkommend und fragte sie immer wieder:

»Bist du müde, Herrin? Sollen wir rasten, um auszuruhen?«

Er schien sich in allen Dörfern unterwegs auszukennen. Seine Fantasie und ein hervorragendes Gedächtnis machten ihn überall zum Ideal. Wie ein Olympier schritt er neben dem überladenen Esel, einen Hirtenstock in der Hand, und von Zeit zu Zeit stützte er sich an den Rücken des Tieres an, um ihm seinen Bewegungsrhythmus zu übertragen.

»Schau nicht herum, Adolf. Vorwärts geht's!«

In seinen Geschäften war er äußerst geschickt. Er wusste immer ganz genau, wo er was wogegen vorteilhaft tauschen konnte. Und Edda stellte er allen als seine Frau vor: »Das ist meine Herrin, Maria«, sagte er voller stolz und errötete, wenn er Eddas konspirativem Blick begegnete. In seiner Unschuld hatte er Schuldgefühle bei dieser notwendigen Lüge, obwohl er sich nichts sehnlicher wünschen konnte, als dass dies die Wahrheit wäre. Aber diesem Gedanken erlaubte er niemals, größere Gestalt als die eines flüchtigen Traums anzunehmen. Edda blieb für ihn unberührbar verehrungswürdig, beinahe göttlich.

Sie spürte seine geheime Sehnsucht. Wenn sie sich zufällig berührten, fing seine Hand zu zittern an, sein Gesicht wurde feuerrot und seine Wimpern zuckten wie Vögel, die von einem Schuss erschreckt worden waren.

Die ersten Nächte waren für Edda voller Angst gewesen. Da er sie als seine Frau vorstellte, mussten sie in den Gasthäusern im gleichen Zimmer schlafen. Sie blieb die ganze Nacht wach und beobachtete all seine Bewegungen. Mit ihrer ganzen Kraft versuchte sie, ihre Augenlider offen zu halten, während die Müdigkeit sie zudrückte. Es war eine unendliche Selbstqual, obgleich er ihr immer das Bett überließ und sich auf den Boden legte und obwohl er ihr von Anfang an seinen Respekt bezeugte und eine rührende Gutmütigkeit bewies. Kornílios sah ihre Ängste und fühlte sich schuldig. Am Morgen, beim ersten Hahnenschrei, verließ er das Zimmer und überließ sie ihrem Schlaf, so lange sie wollte. In ihrem tiefsten Innern war sie ihm unendlich dankbar für dieses gütige Verhalten und versuchte mit unscheinbaren Worten und Gesten, ihm diese Fürsorge zu erwidern.

Wenn Edda morgens schlief, drehte Kornílios seine Runden im Dorf und brüllte mit lauter Marketenderstimme:

»Kommt heraus, Herrinnen, um zu kaufen und zu verkaufen. Kommt, bloß um zu sehen.«

Manchmal sang er eine langsame mazedonische Melodie, in die er seine ganze Zärtlichkeit und Sehnsucht legte. Er war schon an die dreißig Jahre alt, aber sein Benehmen und seine Haltung waren die eines Jünglings. Er war kräftig und hatte einen schweren Schritt, der viel Staub aufwirbelte. Dies störte Edda oft, da sie neben ihm ging, und den Staub einatmen musste. Aber sie sagte nichts, um ihn nicht traurig zu stimmen. Wenn er seine Tauschgeschäfte beendet hatte und sie abholen kam, fand er sie entweder beim Kämmen ihres dichten Haares oder beim Binden ihres Kopftuches, oder sie stand schon bereit vor dem Tor des Gasthauses. Bei seinem Anblick sprang sie auf und eilte, ihn zu begrüßen, ihm einen Kaffee anzubieten und ihn mit einem Glas kühlen Wassers zu erfrischen. Er dankte es ihr in aller Bescheidenheit und trank in kleinen genüsslichen Zügen. Nachdem er ausgetrunken hatte, wischte er sich mit dem Handrücken seine dicken Lippen ab und fragte:

»Bereit, Herrin?«

»Bereit«, antwortete sie, und es ging weiter.

»Dreimal täglich beteten die Juden während der Vertreibung zu ihrem Gott und baten ihn, sein Volk wieder nach Zion zurückzuführen. Immer setzten sie sich für dieses Ziel ein, das vielen als unerfüllbarer Traum erschien. Der erste Vorläufer des Zionismus war Joseph Nassy im 16. Jahrhundert, ein Nachfahre der jüdischen Familie Mendès, die während der Vertreibung aus Spanien in die Türkei kam. Nassy gelang es, vom Sultan die Einwilligung zu erhalten, in Galiläa eine jüdische Gemeinde zu gründen, in der Hoffnung, seine Glaubensbrüder aus allen Orten der Vertreibung dorthin zurückzubringen.

Zwischen 1870 und 1896 gründeten Moise Montefiori und Baron Edmond de Rothschild siebzehn landwirtschaftliche Gemeinschaftsbetriebe in Palästina. Zur selben Zeit eröffnete Karl Netter die erste Landwirtschaftsschule in Israel, und 1878 legten jüdische Flüchtlinge aus Ungarn den Grundstein für die erste jüdische Stadt in Palästina. Es war *Petah-Tikva* (Hoffnungstor). Es gelang ihnen aber damals nicht, einen jüdischen Staat zu gründen, um sich zu retten.«

Alberto hörte aufmerksam dem Bericht von Mítsos zu, der gut fundierte Kenntnisse besaß. Alberto bewunderte ihn und war etwas beschämt, dass er als Jude und Absolvent eines Rechtsstudiums nicht so viel über sein Volk wusste. Die wenigen Mußestunden verbrachten sie mit solchen Gesprächen und Gedankenaustausch. Was Mítsos damit bezweckte, war in erster Linie, Alberto auf andere Ideen als seine quälenden Erinnerungen zu bringen. Und Alberto war äußerst interessiert und staunte über die tief greifenden Gedanken von Mítsos und dessen weitsichtige Interpretationen.

»Du wirst an mich denken, Alkiviádi. Wenn wir diesen Krieg überleben, beginnen wir uns gegenseitig wie Hunde zu zerfleischen. So sind wir. Nur vor dem gemeinsamen Feind sind wir vereint.«

Alberto hatte diese oft wiederholte Bemerkung stets übertrieben gefunden, musste aber später, während des Bürgerkriegs, immer wieder an diese prophetischen Worte von Mítsos zurückdenken und spürte dabei stets denselben furchtbaren Schauder.

Die drei jüdischen Freunde von Alberto, die man halb verhungert im Dickicht des Waldes entdeckt hatte, waren Baruch Simbí, der später Partisanenführer werden sollte, Isaak Filosof und Jacques Bechar.

Alberto übertraf sich selber mit der Pflege, die er den Dreien zukommen ließ, und widmete ihnen sehr viel Zeit, immer mit der Einwilligung von Dionýsis und der anderen Partisanen. Es war, als hätte er einen Teil seiner verlorenen Familie wiedergefunden. Seine Seele war entspannter nach dieser völlig unerwarteten Begegnung. Doch die Berichte der drei Freunde über die grausame Behandlung der Juden, die unbeschützt bei den gnadenlosen Mördern zurückbleiben mussten, brachen Albertos Herz, und er musste wieder an seine Ohnmacht denken. Sein Entschluss, nach Athen zu gehen, um dort seine Frau und seine Tochter zu suchen, wurde immer dringlicher.

Liliane konnte nur mit Mühe auf ihren Füßen stehen. Sie warf einen Blick auf die alpine Landschaft in der Umgebung.

»Es hätte nicht so weit kommen müssen«, dachte sie, und die Bitterkeit vergiftete ihre Brust. »Wie konnten wir es so weit kommen lassen?«

Dieser Gedanke ermüdete sie wie eine schwere körperliche Anstrengung. Ihre Erschöpfung war so gewaltig, dass sie es nicht schaffte, die wenigen Schritte bis zum Hotel ohne Pausen zurückzulegen. Sogar für den Schrecken in ihrem Innern hatte sie nicht mehr genug Kraft, sodass sie diesen weniger stark spürte. Odette hatte also doch recht. Das Einzige, was ihnen noch übrig blieb, war ein würdevoller Tod.

An der Rezeption des Hotels saß der Hotelier und zählte die Seiten seines Quittungsblocks. Es war ein groß gewachsener kräftiger Mann, sehr geschwätzig und beim Reden immer stark gestikulierend. Ein gutherziger, rasch begeisterter Italiener, der laut lachte und dabei mit seiner Handfläche auf die Brust schlug. Er hatte ein südländisches Gemüt, denn er stammte aus Bari. Nach seinem Studium in Mailand blieb er im Norden, wo er bessere Arbeits- und bequemere Lebensmöglichkeiten fand. In den letzten Wochen konnte er seinen Unwillen kaum verbergen, wenn er ein Mitglied der jüdischen Familien sah. Seine frühere überschwängliche Höflichkeit beschränkte sich nun auf einen stereotypen Gruß. Der Rückstand der Zahlungen wuchs täglich und ließ ihn verschiedene Mutmaßungen anstellen. Aber nie im Leben hätte er sich die tragischen Umstände ausdenken können, in die seine Gäste geraten waren.

Liliane näherte sich ihm langsam. Sie torkelte wie eine Betrunkene. Ihre Knie sackten zusammen. Die hellblauen Augen waren trüb und dunkel, und das Licht, das sie sonst ausstrahlten, war schwach. Ihr Schwanenhals wirkte kurz, ihr Kopf schien aus den gekrümmten Schultern zu wachsen.

Der Italiener erschrak. Er hatte immer ihr leuchtendes Gesicht und die aristokratische Haltung bewundert. Die Leichtigkeit der Bewegungen und die Höflichkeit ihrer Worte. Jedes Mal, wenn er sie früher getroffen hatte, erfüllte ihn eine Freude, und eine uneingestandene Verliebtheit veranlasste ihn, sich ungewöhnlich benehmen. Er war etwas verwirrt. Seine Hände zitterten und sein Gesicht errötete. Diese Frauen waren so anders. Er hatte sofort begriffen, dass sie Jüdinnen waren. Die katholischen Frauen benahmen sich völlig verschieden. Sogar die vornehmsten kleideten sich nicht mit solcher Finesse, und sie entfernten nicht die Haare von ihren Beinen. Sie näherten sich nie fremden Männern, schon gar nicht, wenn sie alleine waren. Sie beteiligten sich auch nicht an den Gesprächen, außer wenn sie direkt gefragt wurden. Sie waren mit religiöser Strenge erzogen worden und hielten ihren Blick stets gesenkt. Die Norditalienerinnen waren zwar etwas moderner, aber ihr Benehmen blieb im Rahmen der katholischen Strenge. Deshalb war der Hotelier von diesen jüdischen Frauen so begeistert. Trotz ihrer Sittlichkeit waren sie lebendig und überall gleichberechtigt mit ihren Männern. Ihre Bildung und Wortgewandtheit schien einem Frauenbild der Zukunft zu entsprechen.

Liliane hatte ihn vom ersten Augenblick an am meisten beeindruckt. Dieses Nebeneinader von Schönheit und Verstand! Ihr romantisches Äußeres und ihre fließende Rede, die von höherer Bildung und Belesenheit zeugten. Und dieser intellektuelle Esprit im formvollendetsten Körper und der zärtlichsten Seidenhaut, die er je gesehen hatte! Die schönsten Augenblicke seines Tages waren ihr Anblick! Sie drückte ihm die Hand und senkte liebevoll ihren himmelblauen Blick in seine dunklen Augen.

»Wie geht es Ihnen heute?«

Dann, als sie ihn an ihren Tisch zum Frühstücken eingeladen hatten, saugte er Lilianes Worte auf, schlürfte ihren Blick und genoss ihre Aufmerksamkeit, wenn sie ihm Kaffee einschenkte. Er wusste, dass dies das

Höchste sein konnte, das er erhoffen durfte. Aber es genügte ihm, sie zu sehen und zu hören, damit sich sein Tag erhellte.

Und plötzlich hatte sich alles verändert. Die Fremden kamen nicht mehr zu den Mahlzeiten herunter. Sie bezahlten ihn nicht mehr regelmäßig und gingen ihm aus dem Weg. Das Letzte, was er vermutet hätte, wäre, dass ihnen das Geld ausgegangen sei. Aus der Kleidung und dem Schmuck der Damen hatte er auf sehr großen Reichtum geschlossen. Montiano, der ihm bekannt war, gehörte zu den größten Industriellen und lebte schon seit einiger Zeit in Mailand. Gewiss war all dieses Merkwürdige erst nach dem unerwarteten Erscheinen des Deutschen geschehen. Dem Hotelier war die Angst in ihren Augen nicht verborgen geblieben. Bei den kurzen Gesprächen mit ihm erstarrten ihre Gesichter. Aber warum sollten sie sich fürchten? Ihre Ausweise und ihre Pässe waren in Ordnung. Sie sprachen perfekt italienisch. Wozu all diese Unruhe? Der Deutsche war offensichtlich eine hassenswerte Person, auch er fühlte sich durch dessen Gegenwart gestört, obwohl er pünktlich zahlte. Aber wie hätte er sich das Drama vorstellen können, das sich hinter den Kulissen abspielte? Wie konnte er annehmen, dass diese klugen Menschen Opfer einer so abscheulichen Erpressung geworden sind und dass der Deutsche sie materiell ausgesaugt hatte? Der Nazi war für drei Tage ins Hotel gekommen. Und es waren nun schon drei Wochen verstrichen, ohne dass er an die Abreise dachte. Die Verlängerung seines Aufenthaltes musste wohl mit den jüdischen Familien zusammenhängen. Aber wie?

»Wie viele Jahrhunderte schon versuchen sie, uns auszurotten, unser Volk zugrunde zurichten. Aber es gelingt ihnen nicht. Sie verbrennen unsere Dörfer, berauben, massakrieren die Menschen. Aber wir sind noch immer da. Wir bauen die Häuser wieder auf, wir zeugen Kinder. Sie werden nie begreifen, dass Griechenland unsterblich ist.«

Dionýsis sprach und sprach. Der Rakì war ihm schon etwas in den Kopf gestiegen, obwohl er dazu einige Bissen aus den englischen Konservenbüchsen gegessen hatte. Seine Seele war aufgerichtet, sein Körper schwebte lächelnd in Glückseligkeit. Die Güte thronte in seinem Herzen, was sein natürlichster Zustand war. Die Partisanen nahmen an diesem Patriotismus ihres Chefs Anteil und ließen sich dadurch auch mitreißen. So gefiel er ihnen am besten. Nur Alberto saß abseits, betrübt und schweigsam. Der halbnüchterne Blick von Dionýsis streifte ihn in seiner Unruhe.

»Was ist denn schon wieder los, Edelmann? Sind deine Schiffe gesunken?«

Ein tiefer Seufzer entstieg Albertos Brust.

»Da haben wir es wieder! Schenkt ihm zu trinken ein. Ich kann dieses Trauergesicht nicht länger ansehen.«

Alberto suchte nach passenden Worten, um mit ihm zu sprechen. Nur in diesem Zustand der Fröhlichkeit würde es ihm gelingen, ihn durch seine Worte dazu zu bringen, dass er ihm auch zuhörte und sein Anliegen in sein Herz eindringen ließ.

»Trink doch«, ertönte wieder Dionýsis' Stimme halb einladend, halb befehlend.

»Wenn du Rakì hast, hast du alles. Sogar den Teufel kannst du in einen Menschen verwandeln. Hast du es verstanden? ›Verstanden‹, musst du sagen.«

»Ich muss mit dir sprechen, Chef«, sagte Alberto brüsk und ernst.

Dionýsis brauste nicht auf, wie es Alberto erwartet hatte.

»Nicht jetzt. Jetzt essen und trinken wir. Morgen können wir sprechen.«

»Jetzt«, bestand Alberto. »Jeder Augenblick ist wichtig.«

Dionýsis war von der harten Stimme Albertos überrascht. Sie zeugte von Mut. Trotz Rakì hatte Dionýsis seine Geistesschärfe bewahrt. Albertos Worte summten in ihm wie wütende Bienen. Dies überraschte ihn am meisten.

»Komm«, sagte er und wischte sich die Lippen ab, von denen noch Rakì tropfte, stand auf und näherte sich mit großen Schritten Alberto. »Gehen wir miteinander reden, damit du dich erleichtern kannst. Komme, was wolle.«

Es waren schon fünfundzwanzig Tage und Nächte verstrichen, seit Edda und Kornílios Thessaloniki verlassen hatten. Eine zarte Beziehung verband nun die beiden. Sie hatte sich mit seinen kleinen Raubeinigkeiten abgefunden, dem plumpen Schritt, der Wolken von Staub aufwirbelte, seinen Schlucklauten, seinem Rülpsen und seinen Winden. Sie verzieh ihm gerne solche Unartigkeiten, die Folge seiner bäuerlichen Herkunft und Erziehung waren. Er seinerseits fing an, hin und wieder solche Entgleisungen an sich zu bemerken, schämte sich und fühlte sich minderwertig. Aber mit jedem Tag, der verging, bestätigte sich Eddas anfängliches Urteil, dass er zwar keine Kinderstube, aber ein goldenes Herz hatte. Arglos wie ein Kind, sanft und einfach, aufrichtig nach Innen und Außen. Er benötigte nicht die Maske eines besseren, kultivierten Ichs. Er war ein geschickter Händler, ohne schmutzige Tricks versuchte er die Kunden von der Güte seiner Ware zu überzeugen.

»Dieser kleine Kamm, Herrin, wird dein schwarzes Haar verschönern. Kauf ihn.«

Und während er heute sich abmühte zu verkaufen und Gewinn zu machen, konnte er morgen mit derselben Selbstverständlichkeit Waren verschenken.

Edda sah entzückt zu, wenn er in die Hand eines Kindes ein Stückchen Zucker oder eine andere selten erhältliche Süßigkeit legte. Oft, wenn eine arme Braut etwas ersehnte, das sie nicht bezahlen konnte, etwa ein baumwollenes Bettlaken für ihre Aussteuer oder eine Spange für ihr Haar, schenkte er ihr es großzügig. Da stiegen Tränen in Eddas Augen, und sie bemühte sich, es nicht zu zeigen. Sie vermied es, ihm ihre Empfindungen zu verraten. Obwohl sie nun befreundet waren und sich sehr nahestanden, blieb ein Unterschied zwischen ihnen bestehen, und ihre Beziehung basierte auf einem kontrollierten Verhalten. Für Edda war Kornílios aber zu einem der Ihren geworden. Der Nächste eigentlich, da ihre geliebte Familie jetzt in weiter Ferne war; sie hatte nicht einmal die Gewissheit, sie je wiedersehen zu können. Sein zärtlicher und diskreter Schutz, leicht wie ein Flügel, damit er ihren Stolz nicht verletzt, erfüllte sie mit Dankbarkeit und Sicherheit. Je mehr sie sich Athen näherten, desto trauriger und unruhiger wurde Kornílios. Sie empfand ähnlich, auch wenn sie es sich nicht anmerken ließ.

Sie befanden sich in Ájios Thomás, einem kleinen Dorf bei Theben. Am folgenden Tag würden sie Attika betreten.

»In zwei, drei Tagen, so Gott will, werden wir in der Hauptstadt sein, Herrin, und du wirst deine Schwester finden.«

Sie spürte die Abschiedstrauer in seinen Worten.

»Wirst du mich bis an ihr Haus bringen?«, fragte sie ihn.
Sein Gesicht strahlte.
»Natürlich mache ich das, falls du es willst.«
»Du kannst bei uns übernachten. Weißt du, meine Schwester ist sehr gastfreundlich. Und wenn ich ihr erzähle, wie sehr du dich um mich gekümmert hast ...«
Kornílios war beruhigt. Er wollte nicht ein brüskes Ende.
»Ich danke dir. Ich will aber nicht zur Last fallen!«
»Gar nicht, überhaupt nicht ...«, sagte sie, unterbrach aber plötzlich ihren Satz und erstarrte. Ihr Atem stockte, die Lippen zitterten.
Kornílios sah sie erstaunt an. Dann fing sein Blick das Bild auf, das ihr Erstarren verursacht hatte. Drei Deutsche, ein Offizier und zwei Soldaten kamen eilenden Schrittes auf die beiden zu. Er begriff, dass es gefährlich, aber auch nutzlos sein würde, ihnen aus dem Weg zu gehen. Er ergriff ihre Hand zum ersten Mal und drückte sie fest an sich. In diesem Griff steckte alle Wärme und Schutzbereitschaft der Welt. Aber Eddas Seele war ein stürmisches Meer. Ihre Lippen waren blau angelaufen und ihr Gesicht kreidebleich. Er versuchte ihre Panik zu mildern und presste ihre kleine Hand noch fester in seine große harte Faust. Noch konnte er ihr sagen:
»Es passiert nichts. Keine Angst.«

Liliane stützte sich an die Theke der Rezeption, um nicht hinzufallen. Ihre hageren Finger wurden sofort kreideweiß, als sie diese in ihrem Schwindel aufs Holz presste und alles Blut von ihnen entwich. Ihre fiebrigen Lippen bebten, feine Schweißtropfen standen ihr auf der Stirn, ihre Augen schauten aus zwei dunklen Kreisen auf den Hotelier.
»Was ist los ... Was haben Sie?«, fragte der Italiener voller Betroffenheit und Mitgefühl. »Was ist geschehen?«
Er sah, wie sie umzufallen drohte. Er breitete seine starken Arme aus und stützte sie. In ihrem Blick war ein verzweifeltes Flehen.
»Ich habe Hunger! Wir alle hungern!«, stieß sie hervor.
Und dieses herzzerreißend durchdringende Wort stürzte ihn in ein schmerzliches Staunen. Nachdem er sich vom ersten Schrecken erholt hatte, begann er zu stottern.

»Wo! ... Wie! ... Aber sofort! ... Ja ... eine Minute!«

Er eilte in die Küche und kam mit einem großen Laib Brot und einem Stück bäuerlichen Hartkäse. Liliane beherrschte sich, ihm die Esswaren nicht aus den Händen zu zerren und zu verspeisen. Sie flüsterte kaum hörbar.

»Es sind auch alle anderen. Die Kinder! Die Kinder!«

Und der folgende herzzerreißende Seufzer Lilianes brachte den Hotelier ganz auf den Boden der tragischen Realität seiner jüdischen Gäste.

»Mein Gott! Das kann nicht wahr sein! Presto, presto. Ruf alle in den Speisesaal runter. Denkt über nichts anderes nach. Es gibt für alle zu essen.«

Liliane blickte dankbar zu ihm auf, ein verwundetes Tier, dem noch etwas Leben geschenkt wird. Sie streckte die Arme nach dem Brot aus und bat mit erlöschender Stimme:

»Bitte, darf ich einen Bissen nehmen?«

»Ma certo! Certo, Signora«, sagte der Italiener und legte Brot und Käse auf ihre zitternden Hände. Und sie begann in aller Eile, große Bissen, ohne sie richtig zu kauen, hinunterzuschlucken. Der quälende Hunger wollte gesättigt werden, dieser wilde, animalische Instinkt beherrschte sie. Es war in ihr alles ausgehöhlt, was sie seit ihrem ersten Lebenstag Schritt um Schritt erworben hatte, ihre idealen Zielsetzungen und jene Vollkommenheit, die der Italiener an ihr bewundert hatte. Jetzt stand eine ganz andere Frau vor ihm, von aller menschlichen Kultiviertheit entblößt. Fast nur noch Urmensch. Der Homo sapiens im Kampf ums nackte Überleben.

Dionýsis ging voraus, und Alberto folgte. Beide stumm. Alberto dachte, dass dieser Weg kein Ende haben werde. Auf einmal blieb Dionýsis brüsk stehen. Ein letztes Sichelstück der Sonnenscheibe war gerade dabei unterzugehen. In der Gegend herrschte Totenstille. Auch die Vögel schliefen. Alberto wartete, dass der Chef das Gespräch beginne. Dass er ihm helfe, das zu sagen, wozu sie hierher gekommen waren. Dionýsis aber schwieg, obwohl er kurz vorher, dank dem Rakì, ganz gesprächig gewesen war. Alberto war angespannt. Er wollte sprechen, aber seine Lippen klebten fest zusammen. Die Stille unterbrach auf einmal ein merkwürdiger Laut, der aus Dionýsis' breiter Brust entwichen war. Es war ein komisches Geräusch. Als hätte er seine Backen aufgeblasen und die Luft zwischen Zunge und Lippen kräftig hinausgestoßen. Alberto deutete das als Verlegenheit, obwohl Dionýsis noch immer finster dreinblickte. Seine groben Finger klopften auf die Baumrinde. Alberto hielt es nicht länger aus. Er musste jetzt reden, koste es, was es wolle. Zum ersten Mal fühlte er Angst unter Dionýsis' Schatten. Seine Reaktion konnte er ohnehin nicht voraussehen. Hatte er damit spekuliert, dass der Rausch Dionýsis empfänglicher für sein Anliegen gemacht hätte, so sah er sich nun getäuscht, denn Dionýsis verlor nie seine Strenge, auch inmitten der größten Fröhlichkeit nicht.

»Chef«, sagte er, um zu beginnen.

Dionýsis kehrte ihm den Rücken zu, als wollte er ihm seine Verachtung bezeugen. Es war eine merkwürdige, unverständliche Haltung.

»Chef«, begann Alberto von Neuem und kratzte sich am Kopf. »Ich bitte um deinen Segen, denn ich gehe fort.«

Er stockte, und sein bebendes Herz erwartete den Ausbruch des Vulkans.

Die Stimme von Dionysis ertönte wie eine Glocke in der Stille. Schwer und rau. Es war kein Zorn in ihr, sondern ein schmerzlicher Spott.

»Du hast mich getäuscht, Alkiviádi«, sagte er. »Getäuscht.«

Alberto begriff sofort, dass die Lage äußerst ernst war, da er ihn mit seinem christlichen Namen angesprochen hatte und nicht mit dem Spitznamen »Edelmann«. Er wagte nicht, etwas zu sagen.

Dionýsis fuhr fort.

»Wir sind hier alle miteinander durch einen heiligen Schwur verbunden. Nicht fürs Geld. Für die Tapferkeit! Und weißt du, wie man den Ausbruch aus diesem Zusammenschluss bezeichnet? Verrat. Verrat ist das.«

Alberto wäre es lieber gewesen, er hätte ihn geohrfeigt und ihm ins Gesicht gespuckt. Sein Kopf wurde feuerrot vor Wut und Scham. Warum fasste er ihn so hart an? Warum wollte er ihn gar nicht verstehen? Er kochte, wollte aufbrausen, ausrufen, ihm sagen, was er dachte. Sich Luft machen. Sein Blick versuchte in Dionýsis' Körper einzudringen, um seine Seele zu suchen und zu sehen, was in ihr vorging.

»Ich wusste es von allem Anfang an, dass du weggehen willst. Aber ich dachte, es würde vorübergehen. Jetzt aber weiß ich, welcher Irrsinn dich geschlagen hat. Wenn die Dämonen in einem festsitzen, kann sie niemand austreiben.«

Alberto war wie vom Blitz getroffen durch diese erstaunlich zutreffende Diagnose und gleichzeitig zutiefst verletzt.

»Ich möchte dazu etwas sagen, Chef.«

»Was kannst du noch sagen? Du willst gehen. Geh mit Gottes Segen. Morgen schon werde ich dafür sorgen.«

Diese Verachtung war das Schlimmste, was Alberto seit Beginn des Krieges empfunden hatte. Er spürte eine totale Verlassenheit, er war mutterseelenallein, er war verraten. Dionýsis' Schutz, der immer zu spüren gewesen war, auch in seinen lautesten und wildesten Ausrufen, schien ihm auf einmal entzogen zu sein, und er blieb in einer eisigen Einsamkeit zurück. Er hielt dies nicht aus. Die Welt um ihn wurde plötzlich schrecklich feindlich und gefährlich. Wie konnte es so weit kommen? Er hatte geglaubt, dass auf dieser schwierigen und ungewissen Reise, die zu unternehmen er beschlossen hatte, der Segen des Chefs ihn stets begleiten würde.

»Willst du noch etwas hinzufügen?«, fragte Dionýsis. »Sonst kehren wir zurück. Es ist schon spät.«

Alberto blickte ihn stumm an.

»Also, gehen wir«, sagte der Chef und ging einige Schritte.

Alberto dachte, dass er ihn so schnell wie möglich loswerden, dass er dieses Gespräch beenden wollte.

»Halt mal, Chef«, sagte Alberto mit verzweifelter, aber gleichzeitig erboster Stimme. »Halt an!«

Und er stellte sich vor ihn.

Dionýsis schaute ihn verwirrt an. In der Dunkelheit schien das Weiß seiner Augen wie das Licht des Leuchtturms im schwarzen Ozean. Er hatte nie aufgehört, sich um Alberto Sorgen zu machen. Dieser mutige und revoltierende Jüngling erinnerte ihn zu sehr an seine eigene Jugend. Heftig und entschieden ist er auch immer gewesen. Hatte er sich etwas in den Kopf gesetzt, so konnte es ihm niemand austreiben. Dionýsis' Zorn über Albertos Entschluss war ein Produkt aus Sorge und Leid. Deshalb wollte er ihn verletzen, um ihn dazu zu bringen, seine Meinung zu ändern. Das würde ihn auch erleichtern. Anders konnte er seine Zuneigung nicht zeigen. Er konnte ihn nicht in die Arme nehmen und in Tränen ausbrechen. Er zeigte ihm seinen Schmerz, indem er ihm Schmerz beibrachte. So reagierte er in schwieriger Zeit. Die Weite seiner menschlichen Seele empfand er in solchen Augenblicken als Hindernis vor seiner Pflicht. Respekt und Gehorsam wären gefährdet, falls er seine Sensibilität zeigte. Trotzdem wussten alle, dass in seinem groben großen Körper ein goldenes Herz schlug. Sie spürten es auch noch durch seinen größten Zorn und die gröbsten Worte hindurch.

Eddas panischer Schrecken wurde durch die rührenden Bemühungen von Kornílios kaum gemildert. Ihre Hand zitterte in der seinen wie der Flügel eines angeschossenen Vogels. Ihre Knie knickten ein und die Zähne klapperten wie Kastagnetten. Bis zu diesem Augenblick war ihre Reise ruhig verlaufen. Wie auf einem anderen Planeten. Als hätte es die qualvolle Vorgeschichte nie gegeben. Als wäre all dies Einbildung gewesen oder Erinnerung aus einem früheren Leben. Öfters hatte Edda Schuldgefühle, weil sie nicht mehr litt.

Sie waren noch nie vorher auf deutsche Patrouillen gestoßen. Hie und da sah man sie von Weitem, und Kornílios änderte ganz vorsichtig seine Route. Edda blieb danach immer für längere Zeit aufgewühlt. Sie hatte die deutsche Sprache erlernt und verstand sehr gut, worüber gesprochen wurde. So vernahm sie deren grobe Witze und die zynischen Bemerkungen. Nie vorher hätte sie gedacht, dass diese Sprache, deren Zartheit und lyrische Feinheit sie durch Gedichte von Rilke und Heine lieben gelernt hatte, sie einmal in solche Angst und Schrecken versetzen könnte. Sie begann all diese Zischlaute zu hassen, die in ihr Ohr wie Geräusche von Stahlklingen drangen, begleitet von heftigem Lachen und tierischem Gebrüll und getragen vom dumpfen Schlagen der Stiefel auf das Steinpflaster.

»Papiere!«, krächzte der Offizier.

Kornílios reagierte schnell, um ihr Zeit zu lassen. Er suchte seinen Ausweis in der linken Tasche, fand ihn dort nicht und suchte in der rechten.

Der Offizier verlor bereits die Geduld. Er fluchte in seiner Sprache und schlug Kornílios mit seinem Gewehrkolben in die Rippen. Dessen starker Körper schwankte, er fiel aber nicht. Er biss auf die Zähne gegen den Schmerz und hielt sich aufrecht. Er fand Ausweis und Passierscheine und gab sie dem Deutschen. Dieser entriss sie ihm und schaute sie mehrere Minuten an, während er immer wieder abwechselnd von ihm zu ihr sah. Eddas Gesicht war totenblass. Der Deutsche warf Kornílios' Ausweise auf die Erde, und während dieser sich bückte, richtete er seine brüllende Stimme an Edda.

»Papiere!«

Edda tat nichts. Ihre Hände waren wie gelähmt und gehorchten ihr nicht. Sie gelangten nicht in die Tiefe der Taschen ihrer Schürze, um ihren Ausweis zu holen. Der Nazi schäumte vor Wut.

»Hundegeburt!«, schrie er und vergrößerte dadurch ihre Angst. Sie bewegte ihre Arme ziellos auf und ab wie eine Marionette, die außer Kontrolle geraten war, ohne die Taschen der Schürze zu finden. Der Deutsche schnüffelte in dieser Panik wie ein Raubtier im Blut der Beute. In den Augen von Tausenden von Juden hatte er schon dieselbe Angst beobachtet, wenn er sie festnahm. Er wartete nicht länger. Er gab ihr einen starken Schlag auf die Brust. Edda stürzte zu Boden. Kornílios' Seele blutete in seiner Brust. Aber er war erfahren genug, um zu wissen, dass die kleinste Bewegung zu ihrem Schutz das Todesurteil für sie beide bedeutet hätte. Erschüttert und unfähig zu helfen, schaute er mit vor Schrecken geweiteten Augen auf die gewalttätige Szene. Während Edda bewegungslos im Staub lag, entsicherte der Deutsche seine Waffe und legte sie ihr an die Schläfe.

»Jüdin!«, brüllte er.

Sie begriff, dass alles zu Ende war. Ihr Blick drang in seine kalten gläsernen Augen, aus denen stählerne Blitze zuckten. Aber sie flehte ihn nicht um Erbarmen an. In wenigen Sekunden würde alles vorbei sein. Ihre Todesangst verwandelte sich auf einmal in entspannte Gelassenheit. Sie spürte das unbegreifliche Verlangen, ihrem Scharfrichter ein paar Worte zu sagen. Und sie sprach vor den staunenden Augen von Kornílios und dem ungläubigen Glotzen der drei Deutschen in einem perfekten Deutsch mit fester, stolzer Stimme, jedes Wort einzeln betonend:

»Ja, ich bin Jüdin. Und ich habe nie jemandem etwas zuleide getan. Auch dir nicht, der du mich töten willst. Deshalb werde ich reinen Gewissens sterben. Du aber wirst im Blut von tausend Unschuldigen ertrinken, die dir nichts angetan haben. In diesem und im nächsten Leben wird dich die Bluttat verfolgen, und du wirst keine Ruhe finden.«

Da passierte etwas Einmaliges. Etwas, das nie vorher und nie nachher geschah. Der Deutsche blickte ihr noch einige Sekunden in die Augen, dann sicherte er seine Waffe, richtete sich auf und trat schwankend, als wehte ein Sturmwind, zur Seite. Und er entfernte sich, seinen zwei Soldaten befehlend, dasselbe zu tun.

■ *Vor dem Zweiten Weltkrieg wohnten in Athen viertausend Juden. Diese jüdische Bevölkerung war aus Smyrna und dem übrigen Kleinasien sowie aus Chalkis und Ioannina nach Athen gekommen, die meisten von ihnen nach den Balkankriegen. Die Gemeinde war sehr arm und konnte sich nur mit großer Mühe erhalten. Einige hundert Juden aus Thessaloniki, denen nach dem Einmarsch der Deutschen die Flucht gelungen war, sowie zweihundert spanische und fünfhundert italienische Juden kamen hinzu.*

Die Italiener zeigten keinen Rassenhass gegen die Juden. Sie hatten die antijüdischen Gesetze mit Widerwillen angenommen. Ihr Gewissen war, anders als das deutsche, durch die Nürnberger Rassengesetze nicht beruhigt worden. Der Antisemitismus auf Bestellung, den ihre mächtigen Verbündeten ihnen auferlegten, behagte den Italienern nicht. In ihrem Innern hatten sie Schuldgefühle für das Zusammengehen mit einem Volk, das die Vernichtung eines anderen Volkes mit solchem Wahnwitz und Fanatismus forderte. Es gibt genügend Beispiele dafür, dass Italiener unter großer persönlicher Gefahr sich für die Rettung von Juden eingesetzt haben.

Ein solches Beispiel ist der Fall des italienischen Offiziers Rico, der bei der Eisenbahn von Thessaloniki Dienst tat. Es gelang ihm durch ein ausgeklügeltes Verfahren, die Deportationen zu verzögern, um Zeit zu gewinnen, italienische Juden in andere, sicherere griechische Gebiete zu retten.

Dabei waren ihm öfters italienische Offiziere behilflich, die jüdische Frauen begleiteten und sie als ihre Ehefrauen vorstellten, um so das von Nazis streng bewachte Tor des Bahnhofareals zu passieren. Die Begleitung dauerte weiter, bis die Reisezüge der geretteten Frauen die von italienischen Besatzungstruppen verwalteten Gebiete erreichten. All dies geschah mit der erforderlichen Rücksicht auf die schwierige Lage, in der sich die jüdischen Frauen befanden, und ohne jeden Versuch, ihre Situation auszunutzen, was zu jener Zeit nicht immer selbstverständlich war.

Liliane stieg mit viel Mühe die Treppen hinauf und stürzte in die Wohnung von Montiano. Sie wusste, dass alle dort versammelt waren, außer den Eltern von Pierre, die sich in ihrem Zimmer aufhielten. Alle lagen regungslos, einige auf den Sesseln, andere in den Betten. Niemand mehr sprach ein Wort. Sogar die Kinder waren still und schwiegen. Sie ertrugen ihr Schicksal im Wissen, dass jedes Beschweren nichts nützen würde.

»Kommt«, sagte Liliane außer Atem. »Kommt alle herunter. Der Hotelier lädt uns zum Essen ein.«

Niemand reagierte auf diese Einladung. Nur die Kinder sprangen auf, und ein Funken Hoffnung trat in ihren Blick.

»Habt ihr nicht gehört, was ich gesagt habe?«, fing Liliane von Neuem an. »Der Hotelier will uns zum Essen einladen.«

Pierre war der Einzige, der etwas sagte. Seine tonlose, halb erloschene Stimme war ein leises Flüstern.

»Liebling, das ist keine Lösung.«

»Es ist vorläufig ein Aufschub, bis wir sehen, was wir tun können. Ich bitte dich, Pierre, ich bitte euch alle, kommt.«

»Ich kann kein Almosen akzeptieren«, sagte Daniele Montiano. »Nur das nicht.«

»Denkt ihr denn überhaupt nicht an die Kinder? Nur an eure Eitelkeit?«, hörte man die schrill gewordene, schon beinah hysterische Stimme von Liliane.

Pierre schaute mit zärtlicher Anteilnahme seine Frau an, dann die Kinder, die bleich und schweigsam auf die Entscheidung der Erwachsenen warteten. Ganz langsam stand er auf.

»Lasst uns gehen«, sagte er bestimmt.

Die anderen widersetzten sich nicht länger. Sie standen auf und folgten mit schlurfenden Schritten. Vor dem Zimmer seiner Eltern hielt Pierre an und öffnete die Tür. Sein Vater las flüsternd Psalmen aus der Thora, dem heiligen Buch der Juden. Seine Mutter schlief ruhig. Ihr abgemagerter Körper glich dem eines Kindes unter dem Laken. Pierre näherte sich ihr und küsste sie. Bianca Fernandez öffnete etwas die Augen und sah ihn liebevoll lächelnd an.

»Stehen Sie auf, Mutter«, sagte er. »Kommen Sie auch, Vater. Wir gehen hinunter in den Speisesaal zum Essen.«

»Wenn ich weiter hier bleibe, Chef, so ist nur noch mein Körper da. Wozu kannst du mich ohne Seele gebrauchen? Ich werde zu nichts Gutem nutzen.«

Dionýsis schwieg. Er wusste, dass er Alberto großen Schmerz zugefügt hatte. Ebenso gut wusste er, dass es nie gelingen könnte, ihm seinen Entschluss auszureden. Er würde ihn so voller Bitterkeit gehen lassen müssen. Vielleicht würden sie sich nie wieder sehen. So würde Alberto nie erfahren, dass auch er sich um ihn und um diese Reise ins Unbekannte sorgte. Diese Bitterkeit verfolgt einen bis ans Lebensende, wenn man sich nicht vorher erklären kann. Man trägt sie immer mit sich.

»Das Leben geht rasch vorbei. Der Tod ist ewig«, sagte er sinnend.

Alberto verstand dies als ausgestreckte Hand. Dionýsis war auch ein »Edelmann«. Und sein Edelmut zeigte sich darin, dass er, wenn er merkte, dass zu weit gegangen war, umkehren konnte und vom größten Zorn in die ehrlichste Versöhnlichkeit wechselte. So packte Alberto die ausgestreckte Hand und sagte mit gesenktem Kopf:

»Entschuldige, Chef. Entschuldige für die Bitterkeit, die ich dir zugefügt habe, aber ich konnte nicht anders.«

Dionýsis' Brust bebte, erstickt in Bewegtheit. Nach einiger Zeit sagte er: »Es ist in Ordnung, Edelmann.«

Das Wort »Edelmann« strömte in Albertos Blut wie eine Liebeserklärung.

»Es ist nicht deine Schuld. Es ist unser aller Schicksal, das es so gefügt hat. Geh, wohin du musst, und Gott beschütze dich.«

Albertos Augen füllten sich mit Tränen, und er konnte sie nicht länger zurückhalten. Er machte zwei zögernde Schritte in Richtung auf

Dionýsis. Dieser öffnete seine kräftigen Arme wie zwei Flügel eines Vogels, der sein Junges schützen will. Alberto machte zwei weitere Schritte und stürzte sich in die großherzig ausgebreiteten Arme.

»Genier dich nicht. Weine dich aus, um dich zu erleichtern«, sagte ihm Dionýsis und klopfte ihm leicht auf den Rücken.

Alberto sog diese Güte ein, speicherte sie tief in seinem Innern als Hoffnung gegen den Tod auf dem langen schwierigen Weg, der ihm bevorstand.

Der Hotelier brachte alles Essbare, das er in der Küche auftreiben konnte, in den Speisesaal. Reste der vorangegangenen Tage. Siebzehn ausgemergelte Gestalten schauten voller Verlangen auf die Teller, die der Italiener brachte, gefüllt mit Leckerbissen, von denen sie nie im Leben gekostet hatten. Aber trotz des Heißhungers wagte niemand, nicht einmal die Kinder, etwas davon zu berühren. Jeder wartete, bis ein anderer den Anfang machen würde. Alle waren trotz der Erwartung zurückhaltend, aber die getrübten Augen stierten auf die Speisen. Liliane gab endlich das Zeichen:
»Dino, Bianca, beginnt doch, auf was wartet ihr?«

Die kleinen Hände griffen sofort nach dem Brot, Hähnchen, Käse … und überfüllten ihre ausgehungerten Mäulchen. Ihre Gesichter verkrampften sich beim eiligen Bemühen, die Speisen so rasch wie möglich in ihren leeren Magen zu befördern.

Die Erwachsenen folgten im sichtbaren Bemühen, die Eile ihrem Anstandsgefühl anzupassen. Aber die Wildheit ihres Hungers beschleunigte rasch auch ihre Essgeschwindigkeit. Der Selbsterhaltungstrieb war bei allen bestimmend.

Der Hotelier verfolgte gerührt und betroffen das Geschehen, das ihm das Ausmaß des Leidens offenbarte, das sie tagelang vor ihm verbergen konnten. Er ging immer wieder in die Küche, um volle Teller zu holen und die rasch geleerten zurückzubringen.

Diese Prozedur dauerte so lange, bis alle gesättigt waren. Nur wenige Reste blieben auf den Tellern zurück. Er deckte den Tisch mit der nötigen Diskretion ab, kam aber bald zurück mit einer großen Platte voll mit Früchten. Er fragte sie, ob sie *cafè ristreto* wünschten und einen *digestivo*.

Sie dankten ihm für seine Großzügigkeit. Sie wünschten nichts mehr, er hatte schon so viel für sie getan. Sie würden es nie vergessen.

Während sie schweigend ihre Früchte aßen, erschien der deutsche Offizier im Speisesaal. Sie hatten ihn schon stundenlang nicht mehr gesehen. Er schlief lange am Nachmittag und ging dann abends nach Meina, wo er sich an Bars in Gesellschaft von Dirnen betrank und bis in die Morgenstunden vergnügte. Dann stieg er schnaubend die Hoteltreppe hoch und horchte vor ihren Türen, um sicher zu sein, dass sie noch da seien. Wie ein wildes Tier hatte er seine Beute für später aufgespart. Ein ekliger Gestank aus Alkohol und Schweineschmalz verriet seine Gegenwart.

Eine große, kaum zurückgehaltene Wut blies das Gesicht des Nazis wie einen Ballon auf. Er nahm an, dass sie Gelder besaßen, die sie vor ihm versteckten, da sie sich noch verpflegen konnten. Menschlichkeit und Großzügigkeit von Seiten des Hoteliers zu vermuten lag ihm völlig fern. Er zischte durch die Zähne.

»Möchten Sie etwas essen?«, fragte ihn der Hotelier, um ihn milder zu stimmen, bis die böse Wut abgeklungen wäre.

Der Deutsche schien seine Frage gar nicht zu hören. Er war ganz mit seinem Hass beschäftigt. Die Wucht der Bosheit verdrehte ihm die Augäpfel und gab ihm den Ausdruck eines schielenden Vogels.

Alle hatten das letzte Stück ihrer Frucht stehen gelassen.

»Gute Verdauung«, sagte der Deutsche mit seinem sarkastischen Lachen, dass alle eine Gänsehaut befiel.

Niemand bedankte sich für seine Wünsche.

»Was haltet ihr von einem Spaziergang am Ufer des Sees? Es ist das Beste nach einem guten Essen.«

Wieder schwiegen alle. Sie schauten sich gegenseitig fragend an. Hinter jedem Vorschlag des Deutschen lauerte Niedertracht. Sein kranker Geist hatte sich wieder etwas ausgedacht.

»Gut, gut«, antwortete er sich selbst, und lachte wieder sein fürchterliches Lachen.

Sogar der Hotelier erschrak ob dieses teuflischen Grinsens.

Als Erster wagte Mosseri zu reagieren, und er flüsterte Montiano zu, der neben ihm saß:

»Wir dürfen nicht gehen, Daniele. Es wird nicht gut sein.«

Der Deutsche bemerkte Mosseris Flüstern und stieß Blitze aus seinen Augen in dessen Richtung. Mit zwei schnellen Schritten stand er neben ihm.

»Sie wollen meiner Einladung nicht Folge leisten?«, sagte er mit schäumendem Mund.

Mosseri versuchte noch, ihn zu besänftigen.

»Vielen Dank, aber wir sind sehr müde.«

Für den Deutschen aber war Nachgeben undenkbar. Eine solche Verachtung gegenüber einem SS-Offizier war ungehörig und musste schwer bestraft werden. Allen war klar, dass sie für diese Beleidigung bezahlen würden.

Einige Sekunden der Totenstille vergingen. Pierre Fernandez brach sie.

»Lasst uns doch spazieren gehen?«, flüsterte er. »Warum ihn noch mehr reizen? Was kann er uns noch antun? Wenn er feststellen wird, dass wir bettelarm sind und das Essen vom Hotelier offeriert bekommen haben, bleibt ihm nichts anderes übrig, als sich zu beruhigen. Widersetzen wir uns ihm nicht.«

Der Nazi begriff sofort, dass er an Boden gewann, und wartete schon triumphierend auf seinen Erfolg.

Montiano stand als Erster auf.

»In Ordnung«, sagte er. »Aber nur für kurz. Wir sind sehr müde.«

»Jawohl. Jawohl.«

Bianca Fernandez flüsterte ihrem Sohn etwas ins Ohr, hängte sich an den Arm ihres Mannes und wollte zur Treppe nach oben.

»Meine Eltern sind übermüdet. Sie können nicht mitkommen«, sagte Pierre.

Der Nazi sprang wie ein Löwe, dem man die Beute stehlen will, und stellte sich dem alten Ehepaar in den Weg. Er schlug die Absätze seiner Stiefel aneinander und verbeugte sich tief.

»Mein Herr, meine Dame. Sie werden mir die Ehre erweisen, nicht wahr?«

Bianca blickte fragend ihren Sohn an. Er überließ es ihr zu entscheiden. Nach einigem Zögern ergriff sie wieder ihren Mann am Arm und sagte zu ihm:

»Komm, Dino. Gehen wir auch ein wenig mit den Kindern spazieren.«
Eine breite Befriedigung erfüllte das Gesicht des Nazis. Doch jetzt waren alle höchst beunruhigt. Warum wollte er, dass die alten Leute unbedingt mitkommen? Nun war es aber bereits zu spät, um den Dingen einen anderen Lauf zu geben. Als Erster trat der Deutsche aus dem Hotel hinaus, und sie folgten ihm alle. Schweigend.

Nachdem Kornílios sich vom Schrecken erholt und seine Stimme wiedergefunden hatte, begann er sich zu bekreuzigen:
»Du bist groß, Herr, und deine Werke sind bewundernswert!«
Edda schwieg.
Er schaute sie wiederholt von oben bis unten genau an, um sich zu vergewissern, dass das Wunder wirklich geschehen war und er es sich nicht bloß eingebildet hatte. Ihm war, als wäre Edda dort vor seinen Augen gestorben und wieder auferstanden. Aber auch er schwieg. Er nahm die Zügel des Esels in die Hand und befahl ihm:
»Los geht's wieder, Adolf! Die Arbeit wartet auf uns. Du hast lange genug geruht.«
Da Edda nach dem großen Schrecken nicht auf ihren Beinen stehen konnte, hob er sie auf und setzte sie wie eine Prinzessin auf den Esel.
Edda fand nach und nach ihre brüsk verlorene Sicherheit wieder. Wenn einem der Tod im Nacken sitzt, betrachtet man das Leben als großes Geschenk. Sie hatte ohnehin ein Kindergemüt und wechselte ohne Mühe von der größten Furcht rasch zur vollkommenen Ruhe.
Kornílios' Bewunderung für Edda kannte nach dem Erleben ihrer Furchtlosigkeit vor dem Sterben keine Grenzen mehr.

Zwei schwer bewaffnete Partisanen begleiteten Alberto zu einem abgelegenen kleinen Hafen. Dort wartete ein Fischerboot, um ihn über die Bucht zu fahren. Ein größeres Boot, dessen Kapitän den Partisanen Dienste erwies, würde ihn dann auf die große und gefährliche Reise nach Piräus mitnehmen. Dionýsis hatte für alles gesorgt. Er hatte diese Reise bis ins kleinste Detail geplant, damit das Abenteuer, für das sich Alberto nun mal entschieden hatte, ihn nicht ins Verderben stürzte. Überall lauerten

Todesgefahren, aber Dionýsis hatte alle denkbaren Risiken einkalkuliert. Lebensbedrohlich sollte die Lage höchstens durch eine unglückliche Fügung werden, nicht aber durch Dionýsis' Fehler.

Alberto verabschiedete sich tief gerührt von den Partisanen und bedankte sich herzlich für die Hilfe, die er von ihnen erhalten hatte. Sie sind ihm wie wahre Brüder zur Seite gestanden. Er lernte von ihnen, für sein Leben und die menschliche Würde zu kämpfen. Bei ihnen hat sein Körper und seine Seele an Kraft gewonnen und der Begriff *Freiheit* einen tieferen Sinn erlangt.

Es waren schon zehn Minuten vergangen, seit die jüdischen Familien hinter dem Deutschen das Hotel verlassen hatten, und dieser wollte noch nicht stehen bleiben. Er blickte immer wieder zurück, um sicher zu sein, dass sie ihm folgten. Es schien, dass er sie so weit wie möglich vom Hotel entfernen wollte. Kein Mensch war zu sehen. Nur der Gesang der Vögel und das Rascheln des Grases unter ihren Schritten störte die vollkommene Stille. Wohin wollte er? Wohin führte er sie? Angst und Anspannung ermüdete ihre ausgemergelten Körper noch mehr.

Bianca Fernandez sah totenbleich aus. Mit größter Überwindung schleppte sie sich noch voran. Auch ihr Mann Dino war erschöpft. Da beschloss Pierre anzuhalten.

»Bis hierher«, sagte er. »Es genügt! Die Kinder und die älteren Leute sind erschöpft. Wenn Sie uns etwas zu sagen haben, so können Sie es hier tun.«

Der Deutsche warf ihm einen bösen Blick zu, aber er hielt an. Sie setzten sich alle aufs Gras, während der Nazi noch einige Schritte bis ans Ufer des Sees weiterging. Es folgten einige Minuten der Totenstille. Dann ertönte seine scharfe, eisige Stimme:

»Ihr habt mich betrogen. Ihr sagtet mir, eure Finanzmittel seien erschöpft, und ihr könntet nichts mehr zum heiligen Zweck des Dritten Reiches beitragen. Dabei vergeudet ihr euer Geld für teure Gelage und euren Aufenthalt in einem vornehmen Hotel. Das nennt man Verrat, und Verräter muss man bestrafen.«

Sein Mund verzog sich vor Erregung, und Schaum trat hervor.

»Wir haben gar kein Geld mehr«, sagte Pierre. »Das können Sie selber überprüfen.«

»Ihr habt, aber ihr schlauen Würmer wisst es zu verstecken.«

Liliane zog einen Ring von ihrem Finger und gab ihn ihm. Er griff sofort nach dem Ring, schien aber nicht befriedigt zu sein.

»Seht ihr! Wer weiß, was ihr noch alles versteckt haltet.«

»Wir haben alles gegeben«, sagte Liliane. »Dieser Ring ist das allerletzte Schmuckstück. Für mich hatte er einen ganz besonderen persönlichen Wert, und ich wollte mich nicht von ihm trennen. Deshalb hatte ich ihn noch behalten. Genügt Ihnen all das, was wir Ihnen gegeben haben, nicht? Sie haben uns alles genommen.«

Der Deutsche sprang zu ihr und gab ihr eine heftige Ohrfeige.

»Schweig, du Hure!«

Pierre wollte einschreiten.

Der Deutsche raste vor Wut. Er hob seinen schweren Stiefel und versetzte Pierre, der noch saß, einen heftigen Hieb auf den Kopf.

Pierre fiel blutüberströmt aufs Gras. Bianca Fernandez schrie auf. Eine herzzerreißende Auflehnung aus der Tiefe der mütterlichen Seele. Der Nazi näherte sich völlig aufgebracht und begann, ihr Fußtritte zu erteilen. Die Kinder fingen an zu kreischen und riefen nach ihren Eltern. Da gab Modiano das Zeichen:

»Auf ihn! Stürzen wir uns alle auf ihn!«

Die Männer versuchten ihn festzuhalten und ihm die Waffe abzunehmen. Odette stach mit ihren Fingernägeln so fest sie nur konnte in seine Wangen. Er zuckte vor Schmerz. Blut strömte bis zum Kinn hinab. Es gelang ihm aber, aufrecht zu bleiben und sich zu befreien.

Es brauchte nicht viel dazu. Die geschwächten Körper der Juden konnten seiner gewalttätigen Kraft kaum etwas anhaben. Er schlug nun völlig hemmungslos auf sie ein. Aber er tötete sie noch nicht. Sein lautes satanisches Lachen und die völlig irren Schreie deuteten darauf hin, dass sein kranker Geist noch etwas Schlimmeres mit ihnen vorhatte. Was würde noch geschehen? Welches grauenvolle Vergnügen steckte hinter diesem Blick der unersättlichen Bestie, die Blut geleckt hatte und sich auf ein orgiastisches Zerfleischen freute? All diese Juden vor ihm! Ihm zu Füßen!

Diese Parasiten, wie sie sein Führer bezeichnete. Diese Würmer, die er nun unter seinen Stiefeln zertreten würde. Welcher Genuss der Rache!

Im Halbdunkel unter dem dichten Laub der Bäume verwandelte sich sein Anblick. Sie sahen Eckzähne aus seinem Mund hervortreten, zwei Blutgeschwülste wuchsen an den Jochbeinen. Sein strohblondes Haar stand zu Berge und verformte sich zu zwei Hörnern. Die Augen sprangen hervor, und die Ohren spitzten sich nach oben zu.

Raul Torres begann ganz langsam mit dem Gebet:

»*Schemáh Israél, Antonái heloénu, Antonái echád!*« (Höre Israel, es gibt nur einen Gott, Gott den Herrn!)

Nach und nach stimmten alle wie ein Chor ein und wiederholten flüsternd das Gebet.

Kornílios und Edda betraten Athen. Der deutsche Fluch war auch dort eingetroffen und hatte großes Elend über die Menschen gebracht. Überall sah man ausgestreckte Arme, die um einen Bissen Brot bettelten. Zum ersten Mal, seit sie das Ghetto verlassen hatten, sah Edda wieder eine solche Not. In den Dörfern gab es keine Hungernden. Jedes Haus hatte in seinem Speicher irgendetwas aus einer Ernte und etwas Öl.

»Was sollen die Leute hier essen, die vielen Steine etwa?«, sagte Kornílios, als hätte er Eddas Gedanken erraten. »Alles haben diese verfluchten Teufel gestohlen.«

Edda zog aus ihrem Busen einen kleinen gefalteten Zettel und las laut die Adresse ihrer Schwester vor:

»Eléni Dimitríou, Ajíon Assomáton 55.«

»Hast du eine Ahnung, in welcher Gegend das ist?«, fragte Kornílios sichtlich beunruhigt.

»Ja. Es ist in der Nähe von Thissío.«

»Und wo ist dieses Thissío?«

»Ganz in der Nähe der Akrópolis.«

Kornílios kratzte sich am Kopf.

»Und wo ist diese Akr…, wie hast du es genannt?«

Edda lachte auf.

»Du kennst die Akrópolis nicht?«

»Nein. Woher sollte ich sie kennen?«

»Du hast noch nichts von Griechenlands nationalem Monument gehört?«

Und um ihn nicht zu beleidigen, fügte sie rasch hinzu: »Es macht nichts. Auch ich hab sie noch nie von Nahem gesehen.«

Kornílios wurde unruhig.

»Kennst du dich hier überhaupt aus?«

»Mach dir keine Sorgen. Wir werden es finden.«

»Lass es uns schnell finden, denn auch das Tier ist übermüdet. Und all diese Verhungernden hier um uns, ich kann den Blick ihrer Augen nicht lange ertragen.«

Er kannte Athen überhaupt nicht, weshalb er ihr das Sagen überließ. Jetzt aber, wo er feststellen musste, dass sie sich auch nicht besonders gut auskannte, fühlte er sich verunsichert und nervös.

»Wo sind wir denn jetzt, Herrin? Dauert es noch lange?«

»Ich weiß es nicht.«

»Du weißt es nicht?«, sagte er aufgeregt. »Frag doch, worauf wartest du?«

Edda hörte ihn zum ersten Mal so aufgeregt mit lauter Stimme zu ihr sprechen.

»Frag lieber du. Du weißt doch, dass ich nicht so gut griechisch sprechen kann. Ich habe Angst.«

Kornílios nahm ihren Zettel und näherte sich einer Frau.

»Weißt du vielleicht, in welcher Richtung diese Straße liegt?«

Freudestrahlend kehrte er zurück.

»Sie sagt, es sei die Straße da unten. Nur fünfzig Meter, und wir sind da. In der Nähe der Synagoge. Kennst du sie?«

»Nein. Ich kenne sie nicht«, sagte Edda. »Ich sagte dir schon, dass ich mich in Athen nicht gut auskenne.«

Vater Alberto in Thessaloniki, 1938

Réina Gilberta mit Mama Lina und Vittorio in Thessaloniki, 1943

Mutter und Tochter nach der Wiederbegegnung in Paris, 1946

Eltern und Tochter in Tel Aviv, 1949    Thessaloniki, Winter 1954

Réina und Vittorio, März 1986 am Lago Maggiore

KAPITEL 6

Der tollwütige Deutsche schrie auf und sprang herum, schäumte und zischte, schlug gnadenlos mit dem Gewehrkolben, mit Steinen, mit Händen und Füßen auf seine Opfer ein. Aber er wollte sie nicht sofort töten. Nur Dino Fernandez lag regungslos da. Er war tot.

Die Angstschreie der Opfer schienen diesem wilden Ungeheuer in Menschengestalt Freude zu bereiten. Völlig abgestumpft sog es durch seine teutonischen Nüstern lustvoll den Geruch des Grauens ein, den es genüsslich verursacht hatte. Aber das deutsche Untier war noch nicht gesättigt. Es wollte für seine Opfer ein langsames, schmerzenreiches und qualvolles Ende.

Der Nazi näherte sich den Kindern, die ihn mit weit geöffneten verständnislosen Augen anstarrten. Jeder Laut war in ihrer kleinen Brust erstickt. Nicht einmal zum Weinen hatten sie mehr die Kraft. Er zog aus seiner bauschigen Hosentasche eine dicke Schnur, öffnete sein Taschenmesser und schnitt sie in drei Stücke. Er packte zwei der Kinder und band sie rücklings zusammen fest.

Odette hob mit der letzten Kraft, die ihr verblieben war, den Kopf etwas auf und sagte mit heiserer Stimme:

»Lass die Kinder in Ruhe, Bestie. Was haben dir diese Engel angetan, Scheusal!«

Der Deutsche griff schnell nach seiner Waffe und verschloss ihr mit einer Kugel für immer den Mund.

»Da hast du es, jüdische Hure. Für deine schlechten Manieren.«

Der zarte Körper von Odette zuckte für wenige Sekunden, fiel nach vorn aufs Gras und blieb bewegungslos. Eine rote Blutspur lief über ihr schwarzes Haar. Der Nazi verstaute die Waffe und fuhr mit dem paarweise Festbinden der Kinder fort.

»Töte mich zuerst, ich bitte dich. Wenn du noch einen kleinen Rest von Herz hast, töte mich zuerst«, flehte Bianca Fernandez, während der Deutsche ihre Enkelkinder festband.

»Schweig, alte Hündin. Du wirst noch einiges sehen, bevor du sterben darfst.«

Und er setzte wieder sein entsetzliches Satansgrinsen auf.

Er hob eines der Bündel auf, schüttelte die Kleinen wie Marionetten in der Luft und ging aufs Ufer zu. Die Kinderaugen schauten verständnislos und voller Bangen zu Eltern und Großeltern zurück. Aus dem Entsetzen in ihren Augen schrien Fragen über dieses unmenschliche Tun. Fragen, die in ihrem kurzen arglosen Leben unbeantwortet bleiben würden.

Raul Torres kroch im Gras und griff nach einem Stein.

Der Deutsche, als hätte er ein Auge im Hinterkopf, ließ die Kinder fallen, wandte sich brüsk um und feuerte Raul eine Kugel in die Hand. Dieser schrie auf und sackte zusammen. Der Deutsche packte wieder die Kinder und ging ins Wasser. Die Stiefel klebten im Schlamm, seine Reithose war bis zu den Oberschenkeln durchnässt. Er tauchte die Köpfe der Kinder ins Wasser.

»Drecksaat. Eklige grüne Heuschrecken. Ertrinkt, bevor ihr die Welt mit eurer Gegenwart verseucht. Ertrinkt!«

Die kleinen Leiber zappelten, versuchten aufzutauchen, aber der Nazi drückte sie tiefer ins Wasser, bis ihr Überlebenskampf zu Ende war, bis alle tot waren.

Aufschreie und flüsterndes Beten machten die entsetzliche Szene gespenstisch. Liliane Fernandez kroch bis zu ihrem Sohn, der mit der kleinen Bianca zusammengebunden war. Sie drückte ihm die Hand, so fest sie nur konnte. Der Nazi zog ihre blau angelaufenen Finger einen nach dem andern von der Kinderhand weg. Liliane stöhnte auf wie ein Opfertier. Der Deutsche gab ihr einen Fußtritt mitten ins Gesicht. Er hob das nächste Kinderbündel auf und ging zum Wasser. Dann das letzte, bis er sie alle ertränkt hatte. Die kleinen Kinderleiber lagen auf dem Wasser, als wären sie am Schwimmen mitten am Nachmittag. Aber es herrschte Totenstille.

Der Deutsche begann zu singen, wieder und wieder das Lied:

»Olaría, olará! ...«

Sein Gejohle stieg hinauf zum Baumgewölbe, und das Blätterrauschen antwortete flüsternd mit Verwünschungen. Auch die Vögel pfiffen wild und aggressiv zurück. Das wahnwitzige deutsche Grinsen machte diesen geheimen Richtplatz vollends zum Vorhof der Hölle. Er schaute höhnisch auf seine Todeskandidaten hinab, die mit erloschenen Stimmen stöhnend ihren Kindern die Totenmesse beteten.

»Ihr müsst euch noch gedulden, Abschaum! Bewundert vorerst eure Engelchen.«

Der kleine Fischerkutter fuhr in eine abgelegene Bucht von Chalkidikí ein, wo ein zehn Meter langes Boot wartete. Es hieß »Angelikí« und hatte drei Mann Besatzung. Alles war genau abgesprochen. Menélaos hatte eine Woche vorher im Auftrag von Dionýsis die Mannschaft getroffen und alles vereinbart.

Alberto beeilte sich, nachdem er aufs Boot gestiegen war, seine schweren Stiefel loszuwerden. Seine Füße waren geschwollen, voller Wunden durch die Steine und die Dornen, die durch das Schuhleder hindurch stachen. Die Märsche der letzten Tage waren furchtbar schlimm gewesen.

Man gab ihm vorerst den Overall eines Maschinisten. Da er als Mönch verkleidet nach Athen gelangen sollte, war sein Bart ein Problem. Obwohl er sich einige Wochen lang nicht rasiert hatte, bedeckte bloß etwas kastanienbraune Wolle seine abgemagerten Wangen. Nicht überzeugend für ein Mönchsgesicht.

»Was ist mit den Schuhen?«, fragte er Kapetàn »Náwlos«, einen rüstigen alten Haudegen. Seinen Spitznamen »Náwlos« (Fahrgeld für eine Überfahrt) verdankte er seinem Ausruf, der das Töten von Deutschen begleitete: »Noch jemand für die Überfahrt? ...«

Náwlos schimpfte nun auf Nikíta, den Schiffsjungen ein.

»Wozu hast du ein Gehirn, als Kopfschmuck etwa? Hab ich dir nicht aufgetragen, auch Schuhe mitzubringen?«

»Niemand hatte Nummer vierzig, Kapitän. Bei der Heiligen Dreifaltigkeit, ich habe alle gefragt. Von zweiundvierzig aufwärts, sagten alle, und ich ließ es sein.«

»Er ließ es sein, sagt dieser Klugscheißer! Denkst du mit deinen Fersen? Was soll der Mensch jetzt anziehen? Zu nichts bist du zu gebrauchen! Und der Overall ist ihm auch noch zu kurz. Wenn diese Teufel plötzlich hier auftauchen und diese Stiefel sehen, da haben wir schon Feuer im Arsch.«

Aber Náwlos gab nicht so rasch auf. Er stand vor viel schlimmeren Zwangslagen, und nie war er auf den Kopf gefallen. Schon blitzte es in seinen Augen, und er rief Nikíta zu:

»Schau mal unten im Schiffsraum nach, da stehen noch ein Paar ausgetretene Schuhe. Sie werden etwas groß sein, aber tausend Mal besser als diese Partisanenstiefel, die uns ins Verderben stürzen können.«

Der Schiffsjunge eilte davon und kehrte mit den Schuhen zurück. Nachdem Alberto sie angezogen hatte, brachen alle in lautes Gelächter aus. Es hätte noch ein halber Fuß mehr darin Platz gehabt! Auch Alberto wurde von der Fröhlichkeit mitgerissen.

»Du bist möglicherweise heldenhaft groß und stark, aber deine Standfläche ist nicht groß genug«, sagte ihm Náwlos scherzend, nachdem sich das Lachen etwas gelegt hatte. Und seinem Matrosen befahl er:

»Geh, Nikolò, hol ein Stück von dem Packpapier. Wir stülpen so viel rein, bis sie ihm passen.« »Und du, heiliger Abt,« sagte er spottend zu Alberto, »Schlaf ein bisschen. Wir legen nicht ab, bevor es dunkel ist.«

Es war vier Uhr nachmittags, als Edda an der Tür des Hauses klopfte, in dem ihre Schwester Susann wohnte. Diese war beim Anblick ihrer Schwester so erstaunt, dass ihr die Augen fast herausfielen. Sie glaubte sie verloren, wie alle anderen Familienmitglieder. Sie weinte ihnen bittere Tränen nach in den Nächten. Nachdem sie sich überzeugt hatte, dass sie nicht träumte, sondern tatsächlich ihre Schwester lebendig vor sich hatte, fiel sie in ihre Arme und überhäufte sie mit Küssen und Begrüßungsworten.

»Regalada! Regalada mia!« Que tal? Como estas, mi querida chiquitica?« (Geschenkte! Meine Geschenkte! Wie geht's? Wie geht es dir meine liebe Kleine?)

Edda fand keine Worte, um Susann ihre Empfindungen mitzuteilen. Sie wiederholte immer ihren Namen:

»Oh, Susann! Susann, meine Schwester! Susann!«

»Eléni. Eléni ist jetzt mein Name«, flüsterte ihr Susann ins Ohr.

»Und mein Name ist María«, sagte Edda.

Während Susann ihre Schwester ins Innere des Hauses führte, erinnerte sich Edda an Kornílios.

»Einen Augenblick«, sagte sie und befreite sich von der Umarmung. »Einen Augenblick, ich bin nicht allein.«

Kornílios fütterte und tränkte den Esel an einem Brunnen im Vorhof des Hauses.

»Komm Kornílïe, komm herein, um meine Schwester kennenzulernen«.

»Sofort, Herrin, und entschuldige mich«, sagte er und streichelte den Rücken des Esels. »Das Tier hat die ganze Zeit mutig durchgehalten, und ich muss es zuerst versorgen. Frag bitte deine Schwester, ob ich es im Hinterhof anbinden kann, damit es nicht gestohlen wird.«

Susann, die ihrer Schwester gefolgt war, schaute erstaunt und beunruhigt auf Kornílios.

»Quien es este?« (Wer ist das?), flüsterte sie ihr.

»Das ist mein Retter. Ohne ihn hättest du mich nie mehr wiedergesehen«, antwortete Edda, und Tränen der Dankbarkeit und Zuneigung traten in ihre Augen.

Ein sanfter Luftzug, durchmischt mit dem Geruch des feuchten Grases, streifte über die blutenden Wunden der Todeskandidaten. Der Nazi sang noch immer manisch das irre Lied:

»Olaria, olaraaa! ...«

Er saß mit gekreuzten Beinen auf dem Gras, drehte sich von Zeit zu Zeit um und schaute seine Opfer an. Er füllte sein Bewusstsein auf mit ihrem Leid, obwohl er wusste, dass er nie genug davon bekommen würde. Verloren in den braunen Wogen seines sinn- und grenzenlosen Hasses gehorchte er blindlings und mit religiöser Hingabe dem unbekannten Gott der Finsternis. Jenem Gott, der ihm eine Welt vorschrieb, die auf der Blutspur der Rasse basierte. Der Stellvertreter dieses Gottes der Finsternis, der »Führer«, sollte von seinem ihm willenlos ergebenen Soldaten überboten werden durch die Grobheit seiner Tat.

Der »reine arische« Körper sollte nicht gefährdet werden durch Blutmischung mit minderwertigen Untermenschen. Dies war das »heilige« Ziel. Und da es »heilig« war, war es auch »Gesetz«. Und das »Gesetz« musste mit absoluter, mit religiöser Ehrfurcht befolgt werden. Für den Nazi existierten diese Wesen, die sich nun in seiner absoluten Gewalt befanden, überhaupt nicht als Menschen. Denn sie hatten dazu gar keine Existenzberechtigung. Für ihn waren sie von vornherein tot. Er musste sich bloß noch der Prozedur unterziehen, die Wirklichkeit dem deutschen Gesetz anzupassen.

Der Nazi stand auf. Lässig blickte er gegen den offenen Horizont. Aber seine gläsernen Augen schauten nicht auf die bezaubernde Natur, sondern in seine verwirrte innere Welt. Sein strammer, in Achtungstellung verharrender Körper schien erschöpft, besaß aber gleichzeitig die Geschmeidigkeit des Panthers, die Schwere und Trägheit des Elefanten und die Gefühllosigkeit des Grabes. Die Sünden, die er in sich aufgesammelt hatte, vergifteten ihn wie ein Fluch, und in seiner Wiedernatürlichkeit drängte es ihn, sich durch weitere Verbrechen Erleichterung zu verschaffen.

Die Luft war schwer und stickig wie bei dichtem Nebel. Der Nazi küsste den Lauf seiner Waffe und näherte sich seinen Opfern. Er schlug seine Stiefelabsätze aneinander, erhob seine Hand gegen den offenen Horizont.

»Deutschland über alles! Heil Hitler!«, brüllte er und begann eines nach dem andern seiner Opfer mit einer Kugel an der Schläfe hinzurichten.

»Du sendest Finsternis, und es wird Nacht, dann regen sich alle Tiere des Waldes. Die jungen Löwen brüllen nach Beute, sie verlangen von Gott ihre Nahrung. Strahlt die Sonne dann auf, so schleichen sie heim und lagern sich in ihren Verstecken.«[3]

Es waren vier Stunden vergangen, seit Náwlos' Fischerboot mit Piräus als Ziel abgelegt hatte. Náwlos besaß großen Optimismus, und es gelang ihm, diesen auf andere zu übertragen. In seinem Boot fühlte er sich

---

3 Psalm 104, 20.–22., s. O., S. 667.

wie zu Hause, und auf dem Meer schien er sich wie in seinem Haushof auszukennen. Er war groß gewachsen wie Dionýsis, immer in Bewegung und hatte dunkelblaue Augen, glich ihm aber äußerlich nicht. Große Ähnlichkeit hatte dagegen ihr Charakter. Náwlos war wild und väterlich, weitsichtig und mutig. Es gefiel ihm, laut zu denken.

»Nur England kann uns retten, obwohl unser Volk viele mutige Männer hat. Aber was kann dies bringen! … Es reicht nicht aus. Man kann diese wilden Ungeheuer nicht mit einer Schleuder erledigen.«

Alberto hatte sehr rasch Gefallen an Náwlos gefunden. Er empfand bei ihm dasselbe wie bei Dionýsis. Sicherheit und Wärme. Menschlichen Schutz.

»Es ist nicht schwierig, ein wildes Tier zu zähmen«, fuhr Náwlos fort. »Eine Kobra durch Musik zu bezaubern, sich mit einem Tiger anzufreunden. Aber diese menschlichen Ungeheuer, niemals ist es möglich, ihre Absichten zu erkennen. Ihre Blutrünstigkeit kennt kein Ende.«

Es schien, dass er diese Gedanken schon öfters ausgesprochen hatte, den Nikolò und Nikítas schienen eher gelangweilt. Alberto dagegen hörte gerne zu.

Das Gespräch wurde brüsk unterbrochen, da das Meer plötzlich in Bewegung geriet, als hätte es Poseidon mit seinem Dreizack brüsk aufgewühlt. Riesige unregelmäßige Wellen schlugen aufs Boot, mal von rechts, mal von links, und brachten es ins Schwanken.

Das weite Meer vor ihnen sah bedrohlich schwarz aus. Alberto, der völlig unerfahren war, glaubte bereits, sein Ende sei gekommen. Er sah schon, wie sein geliebtes Meer, das er von Weitem in seiner blauen Pracht bewundert hatte, ihn für immer in seiner schwarzen Umarmung verschlingt. Seine verstörten Augen suchten den festen Blick von Náwlos, um Mut zu schöpfen. Dieser aber war aufgesprungen und hatte Nikolò das Steuer entrissen. Er versuchte das Boot zu zähmen wie ein Reiter ein wild gewordenes Pferd. Gleichzeitig warf er mit Befehlen um sich:

»Gegen den Wind, he, Dummkopf! Halt das arme Schiff nach rechts, bevor wir versinken. Nikolò, he, bist du eingeschlafen? Mach die hinteren Taue locker, damit das Scheißmeer uns nicht umwirft! Nikíta, he, loslassen! Locker halten!«

Alberto sah, wie sich die drei Männer gegen die wild gewordene Natur abkämpften, und versuchte, sich aufrecht zu halten, was ihm aber nicht gelang. Er wurde mal auf die eine, dann auf die andere Seite geworfen, bis eine Riesenwelle vom Bug her sich auf ihn stürzte und er auf den Rücken fiel. Das Wasser nahm ihm den Atem. Er wollte sich aufrichten, was ihm aber nicht gelingen wollte. Náwlos' Ohr vernahm sein Stöhnen. Mit einem Sprung war er bei ihm und schüttelte ihn.

»He, du Partisan. Verdammt noch mal«, sagte er außer Atem, ebenso aufgeregt wie der Sturmwind. »Willst du wie ein Hund im Trockenen ertrinken? Steh auf deinen Füßen! Pack den Eimer und schöpf das Meer aus dem Schiff. Erwarte nicht alles von den anderen.«

Er half ihm aufzustehen und kehrte ans Steuer zurück.

Alberto schämte sich. Er packte den Eimer und begann, Wasser aus dem Boot zu schöpfen.

Dieser Kampf gegen den Sturm dauerte zwei Stunden. Es begann schon zu tagen, als der Wellengang langsam abflaute. Das Schiff war gerettet. Alle legten sich, halbtot vor Müdigkeit, in irgendeine geschützte Stelle des durchnässten Decks. Aber niemand überließ sich dem erlösenden Schlaf. Das würde abwechslungsweise nach den Anweisungen von Náwlos geschehen. Sie begannen stimmlos zu singen, um nicht einzuschlafen. Nur Náwlos war noch aufrecht und in ständiger Bewegung.

Nikítas stand auf und ging mit schleppendem Schritt, ihm zu helfen. Náwlos gütiges Herz erbarmte sich seiner und beendete seine Qual.

»Lass es sein. Ich werde es übernehmen. Legt euch alle schlafen und schweigt still. Ich möchte keine Wiegenlieder, die mich einschläfern. Zwei Stunden könnt ihr schlafen, dann will *ich* ausruhen. Was dich betrifft, Partisan, du kannst schlafen, bis wir anlegen. Du bist nicht für das Meer bestimmt, hast dich aber wacker gehalten. Du hast den Schlaf verdient.«

Die drei Männer warteten nicht. Sie rückten sofort aneinander auf den nassen Planken und überließen sich dem Schlaf.

■ *Die griechisch orthodoxe Kirche, mit Erzbischof Damaskinós als Oberhaupt, war nicht nur ausdrücklich gegen die Verfolgung und Ermordung des biblischen Volkes, sondern bewies auch großen Mut gegen die Besatzungs-*

armee. Die orthodoxe Kirche war gegenüber den Juden menschlich und hilfsbereit, im Gegensatz zur katholischen Kirche und dem Papst, die sich gleichgültig gegenüber dem Schicksal der Juden verhielten und in einigen Fällen sogar den Nazis bei ihrem verbrecherischen Tun behilflich gewesen sind.

Am 23. März 1943 wurde eine Deklaration veröffentlicht, die auf Initiative des Erzbischofs Damaskinós zustande kam und leider die einzige in der Geschichte jener dunklen Zeit geblieben ist. Sie wurde von allen Vertretern der geistigen Führung des Landes unterzeichnet. Diese bewegende, zutiefst menschliche Heldentat, die leider in keinem anderen europäischen Land ihresgleichen gefunden hat, ging als leuchtender Markstein in die Geschichte jener Zeit ein.

Die jüdischen Griechen sind besonders stolz und dankbar für dieses positive Verhalten ihrer andersgläubigen Mitbürger, vor allem, wenn man bedenkt, dass anderswo in Europa Bürger und Regierungen vieler Länder gegenüber dem Schicksal der Juden nicht nur gleichgültig blieben, sondern in einigen Fällen schadenfroh, gnadenlos oder gar verbrecherisch waren.

Erzbischof Damaskinós sandte einen Brief an General Stroop, der in seiner Art einmalig ist. Dieser Brief bezeugt den Mut seiner standhaften Seele.

»Nach der Androhung der Verhaftung und Erschießung aller geistlichen Führer Griechenlands teile ich Ihnen mit, Herr General, dass die Geistlichkeit in diesem Land nicht erschossen, sondern geköpft wird. Ich bitte Sie, diese Tradition zu respektieren.«

Diese stolze Antwort war die Reaktion des Erzbischofs auf die schriftliche Drohung der Erschießung durch den Nazi-Generals, weil der Erzbischof »den jüdischen Elementen eine skandalöse Gunst erwiesen« habe, indem er einen schriftlichen Protest gegen die Verfolgung und Vertreibung der griechischen Juden verfasst hatte.

Diese Protestdeklaration war an Konstantínos Logothetópoulos, den Ministerpräsidenten der Kollaborationsregierung, gerichtet:

»Mit verständlicher Überraschung und Schmerz hat das griechische Volk erfahren, dass die Deutschen Besatzungsbehörden in Thessaloníki Maßnahmen eingeleitet haben, um die griechischen Juden nach und nach außerhalb des griechischen Hoheitsgebietes zu vertreiben, und dass die ersten Gruppen von Vertriebenen sich bereits unterwegs nach Polen befinden.

Dieser Schmerz des griechischen Volkes ist umso größer, als

1. nach dem Geist der Waffenstillstandsbedingungen alle griechischen Bürger, unabhängig von Rasse und Religion, gleich behandelt werden sollten;

2. die griechischen Juden nicht nur einen wertvollen Beitrag zur wirtschaftlichen Entwicklung des Landes geleistet, sondern sich als pflichtbewusste und gesetzestreue griechische Bürger erwiesen haben. So haben sie immer an den gemeinsamen Opfern zur Erhaltung der griechischen Heimat teilgenommen, und sie waren an vorderster Front der Kämpfe anzutreffen, welche die griechische Nation zur Verteidigung ihrer unveräußerlichen historischen Rechte durchführen musste.

3. Die Gesetzestreue der Juden Griechenlands verbietet von vornherein ihre Teilnahme an Aktionen, welche die Sicherheit der militärischen Besatzungsbehörden bedrohen könnten.

4. Im nationalen Gewissen sind alle Kinder der gemeinsamen heimatlichen Mutter Griechenland untrennbar miteinander verbunden, sie stellen gleichwertige Glieder des nationalen Organismus dar, unabhängig von religiösen oder dogmatischen Unterschieden.

5. Unsere Heilige Religion anerkennt keine Unterscheidung, Überhebung oder Minderung aus Gründen der Rasse oder der Religion, sie erkennt nach Paulus (Gal. 3.28.) ›Hier ist kein Jude noch Grieche …‹[4] *und verurteilt jeden Versuch der Diskriminierung oder Unterscheidung nach Rasse oder Religion.*

6. An glücklichen Tagen und während Perioden nationalen Unheils hat unser gemeinsames Schicksal auf dem Amboss der griechischen Seele die eisernen Bande der Zusammengehörigkeit ausnahmslos aller Griechen geschmiedet, unabhängig von irgendwelcher Rassenzugehörigkeit.

Wir können den tiefen Gegensatz zwischen Deutschland und dem internationalen zionistischen Judentum weder verleugnen noch wollen wir dessen Aktivität und Einfluss im Bereich der großen politischen und ökonomischen Entscheidungen verurteilen oder verteidigen. Heute interessiert und beunruhigt uns einzig das Schicksal unserer 60 000 jüdischen Mitbürger, deren brüderliches Empfinden und höfliche Zuvorkommenheit sowie wirtschaft-

---

4 Galater 3, 28., Die Bibel oder die ganze Heilige Schrift des Alten und Neuen Testamentes nach der deutschen Übersetzung D. Martin Luthers, Bibelgesellschaft, Basel 1946, S. 219.

liche Tüchtigkeit und fortschrittliches Denken wir in Zeiten der Not und der Freude schätzen gelernt haben und deren Patriotismus als wichtigste Haltung wir hoch achten. Dieser aufopferungsbereite Patriotismus wird durch die hohe Zahl an jüdischen Opfern in den jüngsten Feldzügen zur Verteidigung der nationalen Unabhängigkeit bestätigt.

Wir hoffen, dass die Besatzungsbehörden sich rechtzeitig der Zwecklosigkeit dieser Verfolgungen, speziell jener der griechischen Juden, bewusst werden, die zu den friedliebendsten und produktivsten Einwohnern dieses Landes gehören.

Sollten die Besatzungsbehörden aber, entgegen unserer Hoffnung, auf der Vertreibung bestehen, so meinen wir, dass die Regierung, als Träger noch verbleibender Gewalt im Lande, sich klar dagegen aussprechen sollte, um der fremden Besatzung die ganze Verantwortung für dieses offenkundige Unrecht anzulasten. Denn wir denken, dass niemand vergessen darf, dass alle Taten während dieser schwierigen Zeiten, auch jene, die außerhalb unseres Willens und unserer Macht liegen, eines Tages von der Nation in einer historischen Abrechnung gebührend untersucht werden. Im Augenblick des Urteils wird im Gewissen der Nation die moralische Verantwortung der Herrschenden von großem Gewicht sein, falls diese es unterlassen, durch großherzige und mutige Zeichen die einhellige Gegnerschaft der Nation zu artikulieren gegen all jene Taten, welche die nationale Einheit und Würde betreffen wie die soeben begonnene Vertreibung von griechischen Juden.

Mit Hochachtung
Erzbischof Damaskinós.«

Es folgen dreißig Unterschriften von Rektoren und Präsidenten höherer griechischer Schulen.

Es sind acht Monate vergangen, seit Liliane Réina im Kloster zurückgelassen hatte. Acht Monate, in denen Menschen durch Feuer, Schmerz und Verzweiflung gingen. Die menschlichen Beziehungen waren durch die Ereignisse auseinandergesprengt worden. Alle geistigen Werte von Grund auf vernichtet. Das Unterste wurde nach oben gekehrt. Acht Monate, in denen Alberto nichts von seiner Frau und seiner Tochter erfahren hat. Und Edda wusste nichts von Alberto und Réina.

Das Mädchen lebte friedlich und sorglos, suchte wie alle Kinder nach einem Vorbild, um sich zu orientieren und seine Identität zu formen. Noch immer war sein Leben zwischen dem Kloster und dem Haus der Familie Citterich auf eine ausgewogene Weise geteilt. Irgendetwas lauerte in seinem Unterbewussten. Eine vage Erinnerung im kindlichen Kopf. Die Gestalt seiner Mutter. Eine Erinnerung an den Vater war kaum vorstellbar. Die Seele des Mädchens blühte in der gütigen Umgebung der Frauen auf.

Bis es plötzlich, eines Nachts, schwer erkrankte. Ein heftiges Fieber brachte den kleinen Körper zum Glühen, und die schwache Brust zitterte. Für Sœur Josèphe geriet die Welt aus den Fugen. Sie betete ununterbrochen und flehte die Muttergottes an, sich der Kleinen zu erbarmen. Endlose Nächte verbrachte sie neben der vergötterten Gilberta. Sie wollte ihren Platz nicht einmal verlassen, wenn die liebevolle Lina sie ablöste.

»Ich kann ohnehin nicht schlafen. Ich will in ihrer Nähe sein.«

Die kleine Klinik, in die sie Réina gebracht hatten, verfügte nicht über viele Hilfsmittel, aber die Ärzte taten alles zu ihrer Rettung. Es war etwas Besonderes mit diesem Mädchen. Ein Leuchten der Stirn, ein Glanz der Augen, irgendetwas Ungewöhnliches. Alle wollten zu seiner Rettung beitragen.

Das Wunder geschah. In den fast erloschenen Augen begann der Lebensfunke wieder zu leuchten, die ausgedorrten gelben Lippen fingen an, wieder die Röte der kindlichen Lebensfreude anzunehmen. Réina hatte ein zweites Mal überlebt. Gott hatte ihr ein Leben versprochen, wie ihrem Vater, der mitten im Seesturm gedacht hatte, sein Ende sei gekommen. Ein solches Wunder war auch ihrer Mutter geschehen, als der deutsche Offizier sie nicht erschießen konnte.

Alberto erwachte nach einem tiefen mehrstündigen Schlaf. Er wusste nicht einmal, wie viele Stunden es gewesen waren. Ein roter Schimmer war über den Horizont ausgebreitet und gab dem Himmel einen orientalischen Zauber.

Neben ihm schlief mit rhythmischen Atembewegungen Náwlos. Etwas weiter lag Nikítas in einen tiefen lustvollen Schlaf versunken. Nikolò war am Steuerruder. Der abgeflaute Seewind brachte einen Duft von salziger

Frische und wiegte das Boot. Die Möwen folgten über dem Schiffsheck und mimten mit ihrem Flügelschlag die Bewegung der Wellen.

Alberto stand auf. Dieses so liebliche Erwachen breitete ein Wohlgefühl in ihm aus. Er hatte Hunger und sehnte sich nach einem Stückchen Maisbrot und einem Schluck Kaffee, sei er auch aus Hafer oder Kichererbsen gebraut. Er bewegte sich aber nicht, um den Kapitän nicht zu wecken. Lange Zeit blieb er bewegungslos. Auf einmal sehnte er sich gierig nach einer Zigarette. Er holte den Tabak aus seiner Tasche und drehte die Zigarette. Aber das Anzünden war ein großes Problem. Der Docht des Feuerzeugs war nass. Er wurde immer unruhiger, versuchte auf verschiedene Arten, ein Streichholz anzuzünden. An der Schuhsohle, auf deren Seite, er drehte und drehte sich, bis er Náwlos aufweckte. Alberto genierte sich sehr.

»Verzeih mir, Kapitän«, sagte er ganz scheu.

»Du Partisan, was ist in dich gefahren? Ist der Teufel persönlich in dich gekrochen oder sonst ein Dämon? Du bringst noch das Boot zum Kippen.«

Alberto verharrte mit gesenktem Kopf, doch Náwlos bereute seine Worte.

»Nimm es nicht so wörtlich«, sagte er ihm väterlich. »Es war ohnehin höchste Zeit, dass ich Nikolò ablöse. Er ist sterbensmüde nach all den Stunden am Ruder. Heee, Nikolò! Mach uns zwei meisterhafte Kaffee, so wie es nur du verstehst, damit wir unsere Augen ganz öffnen können. Dann leg du dich endlich auf den Rücken.«

»Wie du wünschest, Kapitän!«, sagte Nikolò, der sehr übermüdet wirkte, voller Freude. »Aber das Focksegel, Kapitän, ist ganz zerfetzt. Es muss genäht werden.«

»Lass es sein, es macht nichts«, sagte Náwlos. »Das Meer hat sich beruhigt, wir werden problemlos bis zum Hafen fahren können. Wenn wir, so Gott will, angelegt haben, können wir es flicken. Aber wir werden verspätet sein, vielleicht drei ganze Stunden. Das Teufelswetter hat uns zurückgeworfen.«

Mitternacht war längst vorbei, aber Edda und Susann dachten noch nicht daran, ihr Gespräch zu unterbrechen und sich schlafen zulegen. Sie wollten nichts von all dem, was sie getrennt erlebt hatten, auslassen.

Susann schluchzte, als sie stückweise von den Leiden ihrer Schwester und ihrer Familie in Thessaloníki hörte. Von den unaufhörlichen Qualen, den Ermordungen, den vollgestopften Zügen, die ins Ungewisse fuhren. In Athen war es ganz anders gewesen. Noch bis vor Kurzem, solange die Italiener das Sagen hatten, war alles Leiden, außer dem großen Mangel an Lebensmitteln, in weiter, weiter Ferne gewesen.

Eines der ersten Opfer der deutschen Gewalt ist Susanns Mann Pépo gewesen, der an einer Straßensperre hingerichtet wurde.

»Gut, dass wir uns wiedergefunden haben, Susann, gut, dass wir uns wiederfanden«, sagte Edda und drückte ihre Schwester fest in ihre Arme, um sie zu trösten.

Im Nebenraum schlief Kornílios. Nach einem warmen Bad und einer guten Mahlzeit hatte er sich zu einem wohlverdienten tiefen Schlaf hingelegt.

»Lass uns jetzt auch schlafen gehen«, sagte Susann besorgt. »Du bist sehr müde, mein Schwesterherz. Wir haben noch viel Zeit vor uns zum Erzählen.«

Der Hotelier war beunruhigt, weil die jüdischen Familien und der Deutsche so lange weggeblieben waren, und machte sich auf die Suche. Die Abenddämmerung hatte schon begonnen, und die Bäume warfen große dunkle Schatten. Eine merkwürdige Stille hatte die Landschaft verwandelt. Als hätte Gott ihn anderswohin versetzt. An einen Ort der Verdammnis. Sein Herz klopfte.

»Was wollte er mit ihnen?«, dachte er bei sich. »Was konnte er noch von ihnen wollen, nachdem er ihnen alles abgenommen hatte. Alles! Sogar ihre Ringe. Was soll er mit ihren Fingern anfangen ohne die Ringe, mit ihren Ohren ohne Ohrringe? Sie haben gar kein Geld mehr.«

Kaum hatte er dies gedacht, dröhnte wild und hart das Gebrüll des Deutschen, das ihn erschaudern ließ. Schnell versteckte er sich hinter einem dicken Baumstamm. Von dort aus sah er die grausamen Folgen der Hinrichtung.

»Deutschland über alles! Heil Hitler!«, brüllte der Nazi.

Der Hotelier fühlte, dass seine Beine wie gelähmt waren, er konnte nicht fortrennen und das fürchterliche Geschehen hinter sich lassen. Er begann, sich zu bekreuzigen.

»Madonna mia! Santa Maria! Cosa ha fatto il pazzo. Cosa ha fatto, Dio mio!« (Muttergottes! Heilige Jungfrau! Was hat er getan, der Irre. Was tat er, mein Gott!)

Lange blieb er so erstarrt und zitternd stehen. Als er sich ein wenig erholt hatte, rannte er mit allen Kräften zum Hotel zurück und griff nach dem Telefon.

Mit unzusammenhängenden Sätzen versuchte er, der Polizei das Geschehene zu beschreiben. Bald kamen vier Carabinieri ins Hotel. Er führte sie an den Ort der Hinrichtungen. Der Deutsche war verschwunden. Die Italiener nahmen ihre Mützen ab und beteten.

»Sie haben die Welt ins Unglück gestürzt!«, sagte wutentbrannt einer der Carabinieri. »Diese Mörder werden uns alle vernichten. Niemand wird übrig bleiben. Und unser Idiot, Mussolini, hat sich mit ihnen verbündet. Als würden diese Bestien Verträge ernst nehmen.«

Er hielt brüsk inne. Er fürchtete, zu weit gegangen zu sein, zu viel gesagt zu haben. Aber alle anderen nickten ihm zu.

»Wir müssen sie beerdigen. Sie haben ein Grab verdient.«

Es war drei Uhr nachmittags. Die Sonne brütete über dem Boot. Das Meer war ein sanfter Spiegel. Wasserspritzer befeuchteten hier und da Albertos Gesicht. Eine friedliche Ruhe wärmte sein Blut. Als hätten letzte Nacht nicht tausend Blitze und berghohe Wellen versucht, das Boot zu versenken.

Sie hatten soeben zwei sehr große Fische verspeist, die Nikolò gefangen und Náwlos auf Holzkohlen gegrillt hatte. Dazu Maisbrot und Oliven. Und Sesamölpastete als Nachspeise. Náwlos war guter Laune und gesprächig.

»Wenn es so weitergeht, sind wir in drei Stunden in Piräus. Wir fahren aber nicht in den Hafen ein. Wir ankern draußen, und morgen, so Gott will«, sagte er wieder mit seinem spöttischen Lachen, »wirst auch du, heiliger Abt, zur Messe gehen können. Das Einzige, was mich stört, ist, dass wir noch keinem Teufel begegnet sind, den du mit dem Gebet vertrieben hättest.«

Ein lang gedehntes Lachen erschütterte seine Brust.

»Beherrschst du das Vaterunser gut? Oder brauchst du Nachhilfeunterricht?«

Alberto starrte ihn voller Bewunderung an. Ein Held in schwierigen Augenblicken und sonst liebenswürdig und gutmütig wie ein Kind. Spontane Gefühlsausbrüche unterbrachen sein mitreißendes Erzählen.

»Gäbe es ein paar Tausend wie ihn«, sinnierte Alberto, »wäre die Welt um einiges besser.«

Náwlos wartete noch immer lachend auf eine Antwort.

»In Ordnung mit dem Vaterunser, Kapitän. Zermürb dich nicht. Ich war auch schon in einer Kirche und kenne mich aus.«

»Sehr gut. Gott segne dich. Und wenn du denen begegnest, sag ein paar Vaterunser und spuck auch zur Seite, um das Böse zu vertreiben.«

Der Himmel kleidete sich jetzt in Abendrot, das sich auf den Wellen spiegelte. Die Stimmung lockerte alle Gemüter. Nikolò holte vorsichtig aus einem Säckchen eine kleine Flöte hervor und begann eine sehnsuchtsvolle mazedonische Melodie zu spielen. Alberto begann mit seiner Bassstimme ein Lied dazu zu singen.

»So ist es recht, meine Helden«, sagte Náwlos. »So gefallt ihr mir. Unsere Heimat ist nicht umzubringen. Ihr werdet noch an mich denken!«

■ *Die Athener Juden verstecken sich. Überall wimmelt es von Verrätern, die einen überentwickelten Geruchssinn besitzen. Sie wollen möglichst viele Juden entdecken, um bei der SS nicht in Misskredit zu geraten. Die Gunst ist proportional zur täglichen Zahl von Verratenen. Sie wollen ihren Herren treu dienen und zeigen großen Eifer. Sie entdecken und bringen den Deutschen eine Menge »versteckter« Juden. So verstecken sich jetzt auch die Athener Juden überall und auf trickreiche Arten. Sie verkleiden sich, wechseln öfters ihren Wohnsitz. Sie spähen auf der Straße nach links und nach rechts und rennen rasch davon, auch bei einem unschuldigen Blick, den sie missdeuten.*

Die Gefangenen von Athen und Umgebung werden ins Militärlager von Haïdári geführt, wo Folterung, Entwürdigung und Hunger auf sie warten. Es sind alle Alter vertreten, vom Säugling bis zum Greis. Die Deutschen lassen sie ihren für sie völlig unverständlichen abgrundtiefen Hass spüren. Niemand ist in ihrer Nähe, der sich ihrer erbarmt und sie beschützt. Jede Nacht ist ein Albtraum, und niemand weiß, ob er den nächsten Morgen sehen wird.

Die Athener Juden sind für die deutschen Henker besonders wichtig, da sie schwer aufzuspüren und festzunehmen sind. Leicht kann man sie übersehen, da sie sich in nichts von den übrigen Athenern unterscheiden, auch ihr Griechisch klingt wie das eines jeden andern. Das Einzige, was sie verraten kann, ist ihre Angst. Ein schwer zu versteckender Schrecken, noch größer als der ihrer Vorfahren, die sich vor den päpstlichen Verfolgungen zu retten versuchten. Damals gab es immerhin noch so etwas wie einen Prozess, ein Verhör, eine Verhandlung, ein Urteil. Jetzt gibt es nicht einmal einen verhüllten Anschein von Gerechtigkeit. Kein Verfahren. Für die Deutschen ist ein Jude ein verbrecherisches wildes Tier, das aufgespürt, gejagt und gnadenlos hingerichtet werden muss.

Viele Athener Juden können dank dem Mitgefühl einfacher Menschen überleben, die sie trotz eigener Gefährdung bei sich aufnehmen. Diese Retter sind in der Regel selber bettelarm und teilen die kargen Mahlzeiten ihrer Familien mit den Verfolgten.

Die meisten Juden haben Athen verlassen und sind überall in der Provinz verstreut. Einigen gelingt es, bis zu den türkischen Küsten zu gelangen. Ein großer Teil unter ihnen ist im Besitz der begehrten gefälschten Identitätskarte.

In die Hände der Deutschen fallen die Naiven, die an deren Versprechungen glauben und sich erneut in die Gemeindelisten eintragen lassen, oder jene, welche die Verräter auftreiben. Oft aber verraten sie sich selber durch ihr ängstliches, unübliches Verhalten, durch ihre Lebensgewohnheiten, ihre Kontakte und ihre Worte.

Die Panik durchkreuzt immer wieder ihre Tarnungsbemühungen und unterwandert die Logik in ihrem Verhalten.

Das Schicksal ihrer Glaubensbrüder in Thessaloniki erlaubt ihnen überhaupt keinen Zweifel mehr darüber, was die Nazis mit den Juden vorhaben. Aber sie sind es gewohnt, die Gesetze des Staates zu befolgen, und das Gesetz der Besatzungsmacht schreibt ihnen vor, sich in die Gemeindelisten einzutragen. Sie stehen vor dem verwirrenden Dilemma zwischen Gesetzestreue, die unter den herrschenden Bedingungen gleichbedeutend mit dem Mitunterschreiben ihres Todesurteils ist, und Nichtbefolgung des Gesetzes und Untertauchen, um unter ständiger Bedrohung und gnadenlosem Gejagtsein schließlich wenigstens die nackte Haut retten zu können.

Das Boot von Náwlos erreichte Piräus und wartete außerhalb des Hafens. Es dämmerte schon. Zwei riesige deutsche Kriegsschiffe ankerten mitten im Hafenbecken. Von Weitem hörte man Tanzmusik, durchmischt mit Stimmen und Gelächter.

»Die Teufel vergnügen sich. Sie verbrennen die Erde und feiern es. Hätte ich ein Torpedo, würde ich sie in den Meeresgrund befördern als Vorspeise für die Fische. Die Welt würde so ein wenig gesäubert«, meinte Náwlos, und in seinem Blick blitzte das Feuer der Rache auf.

»Beruhige dich, Kapitän«, mischte sich der junge Nikítas mutig ein, der Náwlos' »Appetit« auf die deutschen Besatzer gut kannte. »Du sagst doch immer, den Wolf tötet man im Schlaf.«

»Und wenn er betrunken ist, ertränkt man ihn«, lachte Náwlos, der große Lust verspürte, etwas zu unternehmen. »Hier sind wir am richtigen Platz. Man sieht uns nicht. Lass den Anker los, Nikolò, und wir werden sehen, wie es weitergeht. Und vergiss nicht, nachher den Rakì und, was es an Leckerbissen hat, zu bringen, damit wir ihnen zeigen können, was richtiges Feiern ist.«

»Schon geschehen, Kapitän«, sagte Nikolò erheitert. »Was immer du sagst.« Und er erwies ihm die Referenz, indem er wie ein Matrose vor dem Schiffskommandanten seine Hand an die Mütze hob.

Edda schlief sehr unruhig trotz der großen Müdigkeit. Die lange Reise war, bis auf das schreckliche Erlebnis mit dem deutschen Offizier, friedlich verlaufen.

Trotz des glücklichen Zusammentreffens mit ihrer Schwester wuchsen ihre Sorgen. Sie war so weit weg von Thessaloníki, von ihrer Tochter, von ihrem Mann! Wann würde sie ihre beiden Lieben wieder sehen? Wird dieser verdammte Krieg je ein Ende haben? Und danach, wie würde es danach aussehen? Kann man überhaupt hoffen, dass sich etwas zum Guten wendet?

Hier in Athen begannen alle diese Fragen sie gleichzeitig zu beschäftigen. Mit dem gefälschten Ausweis, der sie als Kornílios' Ehefrau ausgab, konnte sie sich einigermaßen frei bewegen, eine Gefahr war aber ihre Sprache, denn sie betonte das Griechisch wie die sephardischen Juden, was die Spitzel leicht erkennen konnten.

Das Denken an ihre Tochter ließ ihr mütterliches Herz bangen. Immer dachte sie an ihr Mädchen und erwartete ihre Rückkehr. Diese Trennung zermürbte sie. Auch nach ihrem Mann sehnte sie sich, aber das war etwas ganz anderes.

Alberto war ein kräftiger und weitblickender Mann. Es sollte ihm gelingen können, sich zu retten, falls kein außerordentliches Unglück ihn vernichtete. Sie erinnerte sich an die kurze Zeit mit ihm, und Zärtlichkeit durchflutete ihren Körper. Sein Lachen! Seine Späße! Seine Umarmung! Seine Küsse! Würde sie ihn jemals wiedersehen? Wann? Der brennende Druck, der ihre Brust zusammenpresste, und ein Würgen im Hals hinderten sie am Schlafen. So viele Erinnerungen, so viele Gemeinsamkeiten.

»Wie konnte es so weit kommen! Mein Gott, wie konnte all dies geschehen?«

Ein befreiendes Schluchzen und strömende Tränen brachten ihr etwas Erleichterung, und sie konnte im Morgengrauen endlich einschlafen.

»Bedenkt mal«, sagte Alberto, der nach dem Rakì und dem bescheidenen Imbiss Lust zum Philosophieren hatte. »Denkt mal darüber nach. Wir sind auf unserem Meer, in unserem Hafen und müssen uns wie Gesetzlose verstecken. Wir essen Maisbrot, und jene dort essen Kaviar und trinken Champagner und alles, was sie uns gestohlen haben.«

»Sieh mal zu!«, setzte Náwlos ein, dessen Zunge rasch gelöst war. »Diese Schufte! Ihre Diener sollen wir sein? Sie werden schon noch spüren, was die Diener ihren Herrscherschnauzen antun können. Sie werden sich nicht wiedererkennen ... Du wirst noch an mich denken, Partisan. Hoffentlich lebe ich noch, um es zu sehen. Mit den Griechen werden sie nicht so rasch fertig. Diese Teufel werden noch lange an uns denken.«

»Die ewige Schwäche des unschuldigen Bürgers, der keine Verteidigungsstrukturen gegen den monolithischen Faschismus entwickelt hat, brachte uns in diese miese Lage, Kapetàn Náwlo«, sagte Alberto in seinem juristischen Skeptizismus.

»Ich verstehe deine Anwaltssprache nicht. Meine Schule hat mich nur zwei, drei Dinge schreiben gelehrt. Eines aber kann ich dir mit Bestimmtheit sagen. Der Grieche gibt sich nicht auf. Er akzeptiert die

Unfreiheit nie. Er wartet auf den rechten Augenblick und schlägt zurück. Er hat das Osmanenreich besiegt, soll er nun die Hunnen fürchten? Für uns, das musst du ganz begreifen, steht das eigene Leben nicht über der Freiheit. Ohne Freiheit leben wir nicht!«

Náwlos sagte noch vieles. Seine Zunge war vom Rakí beflügelt. Aber die Augenlider von Alberto senkten sich immer häufiger über seinem Blick. Der Kapitän schwieg ohne Kommentar und legte sich auf die Decke.

Es war drei Uhr morgens, als zwei grelle Lampen das Boot anstrahlten. Deutsche Zischlaute zerbrachen die nächtliche Stille. Bevor die Schlafenden reagieren konnten, waren die Deutschen schon im Boot und brachten es mit ihrem groben Aufsprung fast zum Kentern. Náwlos blickte mit noch verschlafenen Augen um sich, während Alberto rasch seine Mönchskutte glättete und die Schuhe über seine nackten Füße zog. Nikolò und Nikíta rieben sich die Augen.

Mit den Deutschen kam auch einer von jenen Griechen, die Náwlos als den »faulen Samen« der Nation bezeichnete, der nun den richtigen Boden gefunden hat, um zu keimen.

»Eure Papiere! Alle! Und die Reisegenehmigung!«, sagte der Spitzel.

Náwlos ging zum Steuerruder, öffnete eine Kiste, nahm die Papiere heraus und gab sie ihm.

»Was treibst du hier in diesen Gewässern?«, fragte der Verräter misstrauisch herumblickend. »Hier findest du keinen Fisch. Und falls du verkaufen willst, wo sind deine Fische?«

Náwlos musste sich sehr beherrschen, um ihn nicht zu beschimpfen und gleichzeitig darüber zu lachen. Aber er sagte ruhig:

»Ich habe einen speziellen Passierschein. Sie halten ihn in Ihrer Hand. Meine Mutter in Athen ist schwer erkrankt. Ich brachte auch den Mönch mit für die Beichte. Er hat zudem ein Gelübde einzulösen bei der Muttergottes der Schnellfüßigen.«

Der Spitzel wusste nicht, wo diese Kirche war, die Náwlos soeben erfunden hatte, ob es sie überhaupt gab. Irgendetwas gefiel ihm nicht. Er schaute gründlich prüfend auf Alberto, der still daneben stand.

Plötzlich realisierte Alberto, dass er etwas sagen musste, um Náwlos zu helfen.

»Die Hunderttürige, mein Sohn«, korrigierte er ihn. »Hunderttürig, nicht schnellfüßig! Morgen ist der Feiertag der Heiligen. Unser heiliger Abt schickte mich zu ihrer Anbetung.«

Er hatte keine Ahnung, woher er überhaupt diesen Beinamen der Muttergottes kannte. Irgendwann muss er ihn gelesen haben.

Der Verräter trat etwas zurück, um Alberto besser prüfen zu können. Etwas stimmte für ihn einfach nicht. Auch Alberto wich vorsichtig etwas zurück, um die übergroßen Schuhe zu verstecken, die nur an Náwlos' Riesenfüße passten. Der Spitzel schob seinen prüfenden Blick nicht von Alberto weg. Sein kurzer kastanienbrauner Flaum irritierte ihn.

»Bist du neu eingetreten?«

»Jawohl, mein Sohn«, gab ihm Alberto bereitwillig Auskunft. »Ich war schon von klein auf versprochen, aber erst jetzt erlaubte es der Herr. Ich hatte für eine schwerkranke Mutter und jüngere Geschwister zu sorgen.«

Trotz des verborgenen Spottes klang alles so ruhig und überzeugend, dass sogar Náwlos Alberto bewundernd anstarrte.

Die Deutschen schauten schweigend zu. Lange ließen sie den Spitzel gewähren. Jetzt aber, da Alberto sie mit dem Zeichen des Kreuzes segnete, beugten sie den Kopf und bekreuzigten sich. Der eine bückte sich sogar und küsste Albertos Hand.

Náwlos hatte große Mühe, das Lachen zu unterdrücken. Doch der Verräter hatte sich noch nicht beruhigt, musste aber schließlich seinen Herren folgen, die einer nach dem andern in ihr Boot hinübersprangen.

Als sie weit genug entfernt waren, brach Náwlos in schallendes Gelächter aus.

»Gott erhalte dich gesund, mein Partisan. Du sollst lange leben, du hast mich so zum Lachen gebracht. Du bist ein Tausendsassa. Deshalb verstehen wir uns so glänzend. Bei dieser Hetzjagd muss man sich etwas einfallen lassen, sonst ist die Rasse bald ausgestorben.« Und er lachte und lachte weiter und hielt sich den Bauch. »Hundertürige! Mein Gott, wie bist du darauf gekommen? Diese Muttergottes ist in Páros. Und dein ›Mein Sohn, mein Sohn!‹ und die weiten Kreuze, die du so großzügig schlägst. Alle perfekt! Du bist ein guter Mönch, ein glänzender Schauspieler. Und sollte es einmal nicht klappen mit der Juristerei, keine Sorge, du hast eine Berufung!«

Noch lange hielt die Bewunderungsrede von Náwlos an, während Alberto sich bewusst wurde, dass er dem sicheren Tod einmal mehr entkommen war. Das Schicksal gönnte ihm offenbar noch etwas Leben.

Unwillkürlich dachte er mit großer Sehnsucht an Edda. Würde er sie in Athen finden, so war Gott bestimmt an seiner Seite.

Susann stand als Erste auf. Ihre Schwester und Kornílios schliefen noch. Sie bereitete das Frühstück vor. Maisbrot, Kaffee aus Hafer mit Kandiszucker, kleine Oliven und etwas zu jener Zeit sehr Seltenes, etwas, das man kaum auftreiben konnte: Milchpulver. Sie löste es vorsichtig in warmem Wasser auf. Sie wollte ihre Schwester, aber auch Kornílios etwas Besonderes anbieten.

Zuerst erschien Kornílios, gut ausgeschlafen, in einer langen Baumwollhose und mit einer bestickten Weste mit glänzenden, kreuzweise angenähten Knöpfen. Er strahlte. Im Hinterhof trocknete an der Leine seine gestrige Kleidung, die er nach seinem Bad gewaschen hatte.

»Entschuldige, Herrin. Kann ich ins Bad gehen, um mich etwas zu erfrischen, oder ist jemand anders dort?«

»Geh nur, geh, Kornílios«, antwortete Susann. »Meine Schwester schläft noch.«

Kurz danach kam er zurück, sauber und frisch rasiert. Es tat ihm leid, dass er Edda hatte warten lassen, denn sie stand vor der Tür.

»Hast du lange warten müssen, Herrin? Verzeih mir!«

»Mach dir keine Sorgen, ich hab es nicht eilig«, entgegnete sie liebevoll. Er bemerkte um ihre Mandelaugen große Ringschatten, die bezeugten, dass sie schlecht geschlafen hatte.

Kornílios war beunruhigt, ein großes Mitgefühl breitete sich auf seinem Gesicht aus.

Alberto umarmte Náwlos, Nikolò und Nikíta.

»Niemals werde ich eure große Hilfe vergessen«, sagte er bewegt.

»Mögest du bald mit deiner Frau zusammentreffen, und so Gott will, sehen wir uns wieder«, sagte Náwlos und wischte sich mit dem Handrücken sein Gesicht, das von Schweiß und Tränen nass geworden war. »Du wirst dem Tod entwischen, hab keine Angst. Du hast das Herz und den scharfen Verstand, um zu überleben. Ich sorge mich nicht um dich. Du brauchst niemandes Hilfe. Allein bist du am stärksten.«

Alberto kannte sich in Athen gut aus. Er war öfters hier gewesen vor dem Krieg. Er nahm die Untergrundbahn und stieg am Omónia-Platz aus. Überall sah er verhungernde und elende Menschen herumliegen, in Lumpen gekleidet mit einer ausgestreckten Hand, zu kraftlos, um noch betteln zu können. Er senkte die Augen, wollte all dies nicht sehen. Schnellen Schrittes ging er die Piräus-Straße hinunter bis zum Koumoundoúrou-Platz. Er hielt kurz an, um Atem zu schöpfen. Eine warme, dicke Luft machte das Atmen beschwerlich. Abfälle und Menschen überall nebeneinander. Überall Elend, endloses Unglück.

»Bestien!«, flüsterte er vor sich hin, »Bestien! Einmal müsst ihr dafür bezahlen.«

Sein Herz wurde immer schwerer beim Anblick dieses grenzenlosen Unrechts. Viele Menschen ergriffen in ihrer Verzweiflung seine Mönchshand und küssten sie. Und er berührte ihren Kopf und segnete sie.

»Könnten sie bloß ahnen!«, dachte er. »Aber was kann das noch bedeuten? Die Menschen brauchen Trost, das benötigen sie am meisten. Wenn du ihren Schmerz mitempfindest, so spüren sie es.«

Liebe und Gerechtigkeit für die Menschen erfüllten ihn.

Kornílios nahm aus seiner Tasche ein paar Datteln, ein Stück Bauernwurst und Sesamölpastete und legte sie stolz auf den Tisch.

»Was soll all dies?«, fragte Susann beim Anblick dieser höchst begehrten Lebensmittel. »Willst du sie nicht lieber für dich behalten?«

»Sorg dich nicht um mich, Herrin. Ich kaufe und verkaufe, finde immer wieder etwas.«

Während sie im kleinen Vorhof saßen, an ihrem Kaffee schlürften und Kornílios' Leckerbissen kosteten, erschien Alberto vor dem Haus seiner Schwägerin. Er sah sie, hielt ein paar Schritte gegenüber an und schaute auf das Geschehen. Die Gegenwart eines Fremden ließ ihn etwas zögern, bevor er eintrat.

»Was starrt uns dieser Priester so an?«, sagte Susann beunruhigt.

»Es ist ein Mönch«, bemerkte Kornílios.

»Er erinnert mich an jemanden«, flüsterte Edda.

»Er hat gewiss Hunger«, stellte Kornílios mitfühlend fest.

Susann erhob sich und ging zu ihm.

»Kommen Sie nur. Wir wollen Ihnen etwas anbieten« sagte sie zuvorkommend.

Als sie ihm aber aus der Nähe ins Gesicht schaute, erkannte sie hinter dem Bart und der Kutte, die ihm bis auf die Augenbrauen fiel, ihren Schwager.

»Alberto! Albertíko!«, rief sie und stürzte sich auf ihn. »A Dio! Stas buéno, regalado?«, (O, Gott! Geht es dir gut, mein Lieber?) »Querido mio! Bien venido!« (Wir sorgten uns um dich! Sei willkommen!)

Alberto suchte aus der Umarmung seiner Schwägerin heraus sehnsüchtig Eddas Blick. Sie aber blieb stumm und erstarrt wie eine Salzsäule.

Ihr ganzes Leben war in Rauch aufgelöst, war fortgeweht worden. Was einzig übrig blieb, war dieser unwirkliche Augenblick. Seligkeit strömte in sie wie ein Herbstregen auf die dürren Blätter. Sie breitete ihre Arme aus, aber ihre Stimme tönte nicht.

Alberto befreite sich aus den Armen der Schwägerin und eilte zu ihr, in ihre Umarmung. Er streichelte sie und flüsterte ihr Liebkosungen zu.

Sie streichelte ihn durch die Mönchskutte hindurch, küsste seine Haare, sein Gesicht. Alle Liebesworte der spanischen und griechischen Sprache reichten an diesem warmen Frühlingsmorgen nicht aus, um die wieder befreite Liebe und Zärtlichkeit auszudrücken.

Kornílios stand ratlos am Rande der rührenden Familienszene. Sein Kindergesicht war feuerrot geworden vom Mitgefühl. Aber er fühlte sich unbeteiligt und überflüssig.

Alberto fragte Edda etwas beunruhigt:

»Quien es este?« (Wer ist das?)

Edda näherte sich Kornílios und streichelte ihn am Rücken.

In kurzen, eiligen, schnell gesprochenen Sätzen berichtete sie Alberto von der Reise und von allem, was dieser gütige Mensch für sie getan hatte. Von dessen Freundlichkeit und Höflichkeit. Vom Schutz, den er ihr geboten hatte. Dass sie noch am Leben sei, verdanke sie seiner Großzügigkeit und Selbstlosigkeit.

Alberto sah ihn mit dankbaren Augen an und drückte ihm herzlich die Hand.

»Du bist ein Held, Genosse. Wir werden nie vergessen, was du für uns getan hast.«

Trotz all der rührenden Worte fühlte Kornílios, dass zwischen den beiden kein Platz mehr für ihn sei. Edda war nun unter dem Schutzschild ihrer Familie. Ihr Herr hatte sie wiedergefunden. Kornílios hatte seinen Auftrag erfüllt.

»Ich muss jetzt auch weiterziehen«, sagte er schüchtern, ohne Edda in die Augen zu schauen.

Sie fühlte sich verlassen, hatte sich an seine Nähe gewöhnt, wollte sich nicht so brüsk von ihm trennen.

»Bleib, Kornílios«, sagte sie stockend. »Bleib zwei, drei Tage, um auszuruhen, ich bitte dich darum.«

Aber Kornílios war entschlossen.

»Es genügt, Herrin. Erbarm dich meiner«, sagte er traurig. »Vergiss nicht, dass ich noch einen weiten Weg vor mir habe. Und die Arbeit wartet auch.«

Edda begriff, dass es vergeblich wäre, ihn weiter zu bitten. Sie blickte ihn lange von oben bis unten an, als wollte sie sich sein Bild für immer einprägen. Sein rundes Kindergesicht, seine unruhigen Augen. Seinen starken jungen Körper, den er vor sie stellen würde, um sie zu schützen. Seine menschliche Wärme.

Alberto bemerkte dieses flüchtige Verlangen seiner Frau. Das Stück ihres Lebens, das er verloren hatte, war, genau wie seines, von Wunden übersät. Viele Überraschungen, viele Gefühle, die sie mit viel Geduld, viel Liebe und viel Schmerz voreinander ausbreiten würden.

Kornílios drückte allen höflich die Hand, Edda zuletzt. Dieser Abschied war für ihn der härteste seines Lebens.

Sie umarmte ihn und küsste ihn auf die Wangen. Eine große Last bedrückte ihr Herz. Plötzlich fiel ihr aber etwas Wichtiges ein, und sie rief ihm zu:

»Warte noch! Fast hätte ich es vergessen!« Und sie rannte davon und kehrte mit einem Säckchen Goldstücke zurück. Sie legte es in seine Hand. Kornílios hatte nicht die ganze Bezahlung im Voraus angenommen.

»Behalte du die Hälfte, Herrin. Wir wissen nicht, was unterwegs passiert. Kommen wir gut an, kannst du mir den Rest noch geben …«, hatte er ihr damals gesagt.

»Das gehört dir! Ich werde nie vergessen, was du alles für mich getan hast.«

Seine Augenlider waren gesenkt, als er die Tränen zurückhielt. Er blickte kurz auf das Säckchen, das sie ihm gegeben hatte, dann legte er es in ihre Hände zurück.

»Behalte du es, Herrin. Es ist genug, was du mir schon gegeben hast. Sorge dich nicht um mich. Ich habe nur meine eigene Haut und werde schon durchkommen.«

Alle blieben sprachlos vor dieser Großzügigkeit. Edda hatte Mühe, ihr Schluchzen zu unterdrücken. Sie war erschüttert.

»Ich kann das nicht, Kornílie, ich kann es nicht behalten«, sagte sie mit schwacher Stimme. »Es war so abgemacht! … du hast so viel für mich getan! …«

»Ich bitte dich, Herrin, behalte es. Nimm es an als Geschenk, um dich an mich zu erinnern«, sagte er und errötete noch mehr, während die Stimme seine Zuneigung und Fürsorge verriet.

»Ich werde mich an dich erinnern, Kornílie. Nie werde ich dich vergessen.«

Sie konnte nicht länger ihre Tränen unterdrücken, die nun über ihre schneeweißen Wangen glitten.

Er sagte gar nichts mehr, stieg auf den schon beladenen Esel, richtete sich stolz auf und trat, ohne sich noch einmal umzublicken, die große Reise an. Nach einiger Entfernung ließ auch er den Tränen freien Lauf, um sich zu erleichtern.

KAPITEL 7

Da Albertos Körper voller Läuse war, galt Eddas erste Fürsorge der Tilgung dieser lästigen Parasiten. Susann gab ihr ein kleines Gefäß mit Petroleum, und Edda machte sich daran, mit unendlicher Geduld, die Haare und den geschundenen Körper ihres geliebten Mannes einzureiben. Erst danach setzten sie sich hin und begannen mit endlosem Erzählen. Denn sie beide wollten die Erlebnisse des Partners mit allen Einzelheiten erfahren.

Er konnte sich an ihrem Anblick nicht satt sehen. Aufmerksam und mit wachsendem Staunen lauschte er ihren Erzählungen über das Ghetto, ihr kleines Töchterchen, die lange Reise mit Kornílios von Thessaloniki nach Athen. Er konnte es noch immer nicht fassen, dass seine geliebte Frau, die er schon tot geglaubt hatte, hier neben ihm saß.

Mit dem gleichen Verlangen wollte auch Edda alles von seinem Leben fern von ihr erfahren. Vom Widerstandskampf in den Bergen, von den Partisanen, die er dort kennengelernt hatte, von seiner Seereise. Alberto ging auf alle ihre Fragen ein und berichtete in allen Einzelheiten über Dionýsis und Náwlos. Sein Gesicht leuchtete jedes Mal auf, wenn er von seinen bewunderten Helden sprach.

Es begann zu tagen, und noch immer wollten sie sich nicht schlafen legen. Susann hatte für die beiden ihr eigenes Ehebett hergerichtet. Sie gönnte ihnen diese erneute erste Nacht, die sie beide durch eine Reise an den Abgrund des Todes verdient hatten.

Doch die Wiederbegegnung von Edda und Alberto war von einer ganz außergewöhnlichen Leidenschaft geprägt. Zwei gequälte Seelen trafen sich inmitten einer zerstörten Welt und liebten sich in aufwühlender Verzweiflung.

Er berührte sie wie etwas Göttliches. Etwas Unwirkliches. Er wusste noch immer nicht mit Gewissheit, ob Edda wirklich neben ihm war oder ob es sich um eine Täuschung, ein Trugbild seiner Fantasie handelte. Wie hatte er sich nach ihrem zarten Körper gesehnt! In den vielen Stunden der Verzweiflung, des Schmerzes und der Gefahr hatte er mit einem quälenden Begehren nach ihr verlangt, mehr noch als nach Wasser und Brot.

In dieser Liebe war jetzt alles enthalten: Sehnsucht und unstillbare Leidenschaft, göttlicher Segen und körperliche Lust. Sie berührte mit Andacht seine Haare, die vom Petroleum verklebt waren. Sie streichelte mit ihren sanften Fingern jede Wölbung seines Gesichtes von den Schläfen bis zum Kinn. Sie berührte seine Stirn, die Augenbrauen, die Lippen, jeden Flecken seines geschundenen Körpers. Und als sie den Liebesakt vollzogen, fühlte sie sich wie ein Embryo im schützenden Mutterschoss. Dort wollte sie verweilen, für immer mit ihm vereint bleiben, niemals sich von ihm entfernen. Und er empfand in dieser Umarmung eine höhere Gerechtigkeit. Kampferfahren, durch Feuer und Stahl gegangen, hatte er nun gelernt, die wirklich wertvollen Dinge zu schätzen, und er erfreute sich bewusst und uneingeschränkt an diesen.

Die Leidenschaft war von einem heftigen Schmerz durchdrungen. Sie blieb unkontrollierbar, denn sie war gleichzeitig endlos und vergänglich. Und sie beide wussten dies.

Die Sonne stand schon hoch, aber Edda und Alberto wollten noch immer nicht wach werden. Sie schliefen eng umschlungen, entspannt nach der Ungeduld und der Anstrengung ihrer Körper, die sich aneinander nicht sättigen konnten.

Susann bemühte sich, diese friedliche Ruhe nicht zu stören. Sie hatten Anspruch auf das himmlische Glück. Sobald sie ihre Augen öffneten, würden sie in diese irdische Hölle zurückkehren. Mögen sie, so lange wie möglich, in ihrem Paradies verweilen.

Edda stand als Erste auf und zeigte sich im Türrahmen, bildhübsch in ihrem weiten Nachthemd. Ihre Haut wirkte frisch wie die eines kleinen Kindes und erstrahlte unter der attischen Sonne in einem glückseligen

Schein. Die Liebesnacht hatte sie ganz verändert. Als hätte der Himmel sie mit seinem blauen Dunst eingehüllt.

»Was für Wunder kann die Liebe vollbringen«, dachte Susann.

Alberto erschien lautlos, auf seinen Zehenspitzen schreitend, hinter Edda und packte sie plötzlich an der Taille. Sie fuhr erschrocken zusammen, was bei ihm einen Lachanfall hervorrief.

»Narr! Ewiger Narr! Niemals wirst du Vernunft annehmen. Du wirst ewig derselbe bleiben«, sagte sie, und ihre Stimme bebte von zartem Verlangen.

Seine Sorglosigkeit, seine kindliche, aber gleichzeitig erotisch neckische Art hatte Edda immer besonders gemocht. Sie wollte jetzt diese Augenblicke in vollen Zügen genießen, um nicht an die unerbittlich harte Wirklichkeit denken zu müssen, so als wären sie frei und sorglos und für immer unsterblich verliebt.

■ *Die Leichtgläubigsten der Athener Juden meldeten sich jeden Freitag bei den Besatzungsbehörden, nachdem sie sich erneut in die Listen der jüdischen Gemeinde hatten eintragen lassen.*

Um so viele Juden wie möglich dazu anzustiften, zeigten sich die Deutschen von ihrer großzügigen Seite. Sie behandelten die Juden mit besonderem Wohlwollen, stellten ihnen Lebensmittel zur Verfügung, die auf dem Markt kaum mehr auffindbar waren.

So meldeten sich immer mehr Juden freiwillig, um sich in die Gemeindelisten eintragen zu lassen, nachdem sie von ihren Glaubensbrüdern überzeugt worden waren, dass die Deutschen nichts gegen die Athener Juden hatten und es somit unklug wäre, sich weiterhin zu verstecken. Ganz im Gegenteil, sie würden sich täglich einer tödlichen Gefahr aussetzen, wenn sie sich nicht in die Listen eintragen ließen. Entsprechende »Bekanntmachungen« hingen überall im ganzen Land an den Mauern und verkündeten, dass Zuwiderhandelnde standrechtlich erschossen würden. Sie trugen die Unterschrift des Chefs der Kommandantur Max Merten. Viele ließen sich von dieser »zuvorkommenden« Behandlung nicht täuschen, und sie versteckten sich noch besser als zuvor. Andere aber gaben ihre Verstecke auf und schrieben sich in die Gemeindelisten ein, besonders nachdem einzelne untergetauchte Juden entdeckt und hingerichtet worden waren. Für eine lange Weile fuhren die Deutschen mit dieser Methode fort, und sie konnten eine wachsende Menge der Athener Juden in ihre Falle locken. Sie füllten deren Einkaufskörbe mit Mehl und Zucker, Rosinen, gedörrten Feigen und Mandeln. Die Christen beneideten die Juden um diese Vergünstigungen. Sie warteten in den Gassen in der Umgebung der Synagoge, um von ihnen, die sich stets großzügig erwiesen, etwas von diesen Raritäten zu erbetteln.

Nachdem die Deutschen überzeugt waren, dass keine Juden mehr ihren Aufforderungen nachkommen würden, gingen sie zur nächsten Phase ihres Plans über. Eines Freitags, als sich wie gewöhnlich die Juden mittags in der Synagoge einfanden, um ihre Lebensmittel zu beziehen, waren sie überrascht festzustellen, dass nichts zum Verteilen da war. Die Männer der SS stießen sie gewaltsam ins Innere und verschlossen die Türen. Einige, die glücklicherweise zu spät kamen, sahen, was geschehen war, oder erfuhren es von anderen, und sie konnten entfliehen.

Nachdem die Juden drei Stunden lang in der Synagoge eingesperrt waren, fuhren die Lastwagen vor, und mit Schlägen und Fußtritten zwangen die Deutschen sie aufzusteigen. Sie wurden zum Bahnhof gebracht. Der Zug fuhr in Richtung Auschwitz.

Alberto, Edda und Susann konnten den Abtransport ihrer entsetzten Glaubensbrüder aus der Nähe beobachten.

»Sie waren an der Reihe«, bemerkte Alberto. »Aber sie haben sich sozusagen freiwillig geopfert. Unser Volk ist immer zu leichtgläubig gewesen. Nichts kann uns klüger werden lassen. Wie konnten sie nur den Versprechungen der Nazis Glauben schenken, dass sie die Juden liebten und gut ernähren wollten! Unglaublich, sich so naiv dem eigenen Henker auszuliefern!«

»Möge Gott sie beschützen«, flüsterte Edda tränenüberströmt.

»Was soll Gott vermögen, wenn man seinen Kopf kein bisschen arbeiten lässt?«, fuhr Alberto aufgebracht fort. »Aber was können wir schon erwarten? Nach so vielen Jahrhunderten unterdrückt und ohne Rechte gibt es keine Abwehr mehr. Du folgst dem, was du

Schicksal nennst. Jahrhundertelang immer wieder Verfolgungen und Vernichtungen. Kastilien, Katalonien, Andalusien, um nicht noch weiter zurückzublicken bis nach Ägypten. Entwurzelungen immer und überall. Nicht einmal die Getauften lassen sie in Ruhe. Zehn Generationen zurück forschen sie nach, damit kein verseuchter Same übrig bleibt. Und wir beugen den Kopf und warten auf das Opfermesser. Die Ashkenazy in Polen haben sich zumindest gewehrt. Alle Achtung! Sie sind zwar alle umgekommen, aber das ist nicht das Entscheidende. Entscheidend ist, dass sie sich gewehrt haben und eine große Menge von diesen Bestien getötet haben.«

»Wir Sepharden sind anders«, wandte Susann ein. »Von ganz anderer Natur. Sanfter. Aber wie sollten wir uns auch wehren können? In Thessaloniki haben die Deutschen sofort die Gemeindelisten konfisziert. Sie haben auch Rabbiner Koretz festgenommen. Wer sollte sich da retten können? Und wir, wie durch ein Wunder sind wir gerettet, falls wir schon gerettet sind.«

Was Susann am meisten beunruhigte, war, dass Alberto keine Papiere hatte. Wenn er fortfuhr, sich in Athen als Mönch auszugeben, so würde er bald auffallen, was lebensgefährlich wäre. Überall lauerten die Verräter. Alles Unübliche, Ungewöhnliche ließ sie sofort Verdacht schöpfen. Was sollte ein Mönch bei zwei Frauen suchen, die zudem mit einem fremdartigen Akzent Griechisch sprachen? So beschlossen sie, dass es vernünftiger wäre, zivile Kleidung zu tragen. Aber ohne Ausweispapiere blieb Alberto noch immer stark gefährdet. Er verließ nur selten das Haus, um sich in der nächsten Umgebung etwas Bewegung zu verschaffen. Edda, die sonst dem Leben gegenüber positiver eingestellt und immer vorsichtiger als er gewesen war, verweilte jetzt in einem überirdischen Zustand der Glückseligkeit und genoss jeden Augenblick in seiner Nähe. Dieses süße Gefühl wollte sie auf keinen Fall durch praktische Erwägungen zunichte machen. Es war der Preis für alle Widrigkeiten, die sie in den letzten Monaten fern von ihm durchstehen musste.

Susann aber gab keine Ruhe.

»Wir müssen etwas unternehmen, es ist viel zu gefährlich, wenn du ohne Ausweispapiere bleibst. Die Deutschen kontrollieren das Rathaus sehr streng. Sie haben dort jetzt ihre eigenen Vertrauensleute. Ewert[5] hat uns gewarnt: Wer noch keinen Ausweis erhalten hat, muss sich jetzt so gut wie möglich verstecken.«

Eddas Augen flackerten unruhig. Ihre Schwester hatte sie in die Realität zurückgeholt.

»Hast du irgendeine Idee?«

»Ich denke darüber nach.«

»Worüber?«

»Lass mich erst nachforschen.«

Edda fragte nicht weiter. Sie überließ es Susann, das zu unternehmen, was sie für richtig hielt.

Stella war eine sanfte, ruhige junge Frau, die mit ihrer Mutter Semína das Untergeschoss des Hauses bewohnte, in dem auch Susann lebte.

Semína war eine vornehme Dame, die aus einer sehr vermögenden Familie aus Konstantinopel stammte. Sie sprach fließend Französisch, verstand aber auch das Hispanoladino, das sie von zwei jüdischen Schulfreundinnen und Nachbarinnen gelernt hatte. Sie waren enge Freundinnen, waren zusammen aufgewachsen, aber der Krieg hatte plötzlich alle Kontakte unterbunden. Sie hatte vom ersten Augenblick an erkannt, dass die Bewohner des oberen Stockwerks Juden waren.

Susann war unbesorgt. Es war allzu offensichtlich, dass die zwei Frauen ihnen gegenüber gutgesinnt waren. Eine tiefe Sympathie und Solidarität war zwischen ihnen gewachsen. Bei jeder Gelegenheit wechselten sie auch ein paar Sätze in Ladino, das Semína gerne sprach. Der singende, schwebende Klang weckte in ihr viele Erinnerungen. Sie kannte alle Sitten, Bräuche und Speisen der Juden, sogar einige ihrer Samstagsgebete. Susann sah in diesen zwei Frauen, denen sie voll vertraute, die einzige Möglichkeit, Alberto aus seiner gefährlichen Situation zu befreien. Mit ihnen konnte sie ohne Angst darüber sprechen.

»Hören Sie mir bitte ganz aufmerksam zu«, sagte sie ihnen. »Es handelt sich um etwas sehr Ernstes. Ich muss darüber mit Ihnen sprechen.«

---

5 Angelos Ewert war Athener Polizeidirektor. Er hat vielen Juden geholfen.

»Sag uns, junge Frau, was dich so beunruhigt«, sagte Semína mit mütterlicher Fürsorge. »Wir werden alles tun, was wir tun können. Darüber kannst du sicher sein.«

Susann atmete erleichtert auf.

»Es geht um meinen Schwager. Das Problem ist, dass er keine Ausweispapiere hat. Er kann jeden Augenblick von den Deutschen verhaftet werden.«

»Gott bewahre!«, rief Stella, und in ihren dunklen Augen funkelte Unruhe.

»Ich weiß, dass Sie ein goldenes Herz haben, deshalb wage ich es, mich Ihnen anzuvertrauen. Die einzige Rettung ist eine Scheinehe. Ich kenne niemanden, dem ich wie Ihnen vertrauen kann. Keine andere Frau außer Stella.«

Mutter und Tochter blickten einander wenige Sekunden lang an. Jede fragte die andere durch ihren Blick.

Susann wartete in größter Anspannung auf eine Antwort. Semína erhob sich. In ihrem Gesicht leuchtete Zuversicht. Sie näherte sich ihrer Tochter und legte die Hände auf ihre Schultern.

»Was meinst du, mein Kind?«, fragte sie. »Es ist dein Entschluss. Halt den Kopf hoch, leg die Hand aufs Herz und entscheide.«

»Ich habe schon entschieden, Mutter«, sagte Stella. »Ich habe schon entschieden. Wir dürfen den Mann nicht von den Deutschen umbringen lassen. Ich werde ihn heiraten.«

Ein Seufzer entstieg Susanns Brust.

»Möge Gott es euch vergelten. Ihr rettet ein Menschenleben. Meine Familie und ich werden das nie vergessen.«

»Wenn ich in den Sprachen der Menschen und Engel redete, hätte aber die Liebe nicht, wäre ich dröhnendes Erz oder eine lärmende Pauke.
Und wenn ich prophetisch reden könnte und alle Geheimnisse wüsste und alle Erkenntnis hätte; wenn ich alle Glaubenskraft besäße und Berge damit versetzen könnte, hätte aber die Liebe nicht, wäre ich nichts.
Und wenn ich meine ganze Habe verschenkte und wenn ich meinen Leib dem Feuer übergäbe, hätte aber die Liebe nicht, nützte es mir nichts.«[6]

6   1. Korinther, 13., 1.–3., s. O., S. 1278.

»Lass das lieber sein, Susann«, meinte Alberto in seiner leichten, fröhlichen Art. »Das ist wirklich keine Lösung. Wir dürfen uns nicht so viel Angst einjagen lassen.«

»Es gibt keinen anderen Ausweg, Alberto, du weißt es ganz genau. Jeden Augenblick kannst du in eine lebensbedrohliche Lage geraten, und wir mit dir.«

Edda vernahm den Vorschlag ihrer Schwester und versuchte, diese absurde Situation zu verstehen. Ihr Mann musste eine andere Frau heiraten. Schon wieder ein Wechsel in ihrem Leben! Sie haben sich verliebt, haben geheiratet, haben eine Tochter bekommen, haben sich scheiden lassen, sind jetzt wieder zusammengekommen, und nun muss ein jeder von ihnen wieder seinen eigenen Weg gehen. Der fragende Blick Albertos haftete an ihren Augen. Er erwartete ihre Antwort, aber sie blieb verstummt. Ihre Seele flatterte wie ein verwundeter Vogel, der sein Nest zu erreichen versucht.

»Es ist die sicherste und rascheste Lösung.« Susann bestand drauf.

»Und die Kirche, der Pfarrer, was werden sie sagen?«, wandte Alberto ein.

»Überlass das nur mir und mach dir keine Gedanken darüber. Pater Spýros von der Kirche der Heiligen Anárgyroi hier in der Nähe hat schon mehr als zehn Mal solche Ehen geschlossen. Dem jüdischen Mann gibt er den Familiennamen der Frau. Er fügt noch einen christlichen Vornamen hinzu. Das ist ganz einfach. Und für die jüdischen Frauen gibt es überhaupt kein Problem. Sie erhalten ohnehin den Familiennamen des Mannes. Im Übrigen hat hier niemand etwas gegen uns Juden. Alle hassen die Nazis. Außer den Verrätern, die ihre Seele dem deutschen Teufel verkaufen, um sich zu bereichern. Aber wir wissen, an wen wir uns wenden können. Für Pater Spýros lege ich die Hand ins Feuer. Er ist ein guter Mensch.«

Alberto fixierte erneut Eddas Augen. Er versuchte in ihrem Blick die Schwingungen ihres Herzens wahrzunehmen. Sie war in die reale Welt ihrer Logik zurückgekehrt, in der sie sich sonst immer bewegt hatte. Die Traumwelt, in der sie gerade noch gelebt hatte, gehörte bereits der Vergangenheit an. Obwohl solche Entscheidungen ohne Hast und erst nach gründlicher Überlegung getroffen werden sollten, wusste sie, dass Alberto ohne ihr Einverständnis nichts unternehmen würde. Also musste sie sich sofort entscheiden. Sie versuchte, ihrer Stimme einen sicheren Halt und gleichgültigen Ausdruck zu geben. Ihren Blick richtete sie in eine andere Richtung, um seinen Augen nicht zu begegnen.

»Was Susann vorschlägt, ist wirklich das Einzige, das wir unternehmen können. Und wir müssen so rasch wie möglich handeln«, sagte sie mit scheinbar ruhiger Stimme.

Alberto stand jetzt zwischen zwei Abgründen. Was er mit jeder Faser seines Körpers, mit jedem Schlag seines Herzens über alles liebte, musste er aufgeben, um dem Notwendigen, das allein ein Überleben sichern könnte, zu folgen. Und dieses Überleben betraf nicht nur ihn, sondern auch die beiden Frauen.

»Leite das Nötige ein«, sagte er seiner Schwägerin und war dabei so gebückt, als trüge er eine schwere Last.

Stella kümmerte sich um alles.

»Überlass es nur mir, Frau Eléni«, sagte sie Susann. »Ich bin viel weniger in Gefahr.«

Susann gab ihr das erforderliche Geld für die Bewilligungen, das Brautkleid und die Hochzeitskerzen. Wie eine junge Frau, die ihre große Liebe heiraten wird, erstrahlte Stella vor Güte und Nächstenliebe und fieberte dem ersehnten Augenblick entgegen.

Während Alberto den dunklen Anzug seines getöteten Schwagers anzog, schaute er im Spiegel auf Edda, die ihre Trauer zu verbergen suchte. Aber die Lichtstrahlen, die aus einem schmalen Dachfenster auf ihr Gesicht fielen, schienen den Schmerz in ihren feuchten, dunklen Augen zu beleuchten. Sie atmete rasch und heftig und stützte ihren hageren Körper am Türrahmen. Ihre feinen Finger zitterten, und sie versuchte, ihre Hände ineinander zu flechten, um sich ihre Nervosität nicht anmerken zu lassen. Alberto wandte sich um und ergriff sie fest an den Schultern.

»Tshoutshek, mi estrella« (Blümchen, mein Stern). »Ich hoffe nicht, dass du all dies, was jetzt geschieht, ernst nimmst. Sei bitte nicht unvernünftig! Ach, wenn du nur wüsstest! Wenn du wirklich wissen würdest, wie sehr ich dich liebe! Was für schreckliche Nächte hab ich auf dem Berg verbracht, während ich mich nach dir sehnte! Zermürb dich nicht, mein Herzblut. Es dauert nicht mehr lange, und diese Ungeheuer verlieren den Krieg. Es geht dem Ende zu. Ich schwöre es auf dein Leben und auf das Leben unseres Töchterchens, das bald wiederzusehen mein innigster Wunsch ist, du weißt es. Unser Unglück wird bald ein Ende finden. Glaub es mir. Trockne jetzt deine Augen, wir müssen unsere neuen Rollen spielen gehen.«

■ *»Der Eisenbahnzug, der Athen am Sonntag, dem 2. April 1943, verließ, bestand aus dreißig Güterwagen, in denen ungefähr eintausendneunhundert Personen eingepfercht waren. Der Güterzug wird an jeder Station länger. Zunächst werden die wenigen Juden von Chalkída, im Ganzen neunzig Personen, hinzukommen. Aber in Lárissa ist der Zuwachs gewaltig, denn es werden zweitausendvierhundert Häftlinge aufgeladen, die man hier aus Vólos, Tríkala und vor allem aus Jánnena zusammengebracht hatte. Dann noch weitere neunhundert aus Kastoriá. Fünftausendzweihundert ist die Gesamtzahl der »Verdammten« in achtzig Güterwagen. Eine schreckliche Karawane, die durch Mazedonien, Jugoslawien, Ungarn und Österreich zieht.*

In einigen Wagen sind bis zu einhundert Personen eingezwängt. Viele sterben, in dieser Gedrängtheit von den übrigen zusammengepresst, durch Ersticken. Ihre Leichen werden hinausgeworfen. Die ungeheure Zugschlange setzt ihre Reise fort in Richtung Polen und erreicht den Vorhof des Todes, den Bahnhof von Auschwitz, am 10. oder 11. April 1943.

Tausende von Verhafteten kommen dort täglich hinzu in verschiedenen Transporten aus ganz Europa. Von den Griechen haben nur 3 % überlebt. 2 % sind nach Athen zurückgekehrt. Diese wenigen haben die unmenschlichen Bedingungen der Zwangsarbeit durchgehalten, die Unterernährung überstanden, und sie sind trotz der Experimente der bestialischen Ärzte davongekommen, die im Namen des wissenschaftlichen Fortschritts junge Frauen und Männer und auch Kinder ohne Narkose und ohne jeglichen Schutz vor Infektionen sterilisierten.«

(Auszüge aus »In Memoriam« von Michael Molcho)

»Gottes Diener Alkiviádis wird mit Gottes Dienerin Stylianí vermählt. Gottes Dienerin Stylianí wird mit Gottes Diener Alkiviádis vermählt.

Möget ihr lange leben und gute Nachkommen haben«, sagte Pater Spýros und zwinkerte Alberto zu.

Léon, einer der Brüder von Alberto, der nach dem Albanienkrieg mit Erfrierungen nach Athen gebracht worden war, spielte die Rolle des Trauzeugen. Da er keine Ahnung hatte, wie sich die Christen bekreuzigen, fing er an, seine Finger auf komische Art auf und ab zu bewegen, bis ihm Alberto einen Stoß ans Schienbein versetzte. Susann ging zu Edda, deren Schluchzen unüberhörbar war, und legte ihren Arm auf ihre Schultern.

»Alles ist nun zu Ende, meine Liebe«, sagte sie ihr. »Alles ist vorbei!« Und ihre Stimme klang erleichtert, als wäre dies ein unvermeidbares Unheil gewesen, das sie überstanden hatten.

Die folgende Nacht verbrachte Edda in Albertos Umarmung, der sie mit allen Zärtlichkeiten der Welt zu trösten versuchte.

»Ich hätte mir niemals richtig vorstellen können, meine Liebe, wie viel du mir wirklich bedeutest, wenn ich dich nicht verloren hätte. Sag mir, wie soll ich diese Augenblicke festhalten, worin sie einsperren, damit wir sie nie verlieren? So sollen wir ewig nebeneinander bleiben, eng umschlungen.«

Sie genoss seine Worte, die wie Balsam auf einer Wunde waren. Alberto legte ihren Kopf auf seine Brust.

»Ich möchte mich noch nicht bei der spanischen Botschaft melden gehen«, sagte sie betrübt, »lass uns noch ein paar Tage warten.«

»Wir können so lange warten, wie du nur wünschst. Und wenn es dir lieber ist, brauchst du überhaupt nie hinzugehen. Ich wünsche mir nichts sehnlicher, als dich für immer hier in meiner Nähe zu haben. Du weißt, dass ich ohne dich verloren bin, nicht richtig existiere.«

Am folgenden Morgen bereitete Susann aus Johannismehl und Kandiszucker Pfannkuchen vor, und sie lud Stella und Semína ein.

Edda beneidete Stella um ihre Unbekümmertheit. Nichts hatte ihre Lebendigkeit und gute Laune beeinträchtigt, als hätte sie am Vorabend nicht einen ihr völlig unbekannten Mann geheiratet. Hatte sie keine Lebensträume? Hatte eine so schöne junge Frau keine Erwartungen? Ein Gefühl tiefer Dankbarkeit erfüllte Edda beim Anblick dieser bewundernswerten Frau.

Stella bemühte sich, ihre positive Stimmung auf alle anderen zu übertragen.

»Mein Onkel hat gestern eine gute Nachricht gehört und sie uns weitergeleitet. Den Deutschen ist von den Engländern großer Schaden zugefügt worden.«

»Deshalb sind sie noch wilder, tollwütiger geworden«, sagte Alberto. »Sie verhaften massenweise Leute und quälen sie unvermindert, diese Bestien. Wie wilde Tiere, die sich am Blut nie sättigen können. Diese Tage sind die hinterhältigsten. Es laufen die Verräter herum wie streunende Hunde, und immer wieder gelingt ihnen ein Fang. Aber auch sie werden einmal für ihr Tun bezahlen. Auch diese Zeit wird kommen.«

»Was Gott in seine Bücher einträgt, mein Sohn«, sagte Semína, »wird früher oder später aufgeschlagen. Er vergisst nicht. Der Mensch vergisst manchmal. Gott vergisst nie.«

Eddas Herz war in zwei Hälften gespalten. Auf der einen Seite das Glück, das sie mit Alberto durchlebte, auch wenn es eine bloße Leihgabe war, und auf der anderen Seite ihre Sorge um das Wohlergehen ihres Töchterchens.

»Der Krieg wird nicht mehr lange dauern. Willst du nicht lieber hier bleiben?«, fragte er, da er sie um keinen Preis wieder verlieren wollte.

»Nein, ich muss fortgehen. Du musst auch versuchen, nach Palästina zu gelangen, damit wir beide in Sicherheit sind. Ich werde unser Kind nachkommen lassen. Und später werden wir uns wieder alle drei treffen.«

Alberto fuhr ihr zärtlich über das Haar.

»Ich werde dich bis zur Botschaft begleiten, mein Schatz. Ich will wissen, dass alles geklappt hat, damit ich mir keine Sorgen machen muss.«

Ihre Gedanken flogen voraus, und sie träumte schon von der zukünftigen Sicherheit, von einem dauerhaften Glück. Ein winziges Licht in ihrem Innern, trüb und kraftlos aufblinkend wie ein Leuchtturm im Nebel, wies Edda einen ungewissen Weg in die ruhige, friedliche Zukunft.

Alberto begleitete sie bis zur Tür der spanischen Botschaft. Er zeigte auf einen Baum auf der anderen Straßenseite.

»Hier werde ich warten, mein Licht. Wenn es dir möglich sein wird, komm heraus und bring mir die gute Nachricht. Wenn nicht, so warte ich, bis ich dich abreisen sehe.«

In ihrer Handtasche trug Edda den griechischen Ausweis und die Papiere, die sie als Frau von Kornílios auswiesen. In der Innentasche ihrer

Jacke hatte sie aber ihren echten Ausweis und die Dokumente versteckt, die ihre spanische Staatszugehörigkeit bestätigten. Auf ihrem Hemd war das halbe Hornstück aufgenäht und mit Stoff überdeckt, das ihr die Nonne gegeben hatte.

»Wäre es nicht besser, wenn du es behältst?«, hatte sie Alberto gefragt.

»Mir könnte etwas zustoßen.«

Er drückte sie fest an seine Brust.

»Mein Dummerchen. Du weißt, dass du die süßeste Närrin der Welt bist. Wer sollte dir jetzt noch etwas anhaben können, Madame de Botton? Du wirst die Reise in die Sicherheit antreten und wagst es, dich zu beklagen. Von morgen an führst du ein großartiges Leben.«

»Möge Gott Liliane segnen, wo sie sich auch befinden mag. Ohne sie wären wir beide, unser Töchterchen und ich, jetzt nicht mehr am Leben«, sagte Edda von Dankgefühlen überwältigt.

Edda fühlte sich sehr erleichtert, kaum hatte sie die spanische Botschaft betreten. Ein zuvorkommender Angestellter notierte sorgfältig ihre Personalien. Dann bat er sie, sich etwas zu gedulden, und ging ins Büro des Botschafters.

Sie schaute sich um in dem großen Raum. An den Wänden hingen schöne Gemälde, auf einer viktorianischen Kommode mit einer gut polierten rosaroten Marmorplatte standen zwei bronzene Leuchter. Auf dem blanken Boden lagen zwei handgeknüpfte Orientteppiche. Schon lange war Edda nicht mehr solchem Luxus begegnet, und sie lehnte sich entspannt zurück.

Nach kurzer Zeit kehrte der Angestellte zurück.

»Es ist alles in Ordnung«, sagte er. »Wenn Sie kein Dach über dem Kopf haben, können Sie im Gästehaus der Botschaft übernachten. Andernfalls müssen Sie sich morgen früh um acht Uhr wieder hier einfinden, denn Sie reisen dann ab.«

»Ich werde morgen zurückkommen.«

»Seien Sie bitte pünktlich.«

Edda trat erleichtert und fröhlich hinaus. Sie suchte Alberto an der Stelle, die er ihr angegeben hatte. Sie sah ihn nicht, und sofort begann ihr zitternder Blick die Umgebung zu erforschen. Er sprang plötzlich hinter dem Baum hervor. Seine ewigen Kinderspiele.

»Ich hab dich erwischt«, rief er in einem Lachanfall. »Mein Mädchen verließ mich und kehrte zurück, weil es meine Liebe nicht missen kann!« Er drückte sie fest an sich. Er war mit seinen Worten und Handlungen so überschwänglich, dass sie ihm nicht immer rasch genug folgen konnte.

»Halt ein und hör endlich zu. Morgen früh verreise ich.«

»Gottes Geschenk! So werde ich dich noch einen ganzen Tag und eine ganze Nacht in meinen Armen tragen.«

Er hielt sie an der Taille fest, und eng umschlungen kehrten sie nach Hause zurück.

»Lass uns schauen gehen, was deine Schwester heute zum Essen zubereiten konnte, denn ich habe einen Hunger, dass ich dich kaum sehen kann.«

Es war das einzige Paar, das in dieser vernichteten Stadt noch den verwegenen Mut aufbrachte, seine Liebe öffentlich zu zeigen.

»Der Friede ist tief in meiner Seele verborgen. Aus meiner Seele fließt er in mein Blut. Verwandelt meine Albträume in paradiesische Bilder. Ein Bächlein der Hoffnung, das meine Wunden lindert. Mein Gott, wie habe ich deinen Frieden ersehnt.«

Eine sanfte Frühlingssonne kündete den folgenden Tag an. Am durchsichtigen attischen Himmel flogen kleine Wölkchen wie Vögel mit weit geöffneten Flügeln.

»Willst du nicht lieber zurückbleiben, damit wir uns keiner Gefahr aussetzen?«, sagte Edda zu Alberto.

»Was für eine Gefahr? Es gibt keine Gefahr mehr. Hast du vergessen, dass ich mit allen Segnungen der christlichen Kirche geheiratet habe?«

Sie gab rasch nach. Sie wollte ihn ohnehin so lange wie möglich in ihrer Nähe haben. Sie küsste ihre Schwester, Stella und deren Mutter. Dann machten sie sich auf den Weg zur Botschaft.

Kurz vor dem Portal drückte er sie fest an seine Brust.

»In jedem Abschied ist eine Hoffnung enthalten: das Wiedersehen«, sagte Edda, um ihn zu trösten.

»Dort hinter dem gleichen Baum wie gestern werde ich wieder warten, bis ich dich abreisen sehe«, sagte er mit bewegter Stimme. »Wirf mir einen Blick zu, meine Allerliebste. Ich werde dich mit meinem Blick küssen.«

Edda wurde wieder in den großen Raum der Botschaft begleitet. Nur dass der Raum jetzt mit vielen Menschen bevölkert war. Fast fünfzig Menschen warteten stehend oder sitzend auf ihre Abreise. Edda kannte viele von ihnen. Sie näherte sich und begrüßte jeden herzlich. Sie lachte und unterhielt sich in Ladino, fühlte eine kindliche Freude, als stünde ein Schulausflug bevor. Eine ähnliche gute Laune strahlten auch alle anderen aus. Diese über alles geschätzte Sicherheit, die sie so sehr vermisst hatten, machte sie gesprächig. Sie witzelten miteinander und schmiedeten schon Pläne für das neue Leben in einem Land des ersehnten Friedens. Bald würden sie unter dem Schutz der spanischen Regierung nach Casablanca aufbrechen.

Da geschah plötzlich etwas, das Alberto, der hinter dem Baum versteckt auf die rettende Abreise von Edda wartete, erstarren ließ. Kalter Schweiß floss über sein Gesicht, seine Knie begannen zu zittern. Er erschrak zu Tode. Ein deutscher Militärlastwagen hielt mit quietschenden Bremsen vor dem Botschaftstor. Vier schwer bewaffnete Deutsche sprangen herunter und eilten in das Botschaftsgebäude. Alberto hatte das Schreckensgeschehen sofort erfasst.

»A Dió, Senior del mundo!« (Mein Gott, Herr der Welt!), flüsterte er auf Ladino. »Edda, meine süße kleine Edda. Alma mia« (meine Seele). »Ich verliere dich.«

Dann fing er wutentbrannt zu fluchen an:

»Franco, du Schuft! Faschistenbiest! Verräter! Mörder!«

Er hatte seine Selbstkontrolle völlig verloren, und die Wörter flogen aus seinem Mund wie verzweifelte Verwünschungen. Zum Glück waren die Deutschen eifrig mit der Erfüllung ihres Auftrags beschäftigt, sodass sie ihn nicht beachteten.

»Steig herab, Tochter Babel, Jungfrau, setz dich in den Staub! Setz dich auf die Erde; es gibt keinen Thron mehr (für dich), Tochter der Chaldäas. Jetzt nennt man dich nicht mehr die Feine, die Zarte.

Nimm die Mühle und mahle das Mehl! Weg mit dem Schleier! Heb deine Schleppe hoch, entblöße die Beine und wate durchs Wasser! Setz dich hin und verstumme! Geh hinaus ins Dunkel, Tochter Chaldäas! Denn nun nennt dich niemand mehr ›Herrin der Reiche‹. Du hast dir große Mühe gemacht mit deinen vielen Beratern; sollen sie doch auftreten und dich retten, sie, die den Himmel deuten und die Sterne betrachten, die dir an jedem Neumond verkünden, was kommt.«[7]

Das Lachen und die Reden der spanischen Juden brachen brüsk ab. Die fröhlichen Stimmen erstarrten auf den Lippen. Totenstille breitete sich für kurze Sekunden aus, die durch Schreie und Roheiten der Nazis unterbrochen wurde. Sie stießen mit groben Schlägen die Juden, die noch gar nicht fassen konnten, was geschehen war, zur Botschaft hinaus und drängten sie auf dem Lastwagen zusammen. Niemand hat je erfahren und erklären können, weshalb diese Ruchlosigkeit möglich geworden war. Ein weiterer Schandfleck in der Menschheitsgeschichte.

Alberto konnte noch Eddas letzten schreckerfüllten Blick erhaschen. Sein Herz war wie von einem glühenden Dolch getroffen. Er wollte sich bewegen, sich ihr nähern, mit ihr zusammen weggebracht werden. Er wollte aufschreien. Aber seine Füße verharrten angewurzelt auf dem Boden, und seine Stimme erstarrte auf der Zunge. Der Lastwagen wurde rasch verschlossen und verschwand sofort.

Alberto verharrte mit starrem Blick auf das verschwundene Bild. Er spürte die Zeit nicht mehr. Den Himmel überdeckten leichte Frühlingswolken, und es fielen ein paar Tropfen Regen auf sein Gesicht. Gottes Tränen mischten sich mit den seinen. Er ließ seinem Schluchzen freien Lauf, um seine Brust vom neuen Druck zu erleichtern. Seine Geliebte, die so viel durchgestanden hatte, um bis vor das Tor der Freiheit zu gelangen, war Opfer eines grässlichen Verrats geworden. Sie würde jetzt wie all die vielen anderen dem gleichen tragischen Schicksal folgen. Man würde sie auch in einen dieser schrecklichen, fensterlosen Güterwagen einsperren und auf die tagelange Reise in die Hölle schicken. Tränen der Wut, Flüche

---

[7] Jesaja, 47., 1.–2., 5., 13., s. O., S. 848.

und Verwünschungen für all jene, die dies geschehen ließen, drängten aus ihm heraus. Er wollte hinübergehen, mit seinen Fäusten auf die Tür der Botschaft schlagen und Rechenschaft fordern. Warum haben sie dies, seiner Geliebten angetan, was hat sie sich zuschulden kommen lassen? Aber er wusste, wie vergeblich dies sein würde.

Er machte sich auf den Heimweg. Tränen trübten seinen Blick, aber er tat nichts, um sie abzuwischen. In seiner Seele bildete sich eine in schrecklichem Unglück versunkene Welt ab. In ihr herrschten die perversesten Verbrecher, die je geboren worden sind. Sie maßen sich das Recht an, ihre bestialischen Instinkte auszuleben. In der tyrannischen Unfreiheit, in die sie die Welt gestürzt hatten, gab es keine Vergeltung für ihre Verbrechen. Weder Gott noch die Menschen konnten sie richten.

Der deutsche Lastwagen bremste brüsk ab und durchschüttelte die unglückseligen Gefangenen. Sie hatten den Bahnhof erreicht. Die Deutschen zwangen sie auf ihre Art und Weise durch Schläge, Fußtritte und unter Flüchen abzusteigen und sich in den Bahnhof zu begeben.

Dort wimmelte es von Juden, die man von überall hergebracht hatte und die warten mussten, bis man sie in die Güterwagen einlud. Wer weiß, wie viele Stunden sie schon gewartet hatten! Sie waren erschöpft, in ihren Augen waren Schmerz und Schrecken. Edda kannte niemanden unter ihnen. Aber sie merkte sofort, dass es sich um Juden handelte, obwohl sie keinen Davidstern trugen.

Sie mussten alle aufrecht in Achtungstellung verharren. Es war ihnen verboten, miteinander zu reden. Diese Qual dauerte mehr als zwei Stunden. Jene, die schon früher hergebracht worden waren, vor allem die Älteren, konnten nicht mehr standhalten, ihre Knie wackelten. Die Nazis schlugen bei der kleinsten ihrer Bewegungen mit Gewehrkolben auf sie ein. Die Erschöpfung und die Erwartungsangst hatten ihre Gesichter versteinert. Irgendwann fuhr der Zug ein. Das Quietschen der ungeölten Räder ließ sie zusammenfahren, sie weinten und begannen zu beten. Die Deutschen stürzten sich wie wilde Bestien auf die Wartenden und schlugen gnadenlos auf sie ein. Schmerzschreie und Verzweiflungsrufe hallten auf dem finsteren Bahnsteig. Alle rannten in panischer Furcht blutüberströmt umher, als gäbe es einen Fluchtweg. Die Deutschen packten sie und warfen sie, einen über den anderen, wie Säcke in die Waggons. Einige fielen daneben. Die Nazis tobten und schlugen unerbittlich zu. Diejenigen, die dabei getötet wurden, warf man ebenfalls in die Waggons über die gepeinigten Lebenden.

Edda fand sich bäuchlings mit dem Gesicht in einem Strohhaufen. Es wurden weitere Opfer über sie geworfen. Ihr ganzer Körper schmerzte, und sie spürte, dass die Kraft zum Atmen nicht mehr lange genügen würde. Wehklagen und das Jammergeschrei der schwer Verwundeten erzeugten einen zusätzlichen Schrecken in diesem mit menschlichem Schmerz überfüllten Waggon. Edda hob ihren Kopf, um nach Luft zu schnappen. Es gab keine Fenster, nur eine kleine vergitterte Luke, aus der etwas Luft und einige Lichtstrahlen eindrangen.

Als die Deutschen feststellten, dass es unmöglich war, noch weitere Menschenleiber hineinzupressen, zogen sie dröhnend die Schiebetüre zu. Alles verfinsterte sich. Nach einem Pfeifton, der dem Geheul einer hungrigen Bestie glich, setzte sich der Zug ruckartig in Bewegung, vom Gebrüll der Bestie begleitet.

Die Höllenreise hatte begonnen.

Alberto stürzte sich in die Arme seiner Schwägerin. Sein von Verwünschungen durchzogenes Wehklagen ließ Susann verwirrt flüstern:

»Pour l'amour de Dieu, pour l'amour de Dieu. Calmetoi!« (Im Namen Gottes, beruhige dich!) Sie fragte ihn nichts. Was sollte sie auch fragen? Als er wieder Wörter herauspressen konnte, sagte er mit schluchzender Stimme:

»Unsere Edda ist verloren, Susann. Verloren! Hast du es begriffen? Alles ist verloren.«

Sie weinten lange Zeit in Umarmung. Keiner konnte den andern trösten.

Die Nacht verbrachte Alberto in einem herzzerreißenden Dialog mit Edda.

»Soll ich weiterleben ohne dich, meine kleine Edda? Ohne dich hat mein Leben keinen Sinn mehr. Wie konnten wir es zulassen, meine Liebste, dass dies geschehen ist? Der Zug, der dich fortnahm, hat auch meine Seele mitgenommen. Diese letzten wenigen Nächte der Liebe, die wir miteinander verbrachten! Dein zierlicher Körper neben meinem, der mich in den Himmel hob. Es war wie ein Wunder, dass wir uns wiederfanden. Aber ich habe dich gefunden, um dich nochmals zu verlieren! Bevor ich dich kennengelernt hatte, wusste ich nicht, dass jemand so intensiv lieben und so heftig leiden kann! Wo bringen sie dich hin, meine gequälte Liebe? Welche Gesandten des Teufels haben diese Höllenfahrt beschlossen? Ohne dich ist es dunkel um mich. Ich bin ein überflüssiger Körper. Du gabst mir den Lebenshauch, du zeigtest mir die Notwendigkeit weiterzuleben. Nichts anderes bleibt mir jetzt übrig, als diesen nutzlosen Körper deinen Folterern zu übergeben. Deine Qualen zu teilen! Ich weiß, was du mir sagen würdest: ›Nichts würde sich ändern‹, würdest du sagen, ›geh deinen Weg, schreite vorwärts.‹ Welchen Weg? Es gibt keinen Weg mehr. Ohne dich gibt es für mich keinen Weg. Ich habe überhaupt nichts mehr. Ich hatte gedacht, vieles durchlebt zu haben. Viel Leiden kennengelernt. Nichts hatte ich erfahren! Ich hatte noch die Hoffnung, dich wiederzufinden, wiederzusehen. Wieder zu berühren. Wieder die gleiche Luft wie du zu atmen. Ich kann dieses Unglück nicht ertragen. Sag mir jetzt nicht, ich sei ein Mann. Ein Dreck bin ich. Wäre ich ein Mann, hätte ich mich sofort freiwillig ergeben, als sie dich mir wegnahmen. Wäre bei dir geblieben im größten Unglück. Ein Feigling bin ich, nichts weiter.«

So verlief Albertos Nacht. Im seelischen Delirium und Zwiegespräch mit der verlorenen Edda. Am Morgen, kaum hatte die Sonne die Nacht verdrängt, nahm er seine Tasche und öffnete die Haustür. Susann packte ihn am Arm. Sie war aufs Schlimmste gefasst, so wie er sie völlig kraftlos ansah, die Lippen blutleer, die Augen lichtlos in dunklen Höhlen.

»Wohin willst du?«, fragte sie streng.

»Ich gehe mich ergeben. Es gibt nichts anderes. Ich muss auch dorthin, wohin sie meine Edda gebracht haben.«

»Que stas disiendo, loco!« (Was sagst du da, du Narr!), rief Susann zu Tode erschrocken. »Du brauchst dein Leben, Alberto. Vergiss nicht, dass du eine Tochter hast. Eine Seele, die auf dich wartet. Du weißt bestimmt, dass Edda dir dies niemals verzeihen könnte. Verzweifle nicht, querido.

Gott ist groß. Edda wird zurückkommen. Aber was auch immer geschehen soll, du musst am Leben bleiben.«

Alberto blickte sie völlig teilnahmslos an. Nichts mehr hatte für ihn irgendeine Bedeutung. Aber tief in seinem Innern begann er sich zu beunruhigen, dass er überhaupt nicht an seine Tochter gedacht hatte.

»Es gibt Situationen, da ist die Flucht ein Sieg«, sagte ihm Susann in ihrer Verzweiflung, und sie hoffte, damit an seine Würde zu appellieren.

Er begann sich nach und nach zu beruhigen. Er schaute seine Schwägerin mit einem wiederbelebten Blick an. Er umarmte und küsste sie.

»Du hast recht«, sagte er. »Ich muss nach Palästina fliehen.«

»Auf, auf, Debora! Auf, auf, sing ein Lied! Erheb dich, Barak, führ deine Gefangenen heim, Sohn Abinoams!
So gehen alle deine Feinde zugrunde, Herr. Doch die, die ihn lieben, sind wie die Sonne, wenn sie aufgeht in ihrer Kraft.«[8]

Alberto ging zum Hafen. Er wusste, wohin er gehen und was er unternehmen musste, um nach Palästina zu gelangen. Es war eine sehr schwierige und gefährliche Reise. Nicht nur in den griechischen Gewässern, welche die Deutschen kontrollierten, sondern auch vor der Küste Haifas, wo die britische Marine strenge Kontrollen durchführte. Die Juden, die bis dorthin gelangten, wurden in die Lager auf Zypern geschickt. Einige, die verdächtig erschienen, wurden festgenommen.

Die Engländer waren den griechischen Partisanen besonders wohlgesinnt. Sie waren Verbündete, und es herrschte Solidarität zwischen ihnen. Die Partisanen hatten viele Juden aus den giftigen Krallen der Nazis gerettet. Alberto hielt einen Brief versteckt, den ihm Dionýsis mitgegeben hatte und der bestätigte, dass er bei den Partisanen gegen die Deutschen gekämpft hatte. Er war in einem speziellen Code verfasst, um keinen Verdacht zu erwecken, aber die Engländer würden schon in der Lage sein, dessen Inhalt richtig zu entschlüsseln, hatte Dionýsis versichert.

---

8 Das Buch der Richter, 5., 12., 31., s. O., S. 251–252.

»Es kann dir nützlich sein. Man weiß nie. Aber du musst äußerst vorsichtig sein.«

Jetzt aber war ihm alles gleichgültig. Sein Leben hatte seinen Sinn verloren. Er brauchte bloß ein Alibi in diesem Russischen Roulett, das er gewinnen oder verlieren konnte, was ihn aber nicht weiter interessierte.

Ein Fischerboot brachte ihn von Piräus nach Kéa. Dort blieb er eine Nacht und setzte dann seine Reise bis nach Kreta fort. Dort landete er in einer versteckten Bucht. Nach Einbruch der Dunkelheit nahm ihn ein größeres Boot mit, das ins Lybische Meer hinaussegelte. Ohne irgendwelche Abenteuer verließen sie die griechischen Gewässer. Viele Seeleute arbeiteten mit den Partisanen zusammen, und trotz der häufigen Blockaden und Kontrollen war es für die Deutschen sehr schwierig, sie zu enttarnen. Der Kapitän brauchte spezielle Reisedokumente, für die Übrigen genügte ein Ausweis. Nachdem sie die griechischen Hoheitsgewässer verlassen hatten, fuhren sie mit größter Geschwindigkeit in Richtung Freiheit.

Während der Fahrten aß Alberto wenig und rauchte viel. Meistens schwieg er. Es war dunkle Nacht, als sie den Hafen von Haifa erreichten. Die britische Polizei beschäftigte sich lange mit dem Brief von Dionýsis und Albertos Ausweisen. Es wurden ihm viele Fragen gestellt. Schließlich durfte er an Land gehen. Man führte ihn in ein Zeltlager, gab ihm Seife, eine Decke und ein Faltbett. Er war übermüdet, sein Körper schmerzte überall. Die Mitbewohner des Zeltes waren wach geworden und musterten ihn. Er sagte kein Wort. Kleine Laternen hingen an verschiedenen Stellen und pendelten hin und her im nächtlichen Luftzug, sodass man die verstaubte Umgebung schwanken sah. Die Sterne am Himmel schienen stark und blendend, dann verminderte vorbeiziehender Dunst ihre Leuchtkraft.

Ein neues, unbekanntes Leben begann für ihn im lang ersehnten Land seiner Urahnen, im Land der Verheißungen. In der verlorenen Heimat, die alle Judenkinder aus den Erzählungen ihrer Ahnen kannten, die starben, bevor sie das ersehnte Land gesehen hatten. Und diese Kinder erlebten jetzt erneut einen Holocaust auf dem Altar eines unbegreiflichen, wahnsinnigen Hasses. Ohne den Schutz einer Heimat, in der sie sich wehren und verteidigen konnten.

Réina Gilberta wuchs. Sie wuchs und wurde immer schöner. Weit weg von der Tragödie ihrer Eltern. Ausgeklammert aus den Schrecknissen der Zeit. Ihr zartes Alter erlaubte ihr noch nicht das Abenteuer des Nachdenkens. Realität und Fantasie sind im kindlichen Geist vermischt. Die Fantasie beeindruckt sie stärker, umso mehr, als in ihr die Angst gebannt ist.

Réinas Leben hatte eine neue Wendung genommen. Als wäre sie unter den Nonnen und der Familie Citterich zur Welt gekommen. Sie war sehr klein, als sie sich von ihrer Mutter trennen musste. Sie konnte sich kaum noch an sie erinnern. Anderthalb Jahre sind eine lange Zeit in der geistigen Entwicklung eines Säuglings. Zunächst gab es einige Verwirrung, dann das große Auslöschen.

Die nebensächlichsten Dinge werden zum Spiel, und das Spiel Erforschung der Welt. Sœur Josèphe war nicht nur eine zärtliche Mutter, sondern auch eine unermüdliche Lehrerin. Mit unendlicher Güte und Geduld. Der Frosch und die Ameise, der Kiesel und das Brot, der weiße Abendhimmel, die nistenden Vögel, der Wind vom Meer. Lebendiges und Unbelebtes wurden genau angeschaut und differenziert betrachtet, um Bedeutungen und Deutungen für eine empfindsame Seele zu entwickeln. Das Mädchen stellte viele Fragen, welche die Nonne und Mama Lina abwechselnd und sich ergänzend beantworteten.

»Du musst dich an alle diese Dinge erinnern, Gilberta«, sagte Sœur Josèphe. »Was auch immer geschehen mag, merke sie dir. Wie ein Gebet.«

KAPITEL 8

Der Zug fuhr und fuhr. Und mit ihm bewegte sich eine große menschliche Tragödie. Durch die kleinen quadratischen, vergitterten Fenster drangen Schattenbilder von fremden Landschaften ein. Unbekannte Trübheit, nie gesehene Wildnis.

Der Kampf um die Luft zum Atmen wurde von Tag zu Tag härter. Jeder stieß den anderen zur Seite, um einmal in die Nähe des Fensters zu gelangen und begierig etwas Sauerstoff aufzunehmen. Der Gestank aus dem fassförmigen Gefäß, das sie für ihre Notdurft benützen mussten, verpestete die Luft. Den Ältesten, für die es unmöglich war, hinaufzuklettern und sich auf den engen Rand des Fensters zu setzen, blieb nichts anderes übrig, als in die Hosen zu machen. Der immer unerträglicher werdende Geruch brachte sie an den Rand des Wahnsinns. Die Säuglinge kreischten ununterbrochen. Die Alten jammerten. Das Sterben nahm seinen Lauf.

Erschöpfung und Beklemmung wuchsen ins Unerträgliche. Diese Fahrt in den tiefsten Abgrund der Unmenschlichkeit schien kein Ende zu nehmen. Einmal am Tag öffneten die Deutschen für wenige Minuten die Wagentüren. Sie erlaubten vier Männern das Abortgefäß zu leeren und die Verstorbenen hinauszutragen. Beim Öffnen der Wagentüren hielten sich die Deutschen die Nase zu, während die bleichen Gestalten wie Verrückte sich an die Öffnung drängten, um tief durchzuatmen. Etwas Sauerstoff aufzutanken.

Alberto arbeitete sehr hart. Er war Lastenträger im Hafen geworden. Vom Morgengrauen bis spät am Abend ruhte er nicht. Er suchte diese erschöpfende Beschäftigung, die ihm weder Zeit noch Kraft für andere

Gedanken ließ. Trotz der Übermüdung wurden seine Nächte lang, denn er fand keinen Schlaf. Er sprach mit kaum jemandem. Wer sich bemühte, sein Schweigen zu brechen, gab es bald enttäuscht auf. Nur mit einem Partisanen, der Theodóssis hieß, wechselte er manchmal einige Worte.

Es waren schon zwei Jahre vergangen, seit er in Palästina eingetroffen war. Eines Nachts, kurz vor Tagesanbruch, kam Theodóssis zu ihm und schüttelte ihn.

»Wach auf, Alkiviádi! Hörst du denn keine Nachrichten?«

Alberto rieb sich die Augen. Er konnte nicht so schnell zu sich kommen. Als er seine Umgebung wahrnahm und zur Zeltöffnung hinausblickte, sah er den Himmel von Feuerwerk erleuchtet. Von Weitem drangen fröhliche Stimmen, Gesänge und Lachen an sein Ohr. Er setzte sich auf. Das Zelt war leer. Alle waren hinausgelaufen und feierten.

»Was ist geschehen?«, flüsterte er, als führte er ein Selbstgespräch. All dies Geschehen konnte nichts mit der Realität zu tun haben. Es war wohl eine der vielen Visionen, die er immer häufiger vor Augen hatte, wie der Verdurstende in der Wüste eine Fata Morgana sieht.

»Was geschehen ist?«, rief ihm Theodóssis laut zu. »Die ganze Welt jubelt, und du fragst noch, was los sei! Die Deutschen sind am Ende. Wir haben sie vernichtet. Wach endlich auf! Amerikaner, Russen und Engländer haben ihnen den Todesstoß verpasst, und sie rennen um ihr Leben. Das Nazi-Ungeheuer ist vertilgt. In die bodenloseste Höllentiefe versunken.«

Theodóssis' Gefühle schwankten zwischen erfüllter Rache und grenzenloser Freude über die große Wende im Kriegsglück. Er konnte mit seinem Redeschwall gar nicht aufhören.

Alberto blieb stumm. Er befürchtete, das Wunder könnte sich als Trugbild erweisen. Theodóssis begriff es sofort.

»Bei der Muttergottes, ich schwöre!«, rief er ihm zu und bekreuzigte sich. »Fertig mit den Unmenschen. Und nicht zu vergessen, dass wir auch das Unsrige dazu beigetragen haben«, fügte er voller Stolz hinzu. »Alles was recht ist ...«

Alberto erhob sich. Seine nackten Füße sackten in den weichen Boden. Als Erstes dachte er an Edda. Und sein Herz stand still. Alles, was er in sein Innerstes eingesperrt hatte, brach jetzt hervor. Der Schmerz drückte in seiner Brust. Auf seinen Wimpern bildeten sich große Tropfen, die auf die Wangen fielen und weiterglitten.

»Edda«, flüsterte er. »Meine Edda, bist du noch am Leben, Liebste? Deine Qualen werden ein Ende nehmen. Gib jetzt nicht auf, du musst noch standhalten!«

Dank der besonderen Fürsorge des Arztes Jacques Durand und der Pflege der Krankenschwestern begann Edda, sich körperlich zu erholen. Ein sehr langsamer Prozess, aber von Tag zu Tag deutlich spürbar. Während ihr Körpergewicht zunahm und die Gesichtsfarbe einen gesünderen Eindruck machte, blieb Edda schweigsam und in sich verschlossen. Trotz psychischer Unterstützung und Beruhigungsmitteln waren ihre Nächte voll peinigender Albträume. Die grauenhaften Bilder aus dem Lager und ihre fürchterlichen Erlebnisse kehrten in den Nächten unerbittlich und mit aller Härte zurück. Sie sprang zitternd und schweißgebadet auf und rief den Namen ihrer Freundin Berta. Sie war von den Ratten zerfressen worden, die von ihrem abgemagerten Skelett noch die letzten Reste an Fleisch abnagten. Sie musste dieses ekelhafte Geschehen mitansehen und war total unfähig, irgendetwas dagegen zu unternehmen. Noch hier in der Klinik, nach so langer Zeit, fuhr sie bei jeder Berührung mit dem Laken zusammen. So schlief sie meistens unbedeckt. Schwester Marie, eine Krankenschwester, mit der sich Edda angefreundet hatte, stand ihr während dieser nächtlichen Anfälle bei und tat alles, um ihr Erleichterung zu verschaffen.

In ihrem verstörten Geist und in ihrer undurchschaubaren Seele erschienen manchmal Schatten aus einer Vergangenheit, von der sie nicht mit Bestimmtheit sagen konnte, ob sie sie wirklich erlebt hatte. Die kleine Réina. Ihr geliebter Alberto! In solchen Augenblicken bat sie verzweifelt darum, ihr zu helfen, sie wiederzufinden. Dann tauchte sie wieder in den Abgrund ihrer gepeinigten Seele.

Am folgenden Tag ging Alberto in das Büro des Roten Kreuzes, das die Suche nach verlorenen Verwandten aufgenommen hatte. An der Tür eines improvisierten Zeltes wartete eine zweihundert Meter lange

Menschenschlange. Alberto stand an und wartete, bis die Reihe an ihn kam. Die Leute plauderten fröhlich vor sich hin und schmiedeten schon Träume für den »Frieden«. Nach langer Wartezeit stand Alberto vor dem Tisch des englischen Offiziers, der eine Rotkreuzbinde am Oberarm trug. Er schrieb ganz sorgfältig alle Angaben Albertos über seine Frau und seine Tochter:

»Edda de Botton, Ehefrau von Alberto Sciaký, Maria Ananiádou, Ehefrau des Kornílios. Kleinkind Réina Sciaký, Tochter von Alberto und Edda. Möglicherweise im Nonnenkloster von Kalamarí bei Thessaloníki.«

Nachdem er sich erkundigt hatte, wann er für Auskünfte zurückkommen könne, entfernte er sich.

Der Arzt Jacques Durand besaß nur die äußeren Merkmale eines Nordeuropäers. Sein freundliches Lächeln, die Höflichkeit der Rede, die Warmherzigkeit seines Blicks, der immer eine erotische Ausstrahlung besaß, gleichgültig, wen er anschaute, zeugten eher von einem mediterranen Menschen.

»Ich glaube, Edda, dass es dir jetzt genügend gut geht. Natürlich kannst du nicht rasch wieder so werden, wie du früher gewesen bist. Es ist nicht einfach, nach allem, was du durchstehen musstest. Aber ich glaube, dass du wieder genügend stark geworden bist, um den Kampf zu gewinnen. Auch deine Lieben werden nicht wieder so sein, wie du sie zurückgelassen hattest. Der Sturmwind des Krieges hat auch das, was er nicht völlig vernichtete, wesentlich verändert. Du benötigst noch viel Geduld und Mut, um dein eigentliches Ich zurückzufinden. Aber nachdem es dir geglückt ist zu überleben, wird es dir auch gelingen, ein neues Leben zu beginnen. Was du wissen sollst, ist, dass ich immer hier für dich sein werde, wenn du mich brauchst. Viel Glück, Edda.«

Wie viel Zeit war vergangen? Edda wusste es nicht. Die Zeit hatte für sie ihre wesentliche Bedeutung verloren. Die Ereignisse eilten der Zeit voraus. Die Worte des Arztes waren für sie ein bunter Blumenstrauß für ihre Seele, die allein und verlassen in einem Chaos ohne Widerhall stöhnte. Diese Worte waren eine treibende Kraft für eine verrostete Uhr, von der man annehmen konnte, sie würde für immer still stehen.

»Ich habe gute Neuigkeiten für Sie«, sagte der Mann mit der Rotkreuzbinde zu Alberto. »Es handelt sich um Edda de Botton-Sciaký. Sie ist wohlauf und befindet sich in einer Klinik in Paris. Nach allen Informationen, die wir beschaffen konnten, ist ihr Gesundheitszustand befriedigend. Hier haben Sie die Adresse.«

Alberto griff mit zitternden Händen nach dem Zettel. Seine Augen füllten sich mit Tränen, die über sein ganzes Gesicht hinunterliefen. Es war das zweite Mal, dass er ohne jede Zurückhaltung vor jemandem in Tränen ausbrach. Das erste Mal war es aus unerträglichem Schmerz, jetzt aus unverhoffter Freude.

»Entschuldigen Sie mich«, flüsterte er.

Der Mann klopfte ihm freundlich auf die Schulter.

»Nur keine falschen Hemmungen! Lassen Sie ihren Gefühlen freien Lauf. Es ist ihr Recht nach allem, was Sie durchgemacht haben. Manchmal ist die Freude, die keinen Ausdruck finden kann, schmerzhafter als die Trauer. Es tut mir nur sehr leid, dass ich noch immer keine Nachrichten über Ihre Tochter habe. Alle unsere Bemühungen blieben vorläufig ohne Erfolg.«

Alberto war beschämt, dass er es inmitten dieser großen Freude unterlassen hatte, nach seiner Tochter zu fragen. Alles, was er in seinem früheren Leben erreicht hatte, war in einen dichten Nebel gehüllt, aus dem nur die Gestalt einer kleinen Zauberin herausragte. Sie schaute ihn manchmal tief betrübt an, manchmal mit einem Ausdruck der Freude in ihren Augen.

»Edda, meine Allerliebste, du bist am Leben! Und mein Leben hat dadurch wieder einen Sinn erhalten. Jetzt lebe auch ich wieder. Soeben bin ich wiedergeboren. Auch jetzt bin ich, wie du mich kanntest, ruhelos und ungeduldiger denn je, dich sofort wiederzusehen, dir zu berichten, dir zuzuhören, dich wieder zu berühren und in deiner Nähe zu verweilen. Nie, bis an mein Lebensende, werde ich dich von meiner Seite weichen lassen! Du bist die Einzige, du bist mein Leben!«

Schon am folgenden Tag stand Edda vor dem großen katholischen Nonnenkloster in Paris.

Man hörte höflich ihre Erzählung an. Man versicherte ihr, dass man sofort mit dem Kloster in Kalamarí Verbindung aufnehmen werde und dass man hoffe, in wenigen Tagen eine Antwort zu erhalten.

»Machen Sie darauf aufmerksam, dass ich im Besitz des Beweisstückes bin, das mich als die Mutter des Kindes ausweist«, sagte Edda und holte das spröde Teilstück des Horns hervor, das sie immer auf ihrem Körper getragen hatte.

Der Weg von der Klinik zum Kloster war fortan ihr täglicher Gang. Aber jedes Mal kehrte sie betrübt zurück. Es gab immer dieselbe stereotype Antwort:

»Leider haben wir noch immer keine Nachricht.«

Die Familie Citterich hatte als Erste aus der Umgebung Réinas im Radio von Albertos Suche nach seiner Tochter durch das Rote Kreuz gehört. Lina rannte ins Kloster und bat, die Äbtissin Rosset zu sehen, welche sie höflich mit einem tiefgründigen Lächeln begrüßte.

»Setzen Sie sich, meine Tochter.«

Sie hörte Lina aufmerksam zu, ohne sich anmerken zu lassen, dass sie von der Suche der Eltern nach ihrer Tochter schon informiert war. Während Lina in großer Erregung sprach, blieb die Äbtissin ruhig und ungerührt. Lina führte dies auf ihre Weisheit und Heiligkeit zurück. Aber die Äbtissin Rosset hatte bereits ihren Entschluss gefasst, der keine Rücksicht auf menschlichen Schmerz und elterliche Gefühle nahm.

»Meine Tochter, ich verstehe Ihre Sorge, aber Sie müssen auch unseren Standpunkt zu begreifen versuchen. Das Kind wird nicht nur von seinem Vater gesucht, sondern auch von der Mutter.«

»Ihre Mutter lebt?«, rief Lina aus. Ihre bleichen Wangen erröteten vor freudiger Erregung. Tränen traten ihr in die Augen.

»Die unglückliche Mutter! Mit welcher Ungeduld wird sie darauf warten, ihre Tochter zu umarmen!«

»Frau Citterich«, fuhr die Äbtissin fort, und ihre Ausführungen ließen Lina verstummen. »Die Eltern der Kleinen haben sich scheiden lassen. Wie

Sie verstehen, würde diese Tatsache für das Leben des Kindes schlimme Folgen haben. Welcher Elternteil könnte dem Kind ein gesundes und ausgeglichenes Leben garantieren? Die Mutter war im Konzentrationslager. Soviel ich weiß, ist ihr seelischer Zustand zerrüttet. Der Vater lebt allein in einem Flüchtlingslager in Palästina. Weder das eine noch das andere sind ideale Bedingungen für das elterliche Sorgerecht.«

Lina konnte, trotz allem Respekt vor der Äbtissin, ihr Erstaunen und ihr Bedauern über deren Sicht der Dinge nicht verbergen. Diese Gefühllosigkeit und unmenschliche Härte! Wie konnte sie der unglückseligen Mutter nach allem, was geschehen war, ihr Kind vorenthalten? Was hat die Äbtissin so sehr verändert? War es nicht sie gewesen, die alles zur Rettung der Kleinen unternommen hatte. War sie nicht von allem Anfang an besorgt gewesen, dass es dem Mädchen weder an Liebe noch an Sicherheit fehlte, was zu dessen Auferstehung beitrug?

»Aber, Heilige Äbtissin«, setzte Lina an, »bei allem Respekt, diese Entscheidung ist unmenschlich. Die Mutter hat sich am Leben halten können, nur um irgendwann wieder für ihr Kind da zu sein. Wir haben nicht das Recht, es ihr vorzuenthalten.«

Die Äbtissin Rosset warf ihr einen strengen Blick zu.

»Überlassen Sie es mir, darüber zu bestimmen. Die Kleine lebt in einer friedlichen Umgebung. Sœur Josèphe hat ihr Leben diesem Kind gewidmet. Sie lässt es auf die beste Art und Weise groß werden. Es fehlt ihm weder an Liebe noch an Fürsorge. Wir haben nicht das Recht, es neuen Abenteuern auszusetzen.«

»Wir haben auch nicht das Recht, ihm seine Mutter vorzuenthalten«, flehte Lina, deren Empfindsamkeit sich diesem Geschehen widersetzte.

Aber die Äbtissin machte eine Handbewegung, die das Ende der Besprechung markierte.

»Ich glaube, es gibt nichts mehr dazu zu sagen«, sagte sie und reichte Lina die Hand.

Lina begriff, dass jeder Versuch, die Äbtissin umzustimmen, vergeblich bleiben würde. Sie verbeugte sich und verließ den Raum. Sie war untröstlich, ihre menschlichen und mütterlichen Gefühle waren zutiefst verletzt. Aber als gläubige Katholikin respektierte sie die Äbtissin. Sie wollte nichts unternehmen, das diesem Befehl widersprach, aber alles versuchen, um sie umzustimmen, sie davon zu überzeugen, dass sie verpflichtet ist, das Kind seiner Mutter zurückzugeben. Ihre Hoffnungen konzentrierten sich auf Sœur Josèphe. Sie vermutete, dass das innige Verhältnis der Nonne mit der Kleinen einer der Gründe für diese Entscheidung der Äbtissin gewesen sein muss.

Sœur Josèphe war nicht nur liebevoll, sondern auch gerecht. So sehr sie auch die kleine Réina verehrte, in ihrem Innern hatte bereits ein Kampf begonnen. Ihr Gewissen war beunruhigt. Je deutlicher Lina diesen Kampf spürte, desto mehr suchte sie die Nonne zu überzeugen, ihrer menschlichen Pflicht nachzukommen.

»Sœur, dies ist ein Verbrechen. Sie wissen es genau. Sie dürfen das Kind nicht von seiner Mutter fernhalten. Es ist gegen Gottes Willen.«

Die Nonne hörte ihr schweigend zu und senkte schuldbewusst den Kopf. Lina hatte recht. Aber sie konnte den Entschluss der Äbtissin, der unverrückbar, nicht mehr verhandelbar zu sein schien, nicht infrage stellen. Ihr Wort war heilig, auch wenn es widersinnig sein mochte.

Gilberta durfte, nach Linas Besuch bei der Äbtissin, weniger häufig zur Familie Citterich gehen. Aber es gelang ihr trotzdem, in ihrer kindlichen Hartnäckigkeit, Vittorio täglich zu sehen. Wenn dieser sie nicht bei sich zu Hause fand, rannte er zum Kloster. Sie begrüßte ihn mit ausgebreiteten Armen und Freuderufen.

Wenn Lina das Mädchen bei sich hatte, versuchte sie stets, es auf eine baldige, neue Veränderung in seinem Leben vorzubereiten. Es war ein schmerzhaftes, aber aufrichtiges Bemühen.

»Deine Mutter und dein Vater werden bald kommen und dich abholen. Sie haben sehr gelitten die ganze Zeit, als du hier, fern von ihnen, warst. Sie haben immer an dich gedacht und sie lieben dich sehr. Aber es war damals unmöglich, dich bei sich zu behalten.«

Die Kleine schienen diese Worte eher zu stören. Ihr Leben floss dahin wie ein ruhiges Bächlein. Fröhlich, übersichtlich, angenehm und sicher. Abends, bevor sie einschlief, kniete sie, betete zur Muttergottes und bekreuzigte sich auf katholische Art. Sœur Josèphe hatte sie immer angehalten, in ihren Gebeten auch ihre Eltern zu erwähnen.

»Liebe Muttergottes, beschütze in deiner großen Güte die Heilige Äbtissin, meine Josèka, Mama Lina, meine Mutter, meinen Vater und alle Menschen.«

Sœur Josèphe schrieb seit einiger Zeit insgeheim an Edda im Namen von Réina, und sie begann den ersten Satz immer auf Griechisch: »Mamáka mou« und fuhr dann auf Französisch fort. Sie berichtete in allen Einzelheiten über das Leben der Kleinen. So entfaltete sie ihre zarte Seele in ihrer ganzen Größe.

Eines Morgens klopfte Sœur Josèphe an die Tür der Citterichs.

»Ich habe eine gute Nachricht für dich«, sagte sie zu Lina und senkte den Kopf. »Ich weiß, dass es dir große Freude bereiten wird. In wenigen Tagen fahre ich mit Gilberta nach Paris, um sie ihrer Mutter zu übergeben. Die Heilige Äbtissin hat so entschieden«

Ein großes Glücksgefühl ergriff Lina. Sie wusste, was dies für Sœur Josèphe bedeutete, auch wenn sie lange dafür gekämpft hat, die Äbtissin umzustimmen. Sie küsste sie auf ihre tränenfeuchten Wangen.

»Du hast eine großartige Seele, Sœur Josèphe. Eine seltene Art Mensch. Möge Gott dich trösten und beschützen!«

Sie sprach diese Worte ganz spontan, innerlich bewegt und immer wieder nach Atem ringend. Auch für sie war es schwierig, sich von der Kleinen zu trennen. Und sofort musste sie an ihren Sohn denken. Wie würde Vittorio reagieren? Er hatte sich so eng mit seinem kleinen »Schwesterchen« angefreundet, sie wurden unzertrennlich. Die Mutter wusste, was dieser Abschied für das empfindsame Herz ihres Sohnes bedeuten würde. Aber es musste so sein. Jeder muss lernen, sich an Schmerzen zu gewöhnen, auch im zartesten Alter. Und Vittorio war immerhin schon fünfzehn Jahre alt, fast ein Mann.

»Kann ich Ihnen einen Brief für Gilbertas Mutter mitgeben?«, fragte Lisa die Nonne.

»Natürlich können Sie das. Und die Heilige Äbtissin hat gesagt, die Kleine könne heute bei Ihnen bleiben, falls Sie es wollen.«

Edda öffnete mit zitternden Händen den Umschlag von Albertos Brief. Aber es fehlte ihr die Ergriffenheit, die sie bei diesem denkwürdigen Ereignis hätte empfinden müssen. Dieser Mann, der so sehr geliebte, den sie sich während der ersten Zeit nach der Trennung bangend herbeigewünscht hatte, war in ihrem Innern als Lebewesen konturlos geworden. Ihre Empfindungen und Erinnerungen an ihn waren blass und verworren, fast schon abgestorben. Sie hatte keine Ahnung davon, wie sehr er noch ihr gehörte! Als hätte man ihre Empfindungen sterilisiert. Auch ihre mütterlichen Instinkte waren trüb und blutleer. Sie hatte einst ein Kind zur Welt gebracht. Sie hatte die größte Lebensfreude empfunden, wenn sie es in ihre Arme hob, und sorgenvolle Nächte an seinem Krankenbett verbracht. Im Lager versteckte sie das Hornstück immer bei sich, damit man es nicht entdeckte und ihr wegnahm. Sie hatte ihre Brotration mit einer Mitgefangenen gegen Wollfäden getauscht, um ihrer Tochter Söckchen zu stricken. Sie erfreute sich an dem Gedanken, ihm diese über die Füßchen zu streifen.

Und jetzt? Sie wusste nichts mehr genau. Sie musste von vorne beginnen, alle Beziehungen neu entdecken. Sie empfand sich als unerfahren, ungeschickt. Eine untragbare Müdigkeit lastete auf ihr. Als wäre zwei Jahre lang eine tonnenschwere Walze über ihre Seele gefahren. Die Zeit wirkte endlos. Ein Monat währte ein Jahr, ein Jahr ein Jahrhundert. Und wenn sie jetzt mit Nachdruck ihr Kind zurückverlangte, dann tat sie es, um etwas Eigenes zu besitzen, etwas aus ihrem Fleisch und Blut, das ihr das Gefühl des Fortbestands vermittelte und die Gewissheit, dass sie tatsächlich noch existierte. Dass ihr jetziges Sein keine Reinkarnation sei, sondern dasselbe Leben, das die Vernichtung überdauerte, die alles in Schutt und Asche gelegt hatte.

»Meine Allerliebste! Alma de mi alma!« (Seele meiner Seele!) »Meine Hand zittert. Ich schreibe diesen Brief zum zweiten und dritten Mal, damit du ihn entziffern kannst.
Seit ich gestern erfuhr, dass du noch lebst, will ich ein Vogel sein, ein Windstoß, um rasch zu dir zu gelangen. Dich zu berühren. In deine Augen zu schauen und darin die Höllenqualen abzulesen, durch die du gegangen bist. Deinen Körper Punkt um Punkt zärtlich zu liebkosen, um aus der Berührung jeder Stelle all das zu erfahren, was du mir nicht erzählen, nicht in Worte fassen kannst.

Aber ich kann nur hier bleiben und dir schreiben. Diese Freudenbotschaft, dass es dich noch gibt, hat mich völlig verwirrt. Mein Geist fliegt auseinander. Ich weiß meinem Glücksgefühl keinen Ausdruck zu verleihen. Ich weine und lache. Ich tanze und renne umher. Ich berühre den Boden nicht. Die Leute denken, ich sei übergeschnappt. Tshoutshek miyo. Mi luz, mi estrella. Mein Stolz, mich drängt es, zu dir zu kommen. Du kennst meine Ungeduld! Jetzt ist sie größer denn je.

Die Gewalt der Freude zerstückelt mich. Sie ist noch mächtiger als jene der Trauer. Die Gefahr zwingt dich zum Denken, Ordnung zu schaffen. Sie lässt dich eine Abwehr entwickeln. Aber all diese Freude, wie soll ich sie ertragen, völlig unvorbereitet, wie ich bin?

Eine Million Worte will ich dir schreiben, mein Sternchen. Aber der Geist eilt fort, und die Hand kann seinen Weisungen nicht folgen. Aber was tut's! Wir werden das ganze Leben noch vor uns haben, um miteinander zu reden, wenn wir, so Gott will, bald wieder zusammentreffen!

Ich beeile mich, damit dich der Brief bald erreicht, denn die Post ist sehr langsam. Und ich werde bangen, bis ich eine Antwort von dir erhalte.

Ich werde sofort alles unternehmen, um die Reisepapiere zu organisieren, damit du so schnell wie möglich hierher kommen kannst. Wir werden auch unser Töchterchen zu uns holen und das Leben von vorne beginnen. Von dort aus, wo es wirklich begonnen hat. Verliebt! Glücklich! Es ist alles unfassbar. Welch ein Glück, das du noch lebst. Das genügt mir, meine Geliebte. Du wirst wieder mein sein, quicklebendig. Du wirst Licht in mein Leben bringen. Alma de mi alma! Regalada, adorada. Ich liebe dich mehr denn je! Ich küsse dich mit unendlicher Verehrung.

Für immer dein
Alberto Sciaký
Lager Y 15, Haifa, Palästina
P.S. Vergiss nicht, mir sofort zu antworten. Ich lebe nur, um deinen Brief zu lesen.

Edda spürte wie sie in einen dunklen Abgrund hinabstürzte. Ihre übermüdete Seele fiel in eine verstörte Verlassenheit. Ihre Freude war bloß ein verwundeter Vogel gewesen, der keine Kraft zum Fliegen finden konnte. Sie verlangte nur nach regungsloser Stille. Alles andere, das Ersehnte und das Außergewöhnliche, erzeugte nur Aufruhr und Verwirrung in ihr.

Wie kann das Leben so merkwürdig sein, die Menschen solche Bestien! Sie können deinen Kern verändern, sodass du nicht mehr weißt, wer du bist. In der Dunkelheit spürte Edda eine Erschütterung in sich. Sie kam völlig unerwartet und war sehr qualvoll. Stimmen klangen in ihren Ohren, klar und deutlich. Ihre Mutter, die sie dahinsiechen sah, bevor sie, einige Tage vor der Befreiung, verstarb.

»Ich werde es nicht durchstehen, Edda. Ich kann nicht mehr!«

Wer weiß, ob die anderen Geschwister noch am Leben sind? Sie wollte es jetzt gar nicht erfahren. Besser zu einem späteren Zeitpunkt. Was ihr früher immer gelang, in eine innere Entspannung und Harmonie zu versinken, von orientalischen Klängen begleitet, konnte ihr jetzt nicht mehr glücken.

»Ich bin sehr rasch gealtert. Mein Herz ist voller Falten.«

Sie legte sich ins Bett. Ihr abgemagerter Körper wog tonnenschwer. Sie schloss die Augen. Die Stimmen entfernten sich. Jetzt hörte sie nichts mehr. Ein tiefer Schlaf erlöste sie.

Sœur Josèphe kleidete Réina sorgfältig an wie an Sonntagen für den Kirchgang. Ein weißes Kleidchen und eine große rote Schleife an ihrem langen schwarzen Haar. Die Kleine hörte nicht auf, ihre Fragen aneinanderzureihen.

»Wie ist das Flugzeug? Warum fliegt es? Warum gehe ich zu meiner Mutter nach Paris? Ich möchte bei meiner Joséka sein.«

Ihre kleinen Arme umschlangen den jugendlichen Hals, als wollte sie sich vergewissern, dass dieses geliebte Wesen sie nie verlassen würde.

Sœur Josèphe versuchte ihr Schluchzen zu unterdrücken. Ihr Leben würde wieder in die Einsamkeit zurückfallen. Die Worte und die Liebkosungen, die ihrem Leben Sinn verliehen, würden sich für immer entfernen. Sie zog über die kleinen Füße Socken und Schuhe an. Dann küsste sie die rosarote Wange und sagte:

»Wir sind bereit, meine Liebe.«

Die anderen Nonnen begleiteten stumm den mit Würde ertragenen Abschiedsschmerz von Sœur Josèphe. Auch für sie alle war dieses Mädchen eine Quelle des Glücks gewesen. Es hatte Lachen und Fröhlichkeit in ihre strenge Einsamkeit gebracht. Und ihre Sorge um die Kleine war ein Lebenszweck geworden. Aber auch wenn alle die kleine Réina Gilberta liebten, so wussten sie, dass sie für Sœur Josèphe etwas ganz Besonderes war.

Das Kloster war in unendlich tiefe Stille gehüllt. Nur im Innern von Sœur Josèphe herrschte Unruhe und Ungeduld, Liebes- und Abschiedsschmerz. Etwas erschreckte sie.

Der heisere Klang einer ausgeleierten Autohupe durchbrach die Stille. Ein Taxi hielt vor dem Klostertor an. Da trat auch die Äbtissin, die sich vorher nicht gezeigt hatte, an die Schwelle. Ihre Augen waren feucht, wenn auch keine Tränen sichtbar wurden. Die anderen Nonnen begannen zu schluchzen.

Réina schaute sie alle regungslos und etwas verwirrt an. Sœur Josèphe hob sie in ihre Arme und bestieg das Taxi.

Edda war zusammen mit Schwester Marie von der Klinik zum Flughafen gefahren. Sie trug ein schwarzes Sommerkleid, das ihre Blässe und Magerkeit betonte. Sie setze sich auf eine Bank und lehnte sich an die Mauer. Ihr Blick war auf die Landebahn gerichtet.

»Es ist verspätet.«

»Überhaupt nicht, Edda. Dir kommt die Zeit unendlich lang vor. Vergiss nicht, dass wir viel zu früh aufgebrochen sind. An der Auskunft hat man mir versichert, dass es keine Verspätung gibt. Das Flugzeug wird pünktlich landen.«

Edda versuchte an nichts zu denken. Alle Gedanken gerieten ihr durcheinander, da sie im Gewirr ihres Geistes und ihrer Seele nicht mehr miteinander verknüpft waren. Einsamkeit beherrschte ihr Inneres. Beinahe Bewusstlosigkeit. Sie versank in die Endlosigkeit, die von den übermüdeten Menschen Besitz ergreift wie eine undurchschaubare

Verlassenheit. Sie entfernte sich vom bevorstehenden, sie erschütternden Ereignis. Immer dasselbe Vorgehen der Seele zu ihrer Selbstverteidigung. Sonst würde dieses Warten sie unerträglich entkräften. Jede verstreichende Minute machte Edda nervöser. Sie flocht die Finger auf tausend Arten ineinander, und ihr bekümmertes Gesicht blickte herum und beobachtete das Geschehen in ihrer Umgebung. Endlich hörte man die Ankündigung der Landung. Schwester Marie drückte ihr die Hand.

»Sie ist eingetroffen«, sagte sie und zog an ihrem Arm, da Edda nicht aufgesprungen war.

Schwester Marie ging voraus. Edda folgte ihr teilnahmslos bis zur Plattform. Das Flugzeug rollte immer langsamer, jeden Augenblick würde es zum Stehen kommen. Edda konnte ihre starke Nervosität kaum mehr unterdrücken. Jetzt, nach drei Jahren, sollte sie ihre Tochter wiedersehen.

Alberto las und las wieder Eddas Brief. Er war befremdlich kurz und nichtssagend, ganz anders, als er erwartet hatte. Er suchte in den Worten irgendeine Spur ihrer ihm so vertrauten Wärme zu entdecken. Von ihrer Besonnenheit, ihrer Liebe. Aber es war nichts dergleichen zu entdecken. Es schien, als hätte eine gewalttätige Macht in ihrem Körper eine fremde Seele eingesetzt.

Strenge Schriftzüge, lustlose Worte, Banalitäten. Ungleichmäßig über das weiße Blatt verstreut. Sie sprach nur von der Gegenwart. Kein Wort über all das, was sie während der zwei erbärmlichen Jahre ihrer Trennung durchgemacht hatte.

Bitterkeit durchfuhr ihn. Er hatte gehofft, gewartet, mit Leib und Seele nur an sie gedacht, nur für sie gelebt. Er fühlte sich durch diesen Brief verraten. Aber seine Leidenschaft und die ihm angeborene Sorglosigkeit ermöglichten ihm bald, den Argwohn und seine schlechte Laune zu überwinden.

Diesmal musste er es fertigbringen, geduldig zu sein. Seine Geliebte war in die Hölle verschleppt worden und ist daraus gerettet worden! Auch er hatte sich schließlich stark verändert. Es würde eine immense Ausdauer nötig sein und große Behutsamkeit, um etwas aus ihrer alten Liebe zu retten und ein gemeinsames Leben wiederaufzubauen.

»Wer kann in dieser Welt auf die entsetzliche Beharrlichkeit des Verbrechens antworten? Niemand sonst, nur die Beharrlichkeit der Zeugenaussage.«

(Aus dem Vorwort zu »Lasst mein Volk eintreten« von Jacques Mery)

Ein Schauder durchfuhr Eddas geschwächten Körper, als Sœur Josèphe an der Treppe des Flugzeugs erschien, Réina an der Hand. Vor ihren Augen war ein blendendes Wunder erschienen! Alles andere wurde in Nebel verhüllt. Nur das kleine Gesicht stand vor Eddas Augen, und ihr Blick war von solcher Macht, als wollte sie es durchdringen.

Sœur Josèphe erkannte sofort, dass jene hagere Frau mit dem eingefallenen Gesicht Edda war. Sie war bestimmt jene bildhübsche junge Frau, die sie vor genau drei Jahren im Ghetto getroffen hatte, aber wie hatte sie der Schmerz verzehrt!

»Es freut mich, Sie wiederzusehen, Madame«, sagte sie und drückte fest Eddas Hand.

Edda holte aus ihrem Täschchen das halbe Stück des Horns, auch wenn dieser Gegenstand nur noch die Bedeutung besaß, die Erinnerung anzusprechen.

»Hier«, sagte sie der Nonne.

Das Horn war sehr abgewetzt, an den Rändern abgebröckelt und die kleinen Vertiefungen waren völlig schwarz geworden. Ein Gegenstand, der jetzt mehr sie als ihre Tochter betraf, ein Zeugnis ihres dreijährigen Martyriums.

Sœur Josèphe konnte ihr Schluchzen nicht zurückhalten, während Eddas Blick nicht vom Gesicht ihrer Tochter abwich, die schweigend beobachtete und sich am Nonnenkleid festhielt. Im kindlichen Geist stritten widersprüchliche Empfindungen miteinander, die sie entmutigten. Wer war diese Frau, die sie so herausfordernd intensiv und eindringlich anstarrte?

»Gib deiner Mutter einen Kuss, meine Kleine«, sagte Sœur Josèphe.

Réina rührte sich nicht. Edda streichelte ihr das Haar. Réina fuhr zurück, versteckte ihr Gesicht im Nonnenkleid. Sœur Josèphe gab nicht auf.

»Begrüß deine Mutter, Gilberta.«

»Bonjour Madame«, sagte die kleine misstrauisch und warf Edda einen traurigen Blick zu.
»Nicht ›Madame‹, Gilberta. Mutter. Mutter!«
»Sie wird sich langsam daran gewöhnen. Wir alle benötigen Zeit«, bemerkte Edda und senkte den Kopf.

»Liebe Frau Edda,
ich kenne Sie nicht persönlich, aber doch kenne ich Sie, denn Ihre kleine Tochter war die letzte Zeit auch zu meiner Tochter geworden. Ich leide unter ihrer Abwesenheit, aber gleichzeitig empfinde ich große Genugtuung, dass sie wieder bei ihrer geliebten Mutter sein kann. Es ist ein gerechtes Glück, nach allem, was Sie durchstehen mussten.
Gilberta ist ein bezauberndes Mädchen, das alle lieben. Gott hat sie uns für drei Jahre überlassen, damit sie unser Leben beglückt. Meine Familie und ich können uns nur schweren Herzens von ihr trennen. Wir möchten Sie bitten, in Verbindung mit uns zu bleiben, um Neuigkeiten über Gilberta zu erfahren.
Ich wünsche, Gott möge Ihnen Frieden bringen, nach dem großen Leid, das man Ihnen zugefügt hat.
Mein Mann und mein untröstlicher Sohn Vittorio, dem sein kleines Schwesterchen sehr fehlen wird, vereinigen ihre Wünsche mit meinen für Ihren persönlichen Frieden und Ihr zukünftiges Glück.
Unsere Adresse steht auf dem Umschlag. Schreiben Sie uns bitte, sobald es Ihnen möglich ist.
   In enger Verbundenheit und Hochachtung
   Lina Citterich«

»Lass uns weggehen! Ich will zurück! Ich will zu Mama Lina und Vittorio.«
Sœur Josèphe versuchte verzweifelt, Réina zu beruhigen.
»Mein Liebling, wir haben es schon oft gesagt. Deine Mutter war auf einer weiten Reise. Jetzt, da sie zurück ist, wirst du wieder bei ihr sein, denn sie liebt dich über alles.«

Réina war untröstlich und verlangte nach jenen Menschen, die sie gekannt und geliebt hatte. Sie waren ihre Familie, und jetzt fühlte sie sich in Gefahr. Das kleine Kinderherz pochte verzweifelt. Sie spürte, dass auch Sœur Josèphe sich nach und nach von ihr entfernen würde, um sie ganz dieser fremden Frau zu überlassen, die sie nicht liebte, der sie nicht vertraute, die sie nicht als Mutter wollte.

Edda saß da, regungslos, traurig und unfähig, irgendetwas zu unternehmen. Die starken Gefühlsregungen waren zu viel für ihre kraftlose Seele. Sie fühlte sich eingeengt, eingemauert. Sie wollte nicht, dass all dies jetzt geschah. Es war zu früh, viel zu früh! Sie vermochte noch nicht, all dem zu begegnen.

Sœur Josèphe spürte, dass sie nicht sofort abreisen und die Kleine allein mit ihrer Mutter lassen durfte. Beide waren unvorbereitet für dieses Zusammensein. Sie musste Edda helfen, den Schock über die Ablehnung ihres Kindes zu überwinden und nach und nach sein Vertrauen zu gewinnen. Aber die Tage verstrichen, und keine Änderung war zu erkennen.

»Sie lehnt mich ab«, sagte Edda der Nonne. »Ich weiß nicht, ob ich das je ändern kann.«

»Es braucht viel Geduld, lassen Sie ihr Zeit. Es ist ein gutes, sehr zartfühlendes Kind. Es ist nicht einfach, in diesem Alter sein Leben plötzlich verändert zu sehen, alle Menschen, die ihm nahestanden, auf einmal zu verlieren.«

Die Kleine klammerte sich trotzig an das Nonnenkleid. Edda konnte sie nicht einmal mehr streicheln, denn ihr Zusammenzucken bedeutete jedes Mal einen Stich in ihr Herz. Jeder Annäherungsversuch prallte an einer Mauer aus Ablehnung und Unerbittlichkeit ab.

Nichts würde so sein wie früher. Der Krieg hatte überall seine tiefen Spur hinterlassen. In den Städten und in den Menschen. In dieser und in den folgenden Generationen. Alles, was Edda erlebt, was sie gesehen, gehört, empfunden hatte, sie würde es nie vergessen, sich nie davon befreien können. Nie würde sie ihr früheres Leben weiterleben können.

Edda und alle jene, die den Holocaust überlebt haben, würden für immer »anders« sein. Man würde es ihnen von Weitem ansehen, und sie hätten gegenseitig in ihrem Blick ein geheimes Erkennungszeichen. Sie würden nie von ihren Leiden offen sprechen können, denn jedes Wort darüber wäre von Neuem ein unerträglicher Schmerz. Jede Erinnerung eine offene Wunde. Die vereinzelten Berichte und die unbeschreiblichen Dokumente würden für die Nichtbetroffenen unfassbar bleiben. Man würde meinen, großer Hunger und die Erschöpfung hätten all diese Todesschrecken in deren Fantasie hervorgerufen. Die seelenlosen, in Lumpen gekleideten Leiber, die aus den Lagern zurückkehrten, schienen Wesen anzugehören, die nicht von dieser Welt sind. Niemand hatte sie vorher gekannt.

Es würden Jahre und Jahrzehnte vergehen, bis sie auf verständliche Art und Weise von ihren grausigen Erfahrungen berichten könnten, und es würde der übrigen Welt die Sprache verschlagen. Viele von ihnen würden sich vor ihrem Lebensende noch beeilen, ein Buch zu verfassen, um diese unfassbaren Ereignisse der Nachwelt zu schildern. Sie würden es als heilige Pflicht betrachten, ihre Schreckenserlebnisse als Warnung für ihre Nachkommen festzuhalten. Ohne diese genauen Aufzeichnungen würden ihre Kinder Gefahr laufen, erneut zu Opfern zu werden.

Es war für die Betroffenen ein erneuter Gang durch die Hölle. Sie mussten ihre schrecklichsten Erlebnisse zurückholen, was auch den Leidensweg und die Todesqualen in ihrem Geist und ihrer Seele neu aufleben ließ. Aber die Angst, dass ihr Erinnerungsvermögen nachlassen könnte, bevor sie ihrer Pflicht nachgekommen waren, ließ sie ihre letzten Kräfte mobilisieren. Sie durften nicht sterben, bevor sie Zeugnis abgelegt hatten.

Die Tage vergingen, und Réina blieb verschlossen. Sie ließ Edda nicht an sich heran. Sœur Josèphe versuchte alles, um sie einander näherzubringen. Bald musste sie ins Kloster zurückkehren, aber solange Mutter und Tochter einander fremd blieben, hatte sie kein Recht, sich selbst zu überlassen. Die Kleine folgte ihr überallhin, aus Angst, sie zu verlieren, und sie schlief in ihrer Umarmung.

»Du darfst nicht aufgeben«, sagte sie zu Edda. »Ich weiß, dass es nicht einfach ist, aber früher oder später wird sich euer Herz öffnen. Gott wird sein Wunder vollbringen!«

Edda hörte ihr still zu. Sie sah von Zeit zu Zeit einen Lichtschein in sich, der aber bald wieder erlosch. Ihr Herz setzte erneut zu einem Kampf an, aber es war zu erschöpft für die große Last. Was sie dringend benötigte, war

Ruhe. Sie wollte sich nicht weiter mit erfolglosen Bemühungen quälen. Wo sollte sie auch die Geduld hernehmen, für einen so langwierigen Kampf? Doch eines Tages geschah das Wunder, für das Sœur Josèphe gebetet hatte.

Es war ein ruhiger, friedlicher Morgen. Réina spielte mit ihrer Puppe im Garten der Klinik. Edda näherte sich ihr und wurde mit einem süßen, strahlenden Lächeln empfangen. Sie fasste Mut, streichelte vorsichtig das dichte, schwarze Kraushaar ihrer Tochter, und Réina zuckte nicht wie sonst zurück, suchte mit ihrem Blick auch nicht nach der Nonne.

»Gefallen dir die Puppen?«

»Ja, sie gefallen mir sehr.«

»Ich kenne einen Laden, wo es sehr schöne Puppen gibt. Wollen wir sie zusammen anschauen gehen?«

Das kindliche Auge leuchtete erwartungsvoll auf.

»Ja, ich will es sehr gerne.«

Sœur Josèphe, die in der Nähe war, trocknete ihre Tränen und faltete ihre Hände zum Gebet.

»Heilige Muttergottes, ich danke dir«, flüsterte sie und bekreuzigte sich, während Edda mit Réina an der Hand sich entfernten, im Gespräch über Puppen vertieft.

»Du bist erwacht, Sonne, am frühen Morgen schon
erstrahlt das Tageslicht.
Die Pfeile deiner Strahlen verjagen die Finsternis.
Du richtest die Menschen auf, und alle erwachen.
Es erwachen die Mütter und die Kinder, es wachen
auf die Toten,
Dein Wunder anzuschauen, Sonne!«

Edda und Réina begleiteten Sœur Josèphe zum Flugplatz. Kurz bevor die Nonne das Flugzeug bestieg, hob sie zum letzten Mal die Kleine hoch, die sie innig umarmte.

»Ich liebe dich, Joséka, liebe dich sehr«, sagte sie schluchzend.

Dieser unvermeidliche Abschied war das bewegendste Erlebnis in ihrem kurzen Leben.

Edda seufzte tief beim Anblick dieser Abschiedsszene. Wie würde sie jetzt allein mit ihrem Kind zurechtkommen? Die Nonne war ihr eine große Hilfe gewesen. Mit ihrer heiligen Güte griff sie immer nur ein, wenn sie Edda aus einer schwierigen Situation befreien konnte.

»Ich will nicht, dass du fortgehst, Joséka. Ich will es nicht!«

»Hör mir gut zu, mein Goldkind. Es gibt gewisse Ereignisse, die geschehen ohne unsere Einwilligung. Sie kommen von alleine. Dort, hoch oben im Himmel ist jemand, der all dies bestimmt. Nur er kann darüber entscheiden.«

»Wie die Sonne und der Mond?«, fragte Réina.

»Wie die Sonne, die aufgeht, wie der Mond, der größer und wieder kleiner wird.«

»Das ist wahre Liebe«, dachte Edda.

Sie hatte das völlig vergessen. Es war aus ihrem Innern verloren gegangen. Jetzt enthüllte ihr die Nonne das geheimnisvolle Codewort. Es war die letzte Liebesbezeugung von Sœur Josèphe.

Die Nonne schaute ihr tief in die Augen, um sie aufzumuntern. Ihr Blick schien ihr einzuflüstern: »Es ist so einfach. Du musst nur beginnen!«

Dann setzte sie die Kleine vorsichtig wieder auf den Boden.

»Du musst deine Mutter sehr lieben, Gilberta. Sie ist eine bewundernswerte Frau.«

Sie küsste Edda und drückte sie fest an sich.

»Möge Gott euch beide beschützen.«

Und sie entfernte sich, ohne zurückzublicken, man sah sie nur noch ihre Tränen wegwischen.

Réina begann untröstlich zu weinen. Edda nahm sie auf ihren Schoß, setzte sich auf eine Bank und wiegte sie, mit einem alten sephardischen Lied, das ihr auch ihre Mutter gesungen hatte, um sie in den Schlaf zu wiegen.

»Durme, durme, querida ijica.

Durme sin ansia y dolor.«

(Schlaf ein, meine teure Tochter.

Schlaf ein ohne Angst und Schmerz.)

Dank der Hilfe des »American Joint Distribution Committee«, das von vermögenden Juden gegründet wurde, um den Glaubensgenossen, die aus den Konzentrationslagern zurückgekehrt waren, beizustehen, kann Edda ein neues Leben beginnen. Zusammen mit Réina zieht sie in ein finsteres graues Gebäude ein, in dem auch andere geschundene Mitmenschen untergebracht sind.

Réina ist das einzige Kind unter diesen gebückten finsteren Gestalten. Ein kleines Zimmer, ohne Küche und Bad, ist das Zuhause von Mutter und Tochter. Edda spürt, wie die engen Wände sie wie feindliche Hände zu würgen versuchen. Réina kann nur in einem kleinen Hof mit grauer Ummauerung spielen. Statt nach und nach zu verblassen, wird ihre Erinnerung und Sehnsucht nach den verlorenen geliebten Menschen stärker und stärker. Edda, noch immer in ihrem eigenen Unglück eingeschlossen und von den sie verfolgenden dunklen Schatten gequält, ist nicht in der Lage, die kindliche Unruhe und seine Sehnsucht zu erkennen. Sie kommt ihrer Tochter nicht näher, sie kann ihr Leben nicht versüßen.

Alberto bemüht sich ununterbrochen, aber noch immer erfolglos, um den wertvollen Passierschein, der seiner Frau und seiner Tochter die Einreise nach Palästina ermöglichen würde. Die Briten waren nicht bereit, jüdische Siedler ins Land zu lassen. Das Verfahren war kompliziert, in einem bürokratischen Knäuel verwickelt.

Edda sucht sich eine Arbeit, um die geringfügige Unterstützung durch das »Committee« zu ergänzen. Ihre Schulbildung ist in dieser aus Ruinen und Wunden neu entstehenden Welt völlig wertlos. Stundenlang verweilt sie stumm und regungslos in der Mitte der Kammer, versucht unentwegt, ihre wertvolle innere Ordnung wiederherzustellen, ein neues Gleichgewicht zu erlangen. In zwei Blumentöpfen am Fenstersims versuchen die jungen Stängel, grüne Blätter zu entfalten, Knospen und Blüten im Halbdunkel des engen Innenhofes zu treiben. Mit ihnen versucht auch Edda, ihr Herz wachsen zu lassen. Mitten aus all dem Schutt, der sich in ihr angehäuft hat, so hofft sie, soll ein neues Leben keimen, sprießen und gedeihen.

Alberto spürt jeden Tag deutlicher, wie ihm der Traum entflieht. Auf seine häufigen und geschwätzigen Briefe erhält er immer nur eine knappe, lakonische Antwort. Edda ist eine andere Frau. Ermattet, in ihrem Schmerz eingekapselt, zu ihrem vermeintlichen Schutz noch immer eingemauert. Wird es ihm je gelingen können, diese undurchdringliche Kapsel von außen zu öffnen, um seine Frau wieder zu gewinnen? Vielleicht, wenn sie zusammenkommen. Was kann schon das Briefpapier bewirken im Vergleich zum Blick in die Augen, dem Streicheln, dem gesprochenen Wort? Sein ungeduldiges Naturell ist sein größter Feind. Die Zeit scheint stillzustehen. Er geht und geht immer wieder zum Büro der Kommandantur. Er kehrt enttäuscht zurück. Noch immer arbeitet er hart und endlos. Und er schreibt Edda wieder und wieder. Das ist alles, was er jetzt tun kann.

KAPITEL 9

Von den achtundfünfzigtausend Juden, die Thessaloníki verlassen mussten, werden nur sehr wenige den Mut aufbringen, in diese Geisterstadt zurückzukehren.

Tausende von jüdischen Häusern bleiben verschlossen, die Gärten sind von Unkraut überwuchert. Es sind die stummen Zeugen eines noch frischen, in der Luft hängenden Verbrechens, die verschlossenen, nie gelesenen Testamente jener, die verfrüht und ahnungslos dahingegangen sind.

Diese sporadischen jüdischen Gestalten tragen auf ihren gebeugten Schultern die Bürde des vernichteten Volkes. In ihrer Seele glüht noch die Erinnerung an eine strahlende Gemeinde, die für immer hinter der Felswand der Intoleranz und des abgrundtiefen Hasses untergehen musste. Hier sind keine Kinder mehr! Ihre zarten Körper wurden in den Öfen der Krematorien zu Asche verwandelt. Nur die Geister streifen in den engen Gassen noch umher, irren ziellos durch die Straßen und die weitläufigen Alleen der aristokratischen Quartiere.

Im Hafenquartier klingt, wie ein Sausen im Ohr, die sephardische Sprache. Ihr Klang schäumt auf und schlägt gegen den Fels des Vergessens. Ein nie enden wollendes Aufbrausen, das die gepeinigten Menschen zum Wahnsinn treibt. Sie können sich nicht vorstellen, die verlorene Harmonie je wieder zu vernehmen. Die Stadt steht still wie eine kaputte Uhr. Wird sie je wieder ihren beschwingten Rhythmus zum Erklingen bringen können?

Ein Mann und eine Frau steigen manchmal die Treppe zum Geisterhaus, das einst die *Casa Bianca* war, rauf und runter. Es sind Aline und Spýros

Albértis. Kurz vor dem Krieg waren sie nach Paris geflohen, und sie haben dank ihres christlichen Namens überlebt. Hier sind sie jetzt Fremde unter Fremden. Viele Jahre hatten sie weit weg von den Ereignissen verbracht. Dann folgten sie der Sehnsucht und Verpflichtung, dorthin zurückzukehren, wo einst ihr Lebensglück geblüht hatte. Jetzt lag hier Totenstille allerorts. Aber sie blieben, mitten in diesen ewig offenen Wunden, blieben aus Verbundenheit zu ihren Toten und um die Gewissensbisse, überlebt zu haben, zu bezwingen.

Hand in Hand steigen die beiden die breiten Marmorstufen hinunter. Sie wirken ermattet, bewegen sich bedächtig, um das Allernotwendigste für ihren Lebensunterhalt zu besorgen. Sie sprechen nur noch selten. Falls sie jemandem begegnen, der sie erkennt und begrüßt, antworten sie mit einem höflichen Nicken.

Sie benützen nur zwei von den Zimmern der Villa. Bei gutem Wetter setzen sie sich in der östlichen Veranda einander gegenüber und verfolgen stumm wie Statuen das Geschehen auf der Straße.

Die übrigen Zimmer des großen Hauses bewohnen riesige Spinnen, die ungestört ihre breitflächigen Gewebe angefertigt haben. Unter den Balkonen nisten die Schwalben. Sie lärmen laut mit ihren Flügeln, wenn sie zu ihrem Nest zurückkehren. Im Herbst, wenn sie wegziehen, erlöschen auch diese Geräusche, und die *Casa Bianca* versinkt in tiefer Stille.

Spýros und Aline Albértis haben in dieser selbst gewählten Einsamkeit bis ins hohe Alter gelebt. Sie haben sich nicht um das Geschehen der Welt gekümmert. Sie trugen noch ihre Kleider aus den Dreißigerjahren, und auf der Straße wirkten sie wie Gestalten, die aus der Vergangenheit auftauchten.

Nach ihrem Tod blieb die *Casa Bianca* leer, von Efeu umrankt und vom Unkraut des vernachlässigten Gartens überwuchert.

»Was unter Deinem Dach geschieht, Herr, hinterlässt ohne Dein Zeugnis keine Spur in den Jahrhunderten. Die hohen Bäume neigen sich nicht, um dort ihren Schatten zu spenden, wo sich die trostlose Trauer quält. Dort, wo der Wind immer den Duft der Erinnerung hinweht. Dort, wo man die Zeit nicht zurücklassen kann, um dem Vergessen zu begegnen.

Wir kehren immer dorthin zurück, wo alles anfing: in die Unschuld der Kindheit, in die Harmonie der Seele, in den geheimnisvollen Garten Deines Seins.
Warum, Herr, warum hast Du den Menschen so erschaffen, dass er so eilig vergisst! ...«

Edda fand eine Beschäftigung in einem Schneideratelier. Auf der Suche nach Arbeit musste sie alle ihre Fähigkeiten mobilisieren und sich ihrer Kenntnisse bewusst werden. Sie war zwar keine perfekte Schneiderin, aber was war schon perfekt zu jener Zeit! Ein jeder suchte das Beste aus den sich bietenden Möglichkeiten zu machen. Das Nähen ermöglichte es ihr, zu Hause zu arbeiten und in der Nähe von Réina zu sein. Aber noch immer konnte sie sich nur wenig um ihre Tochter kümmern. Während ihre Finger über den Stoff glitten, mit Nadel und Faden beschäftigt, reiste ihr Geist unkontrolliert umher. Irgendwo ließ er ein quälendes Bild zurück, ersetzte es durch ein weniger schmerzliches. Dabei arbeiteten ihre Hände selbstständig und rasch. Ihr Arbeitgeber war äußerst zufrieden.

Réina wuchs unabhängig von ihrer Mutter auf. Ihr frühreifes Köpfchen hatte begriffen, dass sie auch alleine Antworten auf ihre Fragen finden konnte. Sie war jetzt schon fünf Jahre alt!

Für Edda war dieses geregelte Leben zur Selbstverständlichkeit geworden. Die Eintönigkeit beruhigte sie. An Alberto schrieb sie von Zeit zu Zeit, aber noch immer auf die gleiche Weise. Diese Briefe quälten sie, da sie nichts mit ihrem Alltag zu tun hatten. Die Wiederbegegnung mit ihm machte ihr Angst, aber sie versuchte, diese Unruhe zu vergessen, an sie erst wieder zu denken, wenn es Zeit dafür wäre. Und sie hoffte insgeheim, dass dies nicht alsbald geschehen würde.

Die Zeit lässt alles verblassen. Für Albertos ungeduldiges Wesen waren vier Jahre mehr als genug! Oft erwachte er mitten in der Nacht und fragte sich bestürzt, was von seiner Liebe noch übrig geblieben war. Er wusste es nicht. Das Einzige, was er mit Gewissheit spürte, war das Erinnerungsvermögen seines Tastsinns. In seiner Ehrenhaftigkeit gelobte er, das, was Feuer und Stahl überlebt hatte, nicht verloren gehen zu lassen. Aber auch er sah der

Wiederbegegnung mit Edda mit Bangen entgegen. Die Intensität seiner Sehnsucht hatte abgenommen, so sehr er sich bemühte, sie anzuregen.

Seine Männlichkeit quälte ihn. Er hatte all die Jahre hindurch keine Frau umarmt, was eine doppelte Last darstellte. Näherte er sich einer Frau, spürte er ihren Atem und ihren mit Schweißgeruch durchmischten Duft ihn umhüllen und zum Wahnsinn treiben. Diese Enthaltsamkeit, die er sich auferlegt hatte, wurde immer bedrückender. Und sie war ungerecht und zwecklos.

Edda wachte sehr früh auf, und sie begann sofort, ihr unbedeutendes Hab und Gut einzupacken. Die ganze Nacht hatte sie kein Auge zugemacht. Dieser Wechsel brachte sie erneut durcheinander, entriss sie der Gleichförmigkeit, die sie nach langen Anstrengungen erreicht hatte. Einer durch die Tätigkeit bewirkten seelischen Erleichterung, die harmonisch im Rhythmus der Zeit selbst dahinfloss. Von ihr aus hätte die Geschichte ihres Lebens hier enden können. Aber jetzt musste sie sich wieder dem Unbekannten zuwenden, dem sie gar nicht begegnen wollte. Sie konnte sich noch immer nicht genügend wehren. Sie war wie ein waffenloser Soldat im Krieg.

Réina hatte aus den flüchtigen Bemerkungen ihrer Mutter begriffen, dass es auf eine Reise gehen würde. Sie akzeptierte es ohne innere Unruhe, so wie sie gelernt hatte, alles anzunehmen.

Man würde ihren Vater treffen. Sie wusste nicht genau, was ein Vater war. Dort im Flüchtlingsheim, wo sie lebten, gab es keine Väter. Das Wort war unbekannt. Sie hörte es nur auf der Straße, von fröhlichen Kindern ausgesprochen, die an der Hand eines Mannes daherkamen, der mit ihnen spielte und alle Wünsche erfüllte.

Réina rieb sich die Augen, nachdem die Geräusche, die ihre Mutter beim Packen verursachte, sie aufgeweckt hatten. Ihr Leben war ein exotisches Märchen, das ihr gefallen musste, da sie keine andere Wahl hatte. Sie wünschte sich in ihrer kindlichen Sehnsucht in den Schoß von Sœur Josèphe oder Mama Lina zurück. In den großen Klostergarten, wo sie mit ihrem Vittorino spielen würde. Aber sie hatte begriffen, dass dies nie wieder zurückkehren würde. So wie die Sonne den Tag mit sich nimmt, um dem Mond die Nacht zu überlassen. Einige Dinge geschehen, weil sie so geschehen müssen, weil »Er« es so wollte, wie ihre Josèka sagte. Und bei diesen Dingen fragt man nicht »warum?«.

Am Abend betete sie insgeheim, bekreuzigte sich auf katholische Art, ohne dass ihre Mutter es sehen konnte.

»Heilige Maria, Großherzige, behüte meine Josèka, Mama Lina, Vittorino, Onkel Mario, die Schwestern der Gnade, meine Mutter und den Vater.«

Edda und der Réina unbekannte Vater hatten den letzten Platz in ihren Gebeten, und diese Tatsache verursachte ihr mit wachsendem Alter insgeheim Schuldgefühle.

Malkà war genau das, was ihr Name aussagte: Königin! Aufrecht, beeindruckend, stark. Sie besaß etwas von Eddas aristokratischem Aussehen, war aber nicht so zerbrechlich wie sie. Das Leben in Palästina hatte sie abgehärtet. Sie war sehr arbeitsam und entschlossen, hatte eine große Ausdauer. Sie gehörte zur Kaste der Juden, die das Land ihrer Väter nie verlassen hatten, was auch immer sie im Lauf der Jahrhunderte durchstehen mussten. Ihre Haut war braun wie das reife Korn, und ihre haselnussfarbigen Augen ruhten niemals.

Ihre erste Nacht mit Alberto war eine natürliche Folge des Lebens. Erst danach begriff er, dass er mit ihr auch sprechen konnte. Etwas ebenso Notwendiges wie die Liebe. Während der langen Stunden seiner Arbeit gefiel es ihm, an ihre Beziehung zu denken, ohne dass er in ihr eine tiefere Bedeutung suchte. Sein Leben war etwas schöner geworden, etwas erträglicher. Das war alles.

Malkà konnte ihm sehr behilflich sein. Ihr Vater war bei der Verwaltungsbehörde angestellt. So gelang es Alberto endlich, den viel begehrten Passierschein für seine Frau und seine Tochter zu erhalten. Malkà besaß ein Temperament, das seinem ähnlich war. Häufige Ausbrüche gehörten dazu, was zur Folge hatte, dass sie aneinander gerieten. Diese Streitereien aber waren immer von kurzer Dauer. Neckereien, Lachen und Fröhlichkeit traten schnell wieder an ihre Stelle.

Alberto konnte seine neuen Gefühle nicht einordnen, spürte aber täglich stärker, dass ihm Malkà immer wichtiger wurde. Die lange Zeit der

Entbehrungen und Ängste konnte durch diese lebensfrohe, ihn bestätigende Beziehung besser bewältigt werden. Malkà begegnete er ganz anders, als er sich Edda gegenüber verhalten hatte. Sie war ihm ebenbürtig. Er spürte nicht die beschützende Verantwortung des Männchens gegenüber dem Weibchen, und seine Worte waren schlicht, ohne tief greifende Floskeln und verzierende Adjektive. Gott hatte offenbar beschlossen, auf diese Weise sein Leben in Ordnung zu bringen. Oder es noch mehr zu verwickeln. Er wusste es nicht, aber sein Leben hatte sich vollkommen verändert. Es war erfreulicher geworden.

Nach einer Bahnfahrt von vielen Stunden kamen Edda und Réina in Marseille an. Sie übernachteten in einem kleinen Gasthaus, und am folgenden Morgen bestiegen sie in aller Frühe das Schiff. Ihre Reise ins Unbekannte hatte begonnen.

Dieses Schiff sollte nach Haifa fahren. Doch es kursierten Gerüchte, dass es in Alexandrien anlegen würde. Niemand wusste etwas Genaues zu sagen. Aber das Leben steuerte voran, wohin auch immer. Das Schicksal und die Fügung würden das Ziel bestimmen. Davon war Edda, nach ihren Erfahrungen der letzten Jahre, fest überzeugt.

Es war Morgengrauen, als sie in Alexandrien ankamen. Die Sonne färbte das Meer rot, und der weiße Himmel war eins mit dem Wasser. Edda, Réina an der Hand, betrachtete etwas verwirrt die afrikanische Landschaft. Sie hockte zwischen ihren Sachen und zog Réina an sich. Dieses erneute Warten bedrückte sie.

Malkà hatte schon in frühen Jahren gelernt, den Eroberern Widerstand zu leisten. Sie hasste deren Überheblichkeit und Anmaßung. Die Unmenschlichkeit, mit der sie all die Opfer, die verängstigt in den Schiffen zusammengepfercht hier ankamen, weiterschickten in Lager auf Zypern, Alexandrien und Syrien. Nach und nach ist diese Konfrontation zum heiligen Ziel geworden, und sie ist der jüdischen Widerstandsgruppe »Irgun« beigetreten, der härtesten Oppositionsgruppe, die alle fürchteten.

Alberto bewunderte sie noch mehr wegen dieser Hingabe, die zu seiner mutigen Gesinnung passte. Trotzdem hinderte ihn irgendetwas daran, sich in sie zu verlieben. Seine Gefühle für Malkà waren ganz anderer Art als jene für Edda.

Malkà, die genau wusste, welche Schwierigkeiten nach der Ankunft von Edda entstehen würden, unterstützte selbstlos alle Bemühungen Albertos, seine Frau und seine Tochter hierher zu holen. Es gefiel ihr nicht, Notlagen von anderen zu ihrem Vorteil auszunutzen. Tief in ihrem Innern liebte sie Alberto mit dem Enthusiasmus einer willensstarken Frau, die durch die Begegnung mit einem energischen Mann ihren Lebenswillen bestätigte.

Edda und Réina bestiegen einen der Lastwagen des Roten Kreuzes, der an der Hafenmole neben dem Schiff in einer langen Reihe wartete. Edda blickte starr vor sich hin in die warme, feuchte Gegend. Still betete sie für sich. Ihre schwache Hand presste die kleine Hand ihrer Tochter. Diese erhob den Kopf und schaute mit ihren großen kastanienbraunen Augen fragend ihre Mutter an. Sie sagte nichts, obwohl sie einiges fragen wollte. Edda war nie zu einem Gespräch bereit, und sie ließ es sich anmerken, dass das Reden sie ermüdete. Jetzt würde sie aber gerne ihrer Tochter sagen: »Lass uns zusammen zu Gott beten!« Aber auch diesen Satz konnte sie nicht über ihre Lippen bringen. Sie würde sich ausgeplündert und gedemütigt fühlen durch das Eingeständnis, den Aufschrei, der in ihr nistete, zu unterdrücken. Nur so konnte sie ihre tiefste Empfindung versteckt bewahren: ihre Panik.

Edda hat Linas Brief nie beantwortet. Sie empfand große Dankbarkeit für diese ihr unbekannte Frau, wollte aber einer abgeschlossenen Vergangenheit keine Fortsetzung geben. Hie und da schrieb sie dagegen an Sœur Josèphe und teilte ihr Neuigkeiten aus ihrem Leben mit, ohne allerdings das Verhältnis zu ihrer Tochter zu erwähnen.

Sœur Josèphe verschlang solche Briefe, obwohl diese eher an Agenturmeldungen erinnerten. Aber auch so konnte sie etwas über ihre geliebte Gilberta erfahren. Sie spürte genau, dass sie Edda nicht zu mehr Einzelheiten auffordern dürfte, sonst liefe sie Gefahr, auch diese kurzen Mitteilungen zu verlieren. Sie konnte ohnehin aus einem solchen gehaltlosen Schreiben vieles herauslesen. Und ihr Feingefühl sagte ihr, dass das Verhältnis von Mutter und Tochter sich nicht zum Besseren entwickelt hatte. Dafür machte sie Edda verantwortlich. Gilberta war ein einfühlsames Kind mit einer bewundernswerten Anpassungsfähigkeit und einer Seele, die sich nach Zärtlichkeit und engen Beziehungen sehnte.

Die Nächte quälten Sœur Josèphe mit herzzerreißender Sehnsucht nach dem Wesen, das sie in ihrem Leben am innigsten geliebt hatte. In ihren freien Stunden setzte sie sich immer in einer kleinen Lichtung auf einen Hügel, wohin sie oft mit der Kleinen spaziert war, versuchte zu beten und sich zu konzentrieren, um ihr telepathisch ihre teilnahmsvollsten Gedanken zu übermitteln. Aber es gelang ihr nicht, sich zu besänftigen. Ihre glückselige Unschuld, ihr heiterer Gesang schienen für immer verloren zu sein. Sie war wie die Erde, die das Wasser verloren hat.

Lina hörte nicht auf, kleine voll geschriebene Karten nach Paris zu schicken, auch wenn sie darauf keine Antwort erhielt.

»Ma chère petite Gilberte,
… die liebe Sœur Josèphe hat mir deine Karte und den Brief deiner Mutter vorgelesen. Ich bin tief gerührt, dass du mich nicht vergessen hast. Ich wünschte mir ein Foto von dir, um zu sehen, wie du heute aussiehst. Du fehlst uns sehr, meine liebe kleine Gilberta. Aber wir hoffen, dich eines Tages wiedersehen zu können. Onkel Mario und Vittorio senden dir tausend Küsschen. Viele Grüße an deine liebe Mutter.
Ich umarme dich fest und küsse dich
Deine Mama Lina«

Malkà half Alberto, vom Zelt in eine der Flüchtlingsbaracken umzuziehen. Es war ein Zimmer mit Küche und einer kleinen Toilette – ein großer Luxus, diese private Toilette und die Küche! Meistens mussten mehrere Familien gemeinsam Küche und Toilette teilen. Malkà war dies alles dank der Beziehungen ihres Vaters gelungen. Es war eine besondere Gunst. Sie reinigte das Zimmer, verschönerte es sogar mit Vorhängen und mit Blumentöpfen, die sie auf die Simse der beiden Fenster stellte.

Alberto war über alle diese Dinge sehr dankbar, aber gleichzeitig spürte er eine Unruhe. Wie würde er diese komplizierte Konstellation meistern nach der Ankunft von Edda? Er wusste, dass sie zu stolz war, um sich ihm aufzudrängen. Wenn sie merken würde, dass es eine andere Frau in seinem Leben gab, würde sie sich edelmütig zurückziehen. Dies wollte er aber auf keinen Fall. Aber er wusste in Wirklichkeit gar nicht mehr, was er wollte. Er konnte sich über seine Gefühle nicht klar werden. Er konnte nicht mit der erforderlichen Deutlichkeit in sein Herz und in seinen Geist hineinschauen und sich selbst eine aufrichtige Antwort geben. Sein Leben war immer von Wahrheit beherrscht. Jetzt aber war es ihm nicht möglich, die Wahrheit in sich zu spüren. Edda bedeutete noch viel für ihn. Vielleicht nicht mehr auf der sinnlichen Ebene, aber sie hörte nicht auf, »Fleisch aus seinem Fleische« zu sein. Es gab auch ein Kind, das er eigentlich noch nicht richtig kennengelernt hatte, das aber seines war. Seine Fortsetzung. Seine Ergänzung. Sein Blut. Seine Bestimmung für dieses Leben.

Das Lager, in das man die Schiffsreisenden führte, befand sich in einer Sandwüste. Die Hitze war unerträglich. In der verstaubten Luft taumelten die Zelte unter der starken Sonne, als wären sie eine unwirkliche Luftspiegelung. Sie waren eng nebeneinander aufgestellt, und in jedem befanden sich vier Feldbetten, auf denen je ein Bettlaken lag und eine warme Decke für den nächtlichen Frost in der Wüste. Am mittleren Zeltmast hing ein winziges Brunnengefäß, unter dem sich eine Blechschüssel befand. Edda und Réina waren zusammen mit zwei Zwillingsschwestern einquartiert, die schon seit zwei Monaten hier warteten, bis sie an der Reihe wären, nach Palästina zu gelangen.

Edda wechselte ein paar Höflichkeiten mit ihren Mitbewohnerinnen, legte ihre wenigen Sachen in einer Ecke ab, nahm die Seife, die man ihr gegeben hatte, frische Kleider für sich und für Réina und ging mit ihr in die Badebaracken. Sie hatte dieses Bad lange ersehnt. Seit fünf Tagen hatte sie nicht einmal ihr Gesicht gewaschen. Jetzt lief das warme Wasser über ihre Haut, lockerte Staub und Lehm und ihre Erschöpfung auf, schwemmte sie fort. Eine innere Zufriedenheit ließ auch ihre Zellen erneuern. Sie flocht ihre langen Haare zu einem Knoten und zog ein sauberes Kleid an. Sie legte der gründlich gebadeten Tochter ein frisches Kleidchen an, nahm sie an die Hand und sie zogen zu einer Erkundungsrunde aus.

Die Luft war von den Düften der Gerichte erfüllt, welche die Flüchtlinge auf kleinen Gaskochern zubereiteten, die auf Steinen vor ihren Zelten aufgebaut waren. Die Gerüche mischten sich mit der abendlichen Meeresbrise und erzeugten eine orientalische Dunstmischung aus Gewürzen, Jod und gerösteten Zwiebeln. Es gab zwei Mahlzeiten am Tag in der großen Essbaracke des Feldlagers, aber die meisten wollten lieber die Verpflegungszuschüsse beziehen und ihre traditionellen Gerichte und Gaumenfreuden genießen.

Für Edda schien diese Kulisse zur Vorbereitung einer Theateraufführung zu gehören. Die fortschreitende Dämmerung ließ die Menschen wie auf der Bühne lange Schatten hinter sich ziehen, und der Himmel färbte sich, wie von Scheinwerferlicht beleuchtet, röter und röter. Auch der fahle Mond tauchte am Himmel auf.

Plötzlich hielt Edda an, ihr Blick starrte auf den Eingang eines Zeltes. Ihre magere Hand schwitzte und zitterte in der Hand ihrer Tochter. Einmal mehr wusste sie nicht, ob sie wirklich etwas gesehen oder ob ihre Fantasie sie wieder getäuscht hatte. Eine Frau hantierte an einem Gaskocher, um die Flamme größer zu machen. Sie kehrte Edda den Rücken, sodass sie kein Gesicht sehen konnte. Aber wenn sie noch einigermaßen bei Sinnen war, würde sie schwören, dass diese auf der Erde kniende gebückte Frau niemand anderer als ihre Schwester Susann sein konnte!

Für Alberto war Malkà die verlorene Unschuld. Die Wiederbestätigung seines Seins, das einen planlosen und unhaltbaren Weg eingeschlagen hatte. Sie hatte ihm ermöglicht, aus der erdrückenden Enge eines freudlosen Daseins auszubrechen. Seine seelischen und geistigen Kräfte neu zu entdecken und die verlorenen Fähigkeiten vom Schicksal zurückzufordern. Er konnte wieder den Ereignissen begegnen, so wie diese wirklich geschahen, nicht wie er sie sich in seiner Verschlossenheit eingebildet hatte. Sein Körper erneuerte sich, wie eine Schlange, die ihre Haut abstreift. Durch alle seine Poren atmete er wieder das Leben ein, und seine Seele erblühte wie ein Mandelbaum im Winter. Nur manchmal stieß er einen unterdrückten Seufzer aus, verschwieg aber seine Gedanken vor Malkà, um sie nicht zu belasten. Aber für Malkà war er, in seiner seelischen Durchsichtigkeit, die manchmal bis zur völligen Blöße reichte, ein offenes Buch. Sein Blick verriet ihn, die Mattigkeit seiner Haut, seine hastigen Bewegungen.

Malkà wollte ihn nicht zwingen, seine Empfindungen auszusprechen. Sie sagte nur, als lese sie seine Gedanken:

»Jedes Ding zu seiner Zeit, Alberto. Wir werden es dann lösen. Das viele Grübeln schadet bloß.«

Und sie zog ihn zu sich und begleitete ihre Bewegung mit einer berberischen Melodie.

Susann schaute ihre Schwester an, ohne den Mut aufzubringen, sich ihr zu nähern. Auch ihre Fantasie hatte ihr in den letzten Jahren üble Streiche gespielt. Jedes Mal, wenn sie sich hinlegte und die Augen schloss, begann derselbe Reigen aus geliebten Gestalten … Ein Hin und Her, ein Wirbeln im Kreis, dass es ihr schwindlig wurde. Eltern, Geschwister, allen voran immer Edda, die kleine Schwester, die den größten Platz in ihrem Herzen eingenommen hatte. Wo waren sie alle geblieben? Wie ging es ihnen? Wer von ihnen allen war in Wirklichkeit noch am Leben?

Wie alle anderen Juden hatte auch sie den Wahnwitz des Herumirrens mitgemacht. Sie folgte jedem Weg, der sich vor ihr öffnete. Ließ sich von den Wellen der Hoffnungsbrandung irgendwohin verschlagen, wo sie Ruhe finden würde. Die Vergangenheit war zu einem unbeschriebenen Blatt geworden. Würde sich jemand zeigen, der seinen Namen auf diesem leeren Blatt aufschriebe, um seine Gegenwart zu bezeugen? Die Zeit könnte vielleicht darauf antworten. Bis jetzt wusste sie über niemanden aus ihrer Familie irgendetwas. Und nun sollte sie plötzlich in einem Feldlager in Ägypten ihre Schwester wiederfinden. Es war doch nicht alles verloren.

Als Edda fortgeschleppt worden war, glaubte Susann, sie für immer verloren zu haben. Am Ende des Krieges wollte sie wie so viele andere alles versuchen, um nach Palästina zu gelangen. Nur dort könnte sie sich sicher fühlen.

Sie hatten sich so vieles zu erzählen, die beiden Schwestern, dass sie stumm verharrten. Sie standen voreinander, und jede tastete am Gesicht der anderen all das ab, was nie ausgesprochen wurde. Alles Leid, das sie getrennt durchgestanden hatten. Die Erinnerung ist verwirrend, und die Sprache stockt vor dem Übermaß des Auszusprechenden. Nur der Tastsinn erinnert sich genau und versucht wiederzuerkennen.

Susann streichelte das eingefallene Gesicht ihrer Schwester mit ihren Fingerspitzen ganz langsam, sanft, aushorchend. Edda stand regungslos wie angewurzelt da, als müsse sie eine Durchsuchung bestehen, hielt ihre Tochter fest an ihrer Hand, die mit gütig fragenden Augen Susann anstarrte. Diese hob Réina auf, umarmte und küsste sie überall. Auf dem Gasherd begann das Essen zu schmoren. Unbarmherzig beklemmendes Erinnern und schreckliche Rätsel versteckten sich hinter dieser Stille. Bald würden sich völlig unerwartet einige Antworten ergeben.

Edda musste drei Monate in diesem Lager ausharren. Die Schiffe nach Palästina kamen an, wurden beladen und fuhren wieder ab. Andere Schiffe brachten neue Flüchtlinge. Aber Edda und Susann kamen nie an die Reihe, Susann wartete schon sechs Monate hier. Doch jetzt wurde einiges einfacher und erträglicher. Eddas Schwester war immer da, um ihr bei jeder Schwierigkeit zu helfen. Ihre Fürsorge brachte Edda Erleichterung, verringerte ihre Beklommenheit. Sie fühlte sich etwas beschützt, weniger verlassen und ausgeschlossen von der Welt. Auch wenn sie eng umschlungen bittere Tränen über den Tod der Mutter und die Unkenntnis des Schicksals der anderen Geschwister vergossen, blieb Edda gefasst. Dank dieser warmen Umarmung fühlte sie sich nicht länger einsam unter Einsamen. Sie begann, zögernd und behutsam, aus ihrem seelischen Exil zurückzukehren, die schutzlose und ungeklärte Identität abzulegen. Diese Gemütsbewegungen hatten eine heilsame Wirkung.

Alberto konnte dank des Passierscheins, den ihm Malkà beschafft hatte, jedes ankommende Schiff betreten. Von ihr hatte er auch erfahren, dass seine Frau und seine Tochter in einem Lager bei Alexandrien waren. Die Dauer ihres Aufenthaltes dort war ungewiss. Das Ausleseverfahren hatte strenge Regeln. Viele mussten sehr lange dort ausharren, andere wurden in jene Länder zurückgeschickt, die ihnen einen Pass ausgestellt hatten. Albertos Hoffnungen basierten auf dem Schreiben von Dionýsis, dass er als Partisan und Verbündeter der Engländer gekämpft hatte, sowie auf Malkàs Beziehungen.

Ein dunkelhäutiger Polizist und zwei französische Rotkreuzleute suchten Edda auf, um ihr mitzuteilen, dass sie in zwei Tagen mit einem britischen Lastschiff nach Haifa fahren würde.

Es war ein Herbsttag. Die große Feuchtigkeit holte den Himmel in die Tiefe und machte das Atmen beschwerlicher. Diese Nachricht erschütterte sie, obwohl sie so sehr darauf gewartet hatte. Sie hatte aber gehofft, dass sie zusammen mit ihrer Schwester reisen würde. Doch für Susann war noch keine Anweisung gekommen.

Das neue Abenteuer zerrüttete sie wieder. Es war weniger der fortwährende Ortswechsel, der ihr Angst machte, als die Wiederbegegnung mit ihrem Mann nach drei ganzen Jahren der Trennung. Und was für Jahre! Unauslöschlich in ihr wie eine unheilbare Krankheit. Jetzt würden die Lügen ein Ende finden. Die Verstellung auf dem weißen Briefpapier, auf das man anders schreiben kann, als man wirklich empfindet. Jetzt würden sie sich in die Augen schauen und ihre wahren Gedanken lesen, ihre geheimsten Wünsche erraten. Aus dem Gefühlsdurcheinander heraus wären sie nun gezwungen, ihre tiefsten Empfindungen zu trennen und sie unverfälscht offenzulegen. Alle ihre Verwundungen, so gut sie während einer langen Zeit ihres Lebens verborgen werden konnten, würden jetzt vom andern erforscht. Sie würden erbarmungslos entdeckt werden. Und davor zitterte Edda, vor dieser Stunde der Wahrheit, die sie für alle Ewigkeit in sich bewahren wollte. Der Schmerz, den das Erwachen der Erinnerung auslöst! Alberto, wie sie ihn kannte, würde nicht aufhören, in ihr zu wühlen, bis er alles erfahren würde. Er würde alle Mittel dazu einsetzen, von der feinfühligen Liebkosung bis zur erregendsten Sinnlichkeit. Dies schien ihr, schon als Gedanke, unerträglich.

Mit zwei Bündeln unter dem Arm und dem Kind an der Hand stand sie plötzlich vor ihm. Zunächst hatte sie ihn hinter dem Gepäck gar nicht sehen können. Menschen drängten von allen Seiten, und Soldaten versuchten, Ordnung herzustellen. Er nahm ihr die Bündel ab. In seinem Gesicht erkannte sie sofort die gleiche Beklommenheit, ihren eigenen panischen Schrecken. Diese Wiederbegegnung ihrer Schicksale löste in beiden ein Gefühl von denkwürdiger Feierlichkeit aus. Edda spürte seinen Atem neben dem ihren. Rasch, hastig. Er drückte sie an sich und küsste sie auf den bebenden Mund. Er zog Réina zu sich, hob sie hoch aus den Bündeln heraus. In diesem Bild stand die Zeit für alle drei still.

Als Edda Malkà kennenlernte, wusste sie sofort, was diese Frau für Alberto bedeutete. Sie staunte über ihre Gleichgültigkeit. Über die Teilnahmslosigkeit, mit der sie diese Tatsache zur Kenntnis nahm oder bereits guthieß. Sie konnte nicht wissen, ob sie diese Gleichgültigkeit aus Selbstschutz vortäuschte oder ob es eine echte Empfindung war. Sie zog es vor zu schweigen. Aber ihr zerknittertes Herz stöhnte auf und weinte. Die Rückkehr ihrer Liebesfähigkeit schien ihr undenkbar. Sie war vergiftet durch die verpestete Luft des Konzentrationslagers, durch den Rauch, der aus den Schloten der Krematorien aufstieg und in dem sich der Geruch verbrannten Menschenfleisches mit jenem des Todesgiftes »Zyklon B« vermischte.

Zwei Arbeitsbereiche gab es in Palästina: das Ein- und Ausladen von Schiffen und landwirtschaftliche Arbeiten. Alles andere war äußerst selten, Stellen waren kaum zu bekommen. Alberto gelang es mithilfe von Freunden, eine Beschäftigung in einem Betrieb zu bekommen, der Halwà, eine beliebte Süßigkeit, produzierte. Eine sicherlich angenehmere Beschäftigung als jene als Lastenträger am Hafen oder als Straßenverkäufer, die er früher ausgeübt hatte. Aber sein Einkommen war sehr gering. Es reichte kaum aus, um die Bedürfnisse seiner Familie zu befriedigen.

Das Verhältnis zu seiner Frau war durch die Tragik der kaputten Jahre geprägt. Jahre der Gewalttätigkeit, in denen sie die unbeschreiblichsten und abwegigsten Zustände erlebt hatten. Jetzt standen sie staunend voreinander, als würde sie sich zum ersten Mal begegnen. Wie zwei Fremde fragten sie sich, ob sie zueinander passen würden. Ob irgendwo in ihren geheimsten Zellen noch Erinnerungen verborgen wären.

Edda sah viel älter aus. Die Frische ihres Gesichts war verloren gegangen. Ihr Ausdruck war verhärtet. Ihre dunklen, kastanienbraunen Augen hatten ihren Glanz eingebüßt. Aber auch Alberto war nicht mehr der schöne Jüngling mit der fröhlich sehnsüchtigen Zärtlichkeit. Er glich jetzt eher einem abgezehrten Bauern, in dessen Gesichtszügen und Händen die Mühsal seiner Arbeit ihre Spuren hinterlassen hatte.

Ihre Worte blieben schlicht, banal, alltäglich. Es gab keinen reißenden Sturzbach aus Sätzen, der jetzt eigentlich ihre Stunden mit Erzählungen hätte überfluten müssen, damit sie sich wieder näherkämen, indem sie vom Schmerz und der Sehnsucht des anderen erfuhren. Das Gegenteil war der Fall. Sie ließen einander unmissverständlich erkennen, dass jeder seinen Anteil an Qual für sich behalten wollte.

So war auch die körperliche Berührung kein Beitrag zur Annäherung. Edda widersetzte sich. Sie blieb verhärtet und kauerte sich zusammen. Ihr kleiner Körper zog sich zurück und verschloss sich wie eine Muschel. Natürlich war dies Resultat ihrer schrecklichen Erlebnisse, von denen sie nichts berichten wollte. Das Einzige, was Alberto nach langem Drängen erfahren konnte, war, dass sie eines Tages bemerkt hatte, wie sie von einem deutschen Offizier durch eine zerschlagene Scheibe beobachtet wurde, als sie sich wusch. Als sie ihre Blöße zu verstecken suchte, peitschte er sie tobsüchtig bis aufs Blut aus.

Die Worte stockten, sie verzögerte ihr Erzählen, und Alberto begriff, dass diese Pausen aus Atemlosigkeit weitere Geschehnisse verbargen. Der Deutsche wird sich nicht an dem Auspeitschen allein berauscht haben ...

Alberto ging jetzt zwei Tätigkeiten nach. Eigentlich hat er sich nie an diese schwere körperliche Anstrengung gewöhnen können. Er war abgezehrt. Obwohl er alles daransetzte, sich dies nicht anmerken zu lassen, erkannte es Edda schon an seinem schweren, bedächtigen Schritt, wenn er abends zurückkehrte und sich außer Atem auf das Feldbett legte.

Je mehr Zeit verging, desto deutlicher erkannte Alberto, dass Edda seine Vorbestimmung geblieben war, der er nicht entgehen konnte und nicht entgehen wollte. Seine Treffen mit Malkà wurden immer seltener. Sie dienten der Entspannung, der freundschaftlichen Diskussion und der gegenseitigen Unterstützung.

Edda konnte sich nur schwer an die Härte der Wüstenlandschaft und das aufreibende Leben in Palästina anpassen. Ihr erschöpfter Körper verlangte nach den Annehmlichkeiten, die sie von früher her kannte. Nach der Harmonie eines ruhigen, bequemen Hauses. Ihre Seele, ihr ganzes Leben waren ausgeplündert. Sie fühlte sich unfähig, etwas Neues offen zu entdecken, es in ihre Zellen, in ihr Fühlen aufzunehmen. Ihr Gedächtnis war voller Einbrüche. Starre Blicke waren auf eine barbarische Vergangenheit konzentriert, von der sie eigentlich nicht mehr wusste, wann und ob sie diese überhaupt erlebt hatte. Bei den anderen schien sich nichts verändert zu haben. Die Menschen waren dieselben geblieben. Nur sie hatte sich so erbärmlich und unheilbar verwandelt.

Hartnäckigkeit und eine heftige Leidenschaft stachelten Alberto an. Er wollte um alles in der Welt Edda wieder verwandeln, sie aus ihrem seelischen Exil zurückholen. Ihre Isolation verletzte seine empfindlichsten Gefühle. Er suchte irgendetwas, um sie aufzurütteln, aus diesem Schlamm herauszuheben. Diese Leidenschaft wurde zu seinem Lebenszweck.

Réina lernte rasch ihren Vater lieben. Seine spielerische begeisternde Art brachte sie oft zum Lachen. Das kindliche Zwitschern sprang unbeschwert aus der kleinen Brust hervor. Ihr Leben begann bunter zu werden. Die düstere Einöde des Hinterhofes in Paris gehörte nun definitiv der Vergangenheit an. Aber das wie von einem bösen Zauber niedergedrückte Leben ihrer Mutter, deren halbe Sätze und die schleierhafte Trauer, die sie umgab, führten Réina immer wieder in die Isolation. Wie auf der Bühne, nachdem der Vorhang gefallen ist.

Alberto litt unter dieser Haltung seiner Tochter, obwohl er begriff, dass jedes Kind sich vom Schmerz abwendet und nach Freuden sucht. Alle Unannehmlichkeiten stößt es rasch aus seiner Erinnerung hinweg in die Tiefe des Unterbewussten, in der Hoffnung, sie für immer zu vergessen. Für Alberto war eines klar: Edda musste sich verändern. Und dieses Ziel verfolgte er entschlossen mit Leib und Seele und allen seinen Empfindungen.

Malkà hatte vorausgeahnt, dass ihr Verhältnis zu Alberto diese Wendung nehmen würde. Sie merkte bald, dass Alberto, auch wenn Edda vorläufig seine Leidenschaft nicht zu entflammen vermochte, ganz instinktiv und aus dem starken Erinnerungsvermögen seiner Sinne heraus sie zurückgewinnen wollte. Diese außergewöhnliche Liebe konnte durch keine vorübergehende Anhänglichkeit zur Seite gedrängt werden.

Alberto anerkannte diese selbstlose Haltung Malkàs. Er wollte sie nicht verlieren. Sie gab ihm Kraft, half ihm, die Verhältnisse zu ordnen, die Dinge in ihren richtigen Lauf zu lenken. Und Malkà wusste, auf was für eine unvorstellbar schwierige Aufgabe er sich eingelassen hatte. Eddas Abwesenheiten waren für ihn die größte Qual.

Es vergingen sechs Monate seit Eddas Ankunft in Palästina, bis ein Schiff Susann nach Haifa brachte.

Jetzt musste auch sie in dem kleinen Zimmer untergebracht werden. Trotz der großen Liebe zu ihrer Schwester fühlte sich Edda durch dieses Zusammenleben eingeengt. Alberto sah das winzig kleine Privatleben, das sie errichtet hatten, bedroht. Er wurde zum Mann ohne Gesicht. Zum einfachen Arbeiter, der das Geld nach Hause brachte.

Edda fiel in ihr seelisches Exil zurück. Wenn er ihr wenigstens irgendwelche Behaglichkeiten anbieten könnte! Eine bessere Lebensqualität! Stattdessen wurden ihre Lebensverhältnisse immer härter.

■ *Die Briten sind beunruhigt, so viele der gepeinigten Juden als Flüchtlinge ins Land ihrer Urahnen kommen zu sehen. So streng die Kontrollen auch sind und so viele Schiffe sie, eines nach dem anderen, zurückschicken, geben diese Flüchtlinge nicht auf. Der letzte Krieg hat ihnen einen so gewaltigen Schrecken eingejagt wie nichts zuvor im langen Lauf ihrer leidvollen Geschichte. Sie sind fest entschlossen, nach Palästina zu gelangen. Kleine, gemietete Boote bringen sie aus Zypern, Kreta, Ägypten, sogar aus Piräus. Viele ertrinken mit der Vision vor Augen, eine eigene Heimat zu errichten. Es ist eine intuitive Sehnsucht, die ihnen den Weg dorthin weist. Alle diese geschundenen Menschenwracks, mit einem entgeisterten Blick, hatten die Hölle durchwandert. Sie konnten niemandem mehr vertrauen. Ihre Erfahrung hatte sie gelehrt, dass sie nur hier vor weiteren Verfolgungen und Vertreibungen sicher sein würden. Sechshunderttausend Juden gelingt es, das gelobte Land zu erreichen! Menschen, die sich in allem unterscheiden: ganz verschiedenartige Kulturen, Schulbildungen, Lebensauffassungen. Aber sich in einem gleichen: dem schrecklichen Schicksal. Hier wird nicht die Angst herrschen! Sie umarmen einander und leben miteinander. Sie existieren wieder. Sie beginnen das gemeinsame Abenteuer eines neuen Lebens.*

1948 wird in Palästina ein neuer jüdischer Staat gegründet: Israel. Den Juden ist es endlich gelungen, die Welt davon zu überzeugen, dass sie Anrecht auf eine eigene Heimat haben.

Die in Europa noch zurückgebliebenen menschlichen Überreste der Vernichtung machen sich jetzt auf den Weg nach Israel. Sie kommen an, und der Eroberer verlässt das Land. Die staubige Wüste scheint ein Paradies zu sein. Jene, die in den Schrecken der Konzentrationslager gelebt hatten, haben jetzt endlich ein eigenes Land! Ein wildes, unfruchtbares, glühendes Land, aber ihr Land! Viele unter ihnen, vor allem jene aus dem Norden Europas, hatten in wohlhabenden Häusern gelebt und in seidenen Laken geschlafen. All dies tauschen sie gegen ein Zelt und ein Feldbett aus und freuen sich darüber. In ihren ausgemergelten Körpern steckt noch ein Funke, eine unzerstörbare Leidenschaft. Sie wollen ihr Land aufbauen, die Wüste in einen Garten Eden verwandeln. Weit weg von jenen Bestien, die von ihrem Blut und Schweiß profitierten und trotzdem ihren bodenlosen Hass und ihre Niedertracht nicht sättigen konnten. Hier werden sie mit ihrem Gott sein. Sie müssen nicht täglich ihre guten Vorsätze unter Beweis stellen, wie im fremden Land, um akzeptiert zu bleiben. Was sie hier aufbauen werden, ist für sie aufgebaut. Für immer!

Mit den neuen Einwanderungswellen gelangen auch verwandte, geliebte Menschen nach Palästina, die man für verloren geglaubt hatte. So die Mutter Albertos, sein Vater, die heilige Thora in der Hand, die er vor den Flammen gerettet hatte, sein Bruder Vital mit seiner Frau Saríka, und Eddas Bruder Richard. Jedes Mal ist es eine Auferstehung, eine neue Lebenshoffnung. Alle diese Menschen, wiedergeboren und erneut nebeneinander, bilden eine gemeinsame Nachbarschaft. Alle sind von dieser neuen Welle der Freude erfasst, dem neuen Wunder Gottes. Sie helfen einander, ihre Wunden zu heilen.

Nur Edda bleibt abwesend. Ihr Dasein ist auf äußerliche Höflichkeit und ein formales Interesse beschränkt. Ihr Auge ist erstarrt, ihr Blick nach innen gerichtet. Verschlossen und teilnahmslos, nimmt sie auch die bewegendsten Ereignisse nicht wahr. Nichts scheint erschütternder zu sein als das, was sie in sich verborgen mit sich schleppt.

Albertos unentwegte Bemühungen, Edda zur Freude wiederzuerwecken, brachten ihn oft an den Rand der Erschöpfung, aber er gab nicht auf. Er hatte sein ganzes Zartgefühl mobilisiert und ließ es seine Berührung, sein Wort, sein Verhalten bestimmen. Hie und da nahm seine Intensität für kurze Zeit ab, aber schnell hatte er wieder alle Mittel zur Hand, um dorthin zu gelangen, wohin ihn sein Wille und seine Leidenschaft hinführen wollten. Er konnte selber nicht sagen, ob all dies die wahre Liebe sei oder Anbetung, Erinnerung oder eine mystische Selbstverleugnung. Er sprach ohnehin wenig. Worte halfen ihm nicht bei seiner Aufgabe. Sie waren abgenutzt, ermüdend. Sein stärkstes Mittel war die Kraft der Berührung und des Blicks. Oft verschluckte er ein Wort, kurz vor dem Sprechen, und schickte seine Botschaft mit einem zarten Streicheln, einem klaren Blick. In Wirklichkeit hatte er es eilig, den Erfolg seiner Bemühungen beobachten zu können, aber er beherrschte seine Ungeduld, ließ sein Gefühl ohne Drängen fortwirken.

> Sing uns ein Lied, greif nach der
> Harfe, welche leer und leicht
> Mit ihren feinen Saiten auf
> deiner Finger sanften Druck
> wartet wie die wunden Herzen!
> Sing uns das letzte Lied, das Lied
> des letzten Juden auf der Welt!

> Wie kann ich singen,
> wie kann ich zusehen?
> Eine Träne aus Stein
> versperrt meinen Blick.
> Sie kann von meinem müden Kopf
> nicht runterfallen ... Mein Gott, Gott!
> *(Itzhak Katznelson, Der Dichter der Grossen Vertreibung)*

1952 gelingt es Alberto, seinen ersten Auftrag als Rechtsanwalt zu erhalten. Es handelt sich um die Sicherung und den Schutz des Besitzes von Juden, die aus den Konzentrationslagern zurückkehren, und von jenen, deren Verwandte umgekommen sind.

Zu diesem Zweck muss er seine erste Reise nach Thessaloníki antreten. An jeder Ecke steigt aus der Erinnerung ein Schmerzensschrei hervor, an jedem Baum sieht er ein versengtes Skelett hängen. Jede Straße ist noch immer voller Hilferufe. Er streift durch die geplünderte Stadt und erstellt eine Liste der verschlossenen Häuser. Tausende von stummen Zeugen.

Dort steht noch das Haus, in dem er mit Edda gelebt hatte. Aus jeder Ritze dringt ein schriller Schrei, an jeder Mauer lauert noch die Angst. Würde Edda wieder hier wohnen können? Warum nicht? Ihr Leben wäre viel bequemer hier in diesem Haus. Die noch ältere Erinnerung, aus einer kurzen Zeit des Glücks, könnte sie vielleicht aufrichten. Wie viele Worte der Verehrung erklangen hier, in diesen Zimmern. Welche Freuden, welche Hoffnung!

Lange stand er vor dem Haus und konnte sich nicht zum Weitergehen entschließen. Er hörte Lachen, Liebesworte, Neckereien, Lust- und Freudenschreie.

»Wir müssen zurückkehren, Edda, hierher in diese Stadt. In dieses Haus. Unser Leben neu aufbauen, was immer auch geschehen ist. In diesen Ruinen hier müssen wir von vorn beginnen.«

Réina ist bereits zehn Jahre alt. Sie besucht die dritte Klasse der Grundschule und hat viele Freundschaften geschlossen. Die Lehrer lieben sie wegen ihrer Lernfreude und Lebendigkeit. Ihre neue Sprache, die uralte ihrer Ahnen, fließt wie ein sprudelndes Bächlein aus ihrem Mund. Französisch und Ladino, das sie mit ihren Eltern gesprochen hat, ist hinter dem Hebräischen in den Hintergrund getreten.

Dies ist die Sprache, die überall Einzug halten muss. In der Schule, beim Spielen, aber auch im Familienkreis. Die Kinder werden zu Sprachlehrern für die Eltern. In welcher Sprache sie auch immer gefragt werden, sie antworten auf Hebräisch. Und so müssen die Erwachsenen die neue Sprache lernen. Die Kinder holen ihre Eltern aus der dürftig zugeschütteten

Asche ihrer eingeschläferten Geschichte hervor und lassen sie teilhaben an dieser berauschenden Wiedergeburt.

Alberto beobachtet dieses Wunder mit Ergriffenheit. Seine Tochter ist eines von vielen Tausenden junger Bäumchen, die rasch Wurzeln schlagen, heranwachsen und bald in voller Blüte stehen werden. Wie soll er ihr mitteilen, dass er sie bald wieder entwurzeln wird? Dass er sie in eine fremde Stadt führen wird, dorthin, wo ihre inzwischen völlig verblassten Erinnerungen entstanden waren. Dort, wo sich ihre Eltern unermesslich geliebt und sie gezeugt hatten. Verwünschte Ereignisse haben sie voneinander getrennt. Die Tochter muss in der Zukunft leben können, während sie beide sich damit begnügen müssen, an kleinen Erinnerungsfetzen zu zehren, um weiterexistieren zu können.

Aber Edda benötigt eine bessere Lebensqualität. Sie muss etwas vom Verlorenen wiederfinden. Der rote Faden, der zwischen ihr und der Zeit gerissen ist, muss neu geknüpft werden, damit das Wunder ihrer Auferstehung gelingen kann.

Die Reisen Albertos von Haifa nach Thessaloníki werden immer häufiger. Edda packt mit vorgespielter Freude die kleinen Geschenke aus, die er ihr mitbringt. Er beginnt, mit ihr über die Möglichkeit einer Rückkehr zu sprechen. Sie blickt ihn voller Staunen an, und er glaubt an ihren Mundwinkeln das Zittern von Hoffnung zu bemerken. Oder ist es Angst? Er versucht zu scherzen, damit auch sie über ihre Zweifel, ihr Zögern lachen kann. Sie will in ihrem Innersten zurück nach Hause! Das weiß er mit Gewissheit. Um ihr diesen Wunsch zu erfüllen, muss er ihr Zögern umgehen.

»Unsere bösen Erfahrungen, Edda, haben uns großen Schaden zugefügt, aber wir sind daran auch gereift. Wir haben tief in uns geschaut und uns erkennen können. Wir müssen neu beginnen, müssen es wagen. Noch sind wir jung.« Sie war von seiner mutigen Entschlossenheit beeindruckt. War ihm unendlich dankbar, dass er mit solcher Selbstaufopferung sich um sie bemühte, sie nicht aufgab. Mit diesem Nachdruck ihr zu helfen suchte. Aber in ihrem Innern nagten Zweifel, ob sie dieses Opfer wollte. Vielleicht wäre sie frei von Schuldgefühlen, wenn er ein neues Leben mit einer anderen Frau beginnen würde. Sie wusste, dass er in Malkà fast verliebt gewesen war. Aber er hat es nicht annehmen wollen, er konnte keine andere Frau in sein Herz einlassen. So vieles wollte sie ihm sagen, aber sie wusste, dass sie es nie sagen würde!

Was Alberto nicht genügend bedacht hatte, war die Reaktion seiner Tochter. Ihr Widerstand war heftig, als wollte ihr ein Pirat alle Schätze entreißen, die sie mit viel Geduld in ihrem Herzen häufte. Wieder wollte man ihr ihre Wunschträume wegnehmen. Aber diesmal würde sie es nicht zulassen. Ihr sonnenverbranntes Mädchengesicht glühte vor Wut. Alberto erkannte sich wieder in diesem Aufbrausen und senkte beschämt den Kopf. Ihr kurzer, heftiger Atem schlug ihm ins Gesicht:

»Ich werde hier bleiben«, sagte sie mit einer Entschlossenheit, die keinen Platz für weitere Diskussionen ließ.

»Ich bin an den Quellen von Eden angekommen, Herr! Ich kam erschöpft hier an, um Dich anzubeten. Ich neige mich vor Dir, und du kühlst meine Glut. Aber der Fluch dauert noch an. Ich kann nicht in Deinen Gärten verweilen und mich erfreuen. Die Wanderschaft ist noch nicht abgeschlossen. Statt in diesem Paradies, das Du mir schenktest, zu bleiben, muss ich wieder den Weg in die Hölle antreten ...«

Edda erkannte Alberto immer durch ihre Berührung wieder. Alles über ihn war am Rand ihrer Tastzellen gespeichert. So spürte sie sofort, ob er unruhig war, anderer Meinung, wütend oder zufrieden. Je mehr Kenntnisse ihr Tastsinn erwarb, desto eher konnte sie sich ihrer früheren Fähigkeiten bedienen, um ihn zu verstehen. Sie staunte, wie blindlings sie ihm alle Verfügungsgewalt über ihr Leben anvertraute. Ihr Widerstand war abgestumpft, die Unruhe ihrer Existenz ließ kaum Raum zum Nachdenken.

Sie akzeptierte gelassen ihre Niederlassung in Thessaloníki. Ihre Fantasie, die sich anstelle der Wirklichkeit ausbreitete, brachte in ihrem Geist die Stadt so zurück, wie sie diese verlassen hatte. Es war ihr Mythos, ihr untergegangenes Alexandrien. Der Lebensstrom, so gewalttätig er auch unterbrochen worden war, fand einen anderen Ausweg. Die Ströme finden immer einen Ausfluss, um weiterzukommen.

Réina schaute zu ihren Eltern auf, die bereit waren, aufs Schiff zu steigen. Susann und ihre Großmutter hielten sie an der Hand. In ihrem Gesicht war keine Trauer zu erkennen. Als geschähe etwas Alltägliches. Falls sie etwas störte, so war es die Abwesenheit des Vaters, an die sie sich aber in den letzten Jahren schon gewöhnt hatte. Über ihre Gefühle zu ihrer Mutter konnte sie nichts Bestimmtes sagen. Alberto drückte sie an seine Brust.

»In zwanzig Tagen werde ich zurück sein und dich wiedersehen, mein Kleines.«

Réina näherte sich Edda. Sie schlang ihre Arme um ihren Hals und küsste sie auf beide Wangen.

»Gute Reise, Mutter«, sagte sie gefasst. »Ich werde dir schreiben.«

KAPITEL 10

Das Zusammenkommen mit den geliebten Toten ist Eddas tägliche Plage. Diese Stadt ist eine noch offene, blutende Wunde der Erinnerung. Eine Camera obscura, die das versteckte Gedenken auf ihrer Fotoplatte abbildet, um es klar und deutlich ans Tageslicht zu bringen

Alberto versucht, Eddas unvergänglichen Schmerz in materielle Annehmlichkeiten einzuhüllen. Seine Einkünfte ermöglichen ihm dies. Sie betäubt ihren Schmerz, indem sie diese nicht alltäglichen Bequemlichkeiten auskostet. Es ist wie ein Rausch. Und so wie der Alkoholiker seine Sorge mit Trinken verdrängt, vertreibt Edda die sie zermürbende Pein der Erinnerung zunehmend durch den Luxus, den ihr Alberto ermöglicht. Alberto ist über den Wandel erstaunt. Es ist nicht die Edda, die er mochte, nach der er sich so lange zurückgesehnt hatte. Diese Veränderung machte sie mittelmäßig, gewöhnlich. Etwas, das nie zu ihr gepasst hatte. Aber er musste es annehmen, dass sie, auf welche Art auch immer, Erleichterung für ihre Qualen findet.

Alberto trifft Malkà wieder öfters, er sieht sie, immer wenn er nach Israel reist. Jetzt braucht er sie mehr denn je, um seine Unzufriedenheit auszuhalten, seinen Misserfolg zu akzeptieren. Malkàs glühender Körper befreit ihn von seinem gequälten Ich, das in einem Leben eingesperrt ist, das trotz seiner tiefen Wurzeln nie wieder neue Triebe, neue Früchte zeugen wird.

Edda gab er das, was sie von ihm haben wollte: Geld, ein komfortables Heim, schöne Kleider, teure Parfums. Als Ersatz für ihr geplündertes Leben. Ihre Seelen waren noch immer aneinander geschmiedet. Diese kleine Zauberin mit ihrem geheimen Fluidum hatte noch immer genügend Kraft, um ihn für immer an sich zu binden.

Es gibt Dutzende von Frauen wie Edda in Thessaloníki. Karikaturen ihrer selbst von unbestimmtem Alter, die ihre früheren Rollen einstudieren für eine Vorstellung, in der sie abwesend bleiben werden. Nie sprechen sie von den Konzentrationslagern. Sie tragen auch an heißen Sommertagen langärmelige Kleider, um die Nummer zu verbergen, die auf ihrem Unterarm eingebrannt ist. Sie scheinen nur für ihre Hüte, ihre Roben, für die banalsten Alltäglichkeiten zu leben, und wenn sie sich begegnen, grüßen sie einander, als wäre nichts geschehen. Nur an ihrem Lachen erkennt man sofort die Verstellung. Es ist keine Fröhlichkeit in ihm. Und schnell sprechen sie weiter von den vielen Nebensächlichkeiten, nur um keine Pausen aufkommen zu lassen, in denen Totenstille herrscht. Edda spricht wenig, aber sie bemüht sich, die vielen leeren Stunden mit diesen immer gleich ablaufenden Zusammenkünften auszufüllen, die während der Volta am Hafendamm stattfinden oder in den bedrückenden Salons der wenigen offenen Häuser, in denen noch gesellschaftliche Empfänge stattfinden.

Alberto beginnt jetzt, was er in all den Jahren seiner Qualen immer vor sich herschob: an die Kriegsvergangenheit zu denken. Mit Sorge und Gewissensbissen fragt er nach dem Schicksal seiner Genossen in den Bergen. All jene mutigen Partisanen, die ihm beigestanden waren, ihn gerettet hatten, sind in den brudermörderischen Bürgerkrieg geraten, der jetzt erst sein Ende fand. Wie oft hatte er an jene prophetischen Worte von Mítsos zurückdenken müssen:

»Du wirst an mich denken, Alkiwiádi. Wenn wir diesen Krieg überlebt haben, werden wir uns gegenseitig wie Hunde zerfleischen. So ist unser Volk. Nur vor der gemeinsamen Gefahr sind wir vereint.«

Und was ist aus Dionýsis geworden, dem großherzigen Chef?

Alberto schmerzte schon der Gedanke, dass diese Helden jetzt in irgendeinem Gefängnis schmachteten, hineingeworfen wie leere Säcke, damit sie dort verfaulten, oder auf einer öden Sträflingsinsel den langsamen Tod starben. Sie, die in stiller Selbstaufopferung die Ehre und die Seele des Heimatlandes verteidigt hatten.

Er hatte schon einiges unternommen, um Nachrichten zu erhalten. Aber alle hatten eine panische Angst, über die Partisanen zu sprechen. Wer nach ihnen fragte oder über sie Auskünfte gab, wurde selbst verdächtig. Das Land war übersät von Spitzeln und gedrillten Gendarmen, welche rasch einen Verdächtigen erschufen, um ihren kargen Lohn zu rechtfertigen. Was Dionýsis, falls er noch am Leben ist, über all dies denkt, würde Alberto brennend interessieren. Er war sein Vorbild von Standhaftigkeit, sein Maß an Großmut gewesen. Es würde ihm wehtun, wenn Dionýsis jetzt ihn verachten müsste.

»Ihr seid alle kleine Würmer, seid ihr. Scheißbäuche. Habt ihr gegessen und es euch bequem gemacht, vergesst ihr alles.« Bei diesen Erinnerungen spürte Alberto die Schamröte in seinem Gesicht.

Eine weitere ihn beschämende Erinnerung war die an Stella. Jenes fröhliche Mädchen, das ihn mit einer Scheinhochzeit vor der Verhaftung rettete. Er hatte den kleinen hellblauen Ausweis mit ihrem Familiennamen aufbewahrt: »Alkiviádis Ekmetzóglou«. Um Stella hatte er sich nie gekümmert. Sein bürgerliches Leben war noch immer ein verwickelter Knäuel. Er blieb von Edda geschieden, mit Stella verheiratet, und seine Bindung an Malkà wurde zum Dauerzustand. Wie konnte es ihm so ergehen, ihm, der immer auf Klarheit aus war! Wie konnte er in dieses träge Wohlleben hineingeraten, wie in ein weiches Bett, so rasch nach der kaum verblassten Vergangenheit aus Feuer und Stahl? Es drängte ihn plötzlich, Stella sofort aufzusuchen. Er fuhr nach Athen.

Die Hauptstadt war eine Baugrube voller Schutt und hässlicher Hausfassaden, durchlöchert von der gegen den Bruder gerichteten Kugel. Verängstigte Menschen, in Lumpen gekleidet, eilten gekrümmt, betrübt, schweigsam zur Arbeit. Er ging die Hermes-Straße hinab, um dorthin zu gelangen, wo früher seine Schwägerin Susann gewohnt hatte: in die Nähe der Synagoge. Eine große Anzahl an Invaliden war in dürftigen Rollstühlen herausgekommen, um sich an der Wintersonne zu wärmen. Er blickte auf sie mit tiefer Bewunderung und Heimatstolz. Sie hatten einen Teil ihres Körpers für die Freiheit geopfert. Das war ihre Auszeichnung!

»Wie schnell haben sich die Werte gewandelt und die Heimat unterhöhlt«, dachte er betrübt. »Eine Sozialstruktur der gebückten Angst vor der Gewaltherrschaft ist an die Stelle von Widerstand, Aufopferung und menschlicher Größe getreten.«

Er lachte verbittert. Was konnte er tun? »Jeder ist um sein Fell besorgt«, wie Dionýsis gespottet hatte. »Die bequeme Verhaltensweise des Bären.« Er stand lange vor dem Haus, in dem einst seine Schwägerin gelebt hatte. Es war schwer beschädigt und sah unbewohnbar aus. An der Frontseite gab es viele Einschläge von Geschossen, die den Verputz zerstört hatten. Er klopfte an die Tür, obwohl er annehmen musste, dass keiner hier wohnte. Er wartete noch ein Weilchen. Nichts. Er wollte aufgeben, da öffnete sich am benachbarten, halb eingestürzten Haus ein kleines Gitterfensterchen, das entsetzlich quietschte. Aus der kleinen Spalte tauchte das gelbliche Gesicht einer Greisin hervor. Ihre ungepflegte grauweiße Mähne sprang links und rechts heraus. Sie glich einer Mumie.

»Was suchen Sie«, fragte sie mit kränklicher Stimme.

»Ich suche Stella Ekmetzóglou. Wissen Sie vielleicht, wo ich sie finden kann?«

Die Alte grinste auf sehr anstößige Weise.

»Stella, jetzt. Seit sie ihr Kind geboren hat.«

»Stella hat ein Kind?«

»Nanu, jetzt wird er bald fünf sein, ihr Sáwas. Und er ist ein bildhübscher Junge! Es ist so üblich bei den Mischlingen, dass sie schön werden.«

In Albertos Kopf ereignete sich ein kleines Beben, das ihm Übelkeit verursachte.

»Wo ist sie«, stotterte er. »Wissen Sie, wo ich sie finden kann?«

Der Greisenmund öffnete sich mit einem Ausdruck der Missbilligung. Man sah ein paar wenige Zähne, die im blutroten Zahnfleisch wackelten.

»Woher soll ich das wissen?«, zischte sie mit aller Bösartigkeit, die in einer greisen Mumie noch stecken kann. »Die Unvermählten hinterlassen keine Adresse.«

Alberto senkte den Kopf und kehrte ihr den Rücken.

Er war zermalmt. Vor seinen Augen sieht er den Ablauf des Verbrechens, das er durch sein gleichgültiges Wegbleiben begangen hat. Sein turbulentes Leben hatte ihm keine Sekunde Zeit gelassen, um an diese herzensgute junge Frau zu denken, die ihr Leben mit dem seinen durch eine Scheinehe verbunden hatte, deretwegen sie dann, während all der folgenden Jahre, ihr Leben nicht frei gestalten konnte. Ihr reines, schönes, junges Leben, das sie seinetwegen opferte, und ihr Kind mit dem Stigma des nichtehelichen Sohnes zur Welt brachte. Wie hatte er das Gute, das sie für ihn tat, ihr so böse entgelten können? Und dieses Böse lässt sich nicht wiedergutmachen. Genauso wenig wie der Krieg. Die verlorenen Kinder, die zerstörten Seelen. Sein Gesicht brannte vor Schamgefühl und Wut. Niedergedrückt machte er sich auf den Rückweg.

Edda hatte seit mehreren Jahren aufgehört, Sœur Josèphe zu schreiben. Nie, auch nicht nach ihrer Rückkehr nach Thessaloníki, dachte sie daran, Sœur Josèphe zu besuchen. Alles, was sie an ihre Vergangenheit erinnern könnte, hatte Edda in den Schlamm des Vergessens versenkt. Das kurze Aufblitzen von Erinnerungen stieß sie sofort in eine Ecke ihres Geistes und deckte es hermetisch zu.

Sœur Josèphe dagegen wollte nie vergessen. Dieser Säugling, der so plötzlich in ihr Leben getreten und wieder fortgegangen war, hatte sie für immer gezeichnet. Er ließ sie in einer nie gekannten Einsamkeit zurück.

Während der acht inzwischen vergangenen Jahre war sie übermäßig gealtert. Ihre prallen Wangen waren eingefallen, die Augen verloren die Sehschärfe und waren jetzt hinter Brillengläsern versteckt. Zwei tiefe Furchen zeichneten symmetrisch ihr Gesicht von der Nasenwurzel bis zum Kinn. Ihr Drama berührte niemanden, aber auch sie sprach mit niemandem darüber. Es war ihr Lebensroman, den sie in ihrer klösterlichen Entsagung ganz allein durchleben wollte. Trotzdem glühte in ihr noch Hoffnung, und sie war ganz sicher, dass sie diesem Mädchen vor ihrem Tod noch einmal begegnen würde. Diese Vision begleitete sie im Traum und im Wachen.

Die Familie Citterich hatte sich nach dem Krieg in Italien niedergelassen. Im Herzen von Lina blieb immer ein Platz für die kleine Gilberta aufgespart. Auch sie war durch Eddas Schweigen verletzt, aber sie hatte ihren Sohn und ihren Mann, um nicht in eine trostlose Einsamkeit zu verfallen. Aber immer spürte sie eine brachliegende Liebe und Fürsorge für ihre Pflegetochter.

Réina war jetzt eine junge Frau geworden. Sie war schon fünfzehn Jahre alt. Sie glich in allem ihrem Vater. Mit ihrer graziösen Mutter hatte sie nichts gemeinsam, außer der dunklen kastanienbraunen Farbe der Augen. Aber die Form und Größe der Augen waren den väterlichen ähnlich, ebenso wie deren Glanz und ständige Unrast. Auch die tief schwarzen Haare waren so dicht und gekraust wie jene Albertos. Derselbe Wuchs, der gleiche Schritt, die charakteristischen lebhaften Bewegungen. Und die Hartnäckigkeit. Sie kämpfte wie der Vater um ihren Anteil am Dasein.

Réina war aber auch von der Glut und Wildheit Palästinas geprägt. Sie nimmt an allem teil, mit allen Sinnen, allen Zellen ihres jungen Körpers. Alles interessiert sie. Das Leben in Israel hat den sonderbaren Zauber, dass es dir nicht entgegenkommt. Du musst es täglich, und immer von Neuem erobern. Arbeit, Lernen und Vergnügen haben den gleichen Anteil, und sie sind gleich für alle. Das kollektive Leben veranlasst die Jugend, unter sich eine eigene Familie zu sein. Réina wird vom Begeisterungsstrom dieser neu entstehenden kleinen Heimat mitgerissen. Sie trifft oft ihren Vater, aber nie die Mutter. Sie beide sind, jede für sich, mit ihrem eigenen Leben beschäftigt.

■ *Die Juden, die aus den Konzentrationslagern zurückkehrten, waren nirgends willkommen. Ihr schreckenerregender Zustand stieß alle ab. Der grausige Aufenthalt in den menschenverachtenden Lagern hatte sie in willenlose, eingeschüchterte Wesen verwandelt, die es nicht wagten, irgendein Recht zu fordern. Dass sie überhaupt noch lebten, war schon ein Privileg für sie. Keiner unter ihnen hatte die Kraft oder den Willen, sich den Strapazen auszusetzen, seine gesetzlichen Ansprüche anzumelden. Ihre Menschenwürde war bloß eine alte Erinnerung, verschluckt vom Schlund ihres Schreckens. Sie suchten die unauffällige Stille, das Versteck der Einsamkeit.*

Thessaloníki schreckt sie ab. Sie tauchen in Athen unter, versuchen dort ihr Lebendigsein zu verstecken. Einige wandern in die USA oder nach Israel aus. Sehr viel später, wenn sie überzeugt werden können, dass auch sie Rechte besitzen, werden sie nach und nach und zögernd beginnen, etwas von ihrem früheren Besitz zurückzufordern. Viele Anwälte werden für lange Jahre damit beschäftigt bleiben, den chaotischen Knäuel der Bürokratie zu entwirren, um schließlich den unrechtmäßigen Eignern von fremdem Eigentum die Rückgabe abzuringen.

Seit 1945 hat die Amerikanische Vereinigung für Eigentum den Schutz der griechischen Juden übernommen. Sie ist für deren materielle oder ökonomische Entschädigung verantwortlich.

Nach 1950 beginnen die Gerichte, sich der Fragen des Eigentums mit dem nötigen Ernst anzunehmen. Aber von zwölftausend Immobilien, die enteignet worden waren, werden nur dreihundert zurückgegeben, und diese sind total zerstört. Von den zweitausendfünfhundert jüdischen Unternehmen kehren schließlich nur fünfzig in die Hände der legitimen Eigentümer zurück.

Die Vermögen, für die es keine rechtmäßigen Erben gab, wurden anfänglich vom Staat verwaltet. Nach 1950 übernimmt dies aber der Zentralrat der Juden, der dazu ein spezielles Komitee aufstellt. Endlich können die jüdischen Vermögen in jüdische Hände zurückkehren, und so wird es möglich, für die mittellosen Überlebenden und die armen Gemeinden zu sorgen. Allmählich können die äußerst wenigen überlebenden Juden einige ihrer legitimen Rechte zurückerlangen.

Nach dem Krieg wusste niemand etwas über die anderen. Einige versuchten sofort, sich über das Schicksal ihrer Verwandten zu erkundigen, andere zogen es vor, der Wahrheit erst später in die Augen zu schauen, wenn sich ihre Seele etwas gefestigt haben würde.

Die meisten waren nach Israel geflüchtet. Nach ihren jüngsten schrecklichen Erlebnissen knüpften sie alle ihre Hoffnungen für eine sichere Zukunft an dieses junge Staatsgebilde. Viele aber verließen es wieder. Ein ruheloses Kommen und Gehen, wie jenes der Vögel, die nach dem Ertönen eines Schusses in ihrem Schrecken von Ast zu Ast, von Baum zu Baum fliegen und nicht zur Ruhe kommen können.

Albertos Mutter wollte Israel nicht mehr verlassen und ihren Kindern nicht nach Thessaloníki folgen. Seele und Körper waren total erschöpft, ihre Augen durch die vielen Tränen um ihre Kinder trüb geworden. Sie wollte diese hier im gelobten Land für immer schließen. Hier suchte sie ihren Seelenfrieden.

»Nachdem uns das Schrecklichste zugestoßen ist«, sagte sie, »wollen wir hier Ruhe finden.«

Eine der bewegendsten Begegnungen ihres Lebens war die mit ihrer Enkelin Réina gewesen, der Tochter ihres Lieblingssohnes Alberto, die ihren Namen trug. Ihre schwielige kraftlose Hand drückte, so fest sie noch vermochte, die zarte Kinderhand, und ihr ausgedörrter Mund wurde nicht müde, Segnungen auszusprechen und Gott zu danken. Großmutter und Enkelin verteidigten gemeinsam ihren festen Entschluss, Israel nicht zu verlassen. So verschieden die Gründe dafür auch waren, sie waren von derselben Intensität und Entschlossenheit.

Aber die Großmutter starb nach zwei Jahren, ruhig und zufrieden, mit einem friedlichen Lächeln auf den Lippen. Ihr Tod bedeutete für die Enkelin den Beginn neuer Abenteuer.

Der Fluch der ewigen Wanderschaft, dieses »jüdische Schicksal«, schien Réina zu verfolgen, genauso wie es ihre Eltern verfolgt hatte.

»Ich will Israel nicht verlassen! ... Ich kann nicht fortgehen, Vater, versuch mich zu begreifen!«

Nach diesem verzweifelten Ausruf senkte Alberto enttäuscht den Kopf. Er hatte seiner Tochter zu erklären versucht, warum sie, nach dem Tod der Großmutter, zu ihren Eltern nach Thessaloníki ziehen müsse.

Auch Edda war der Ansicht, dass es höchste Zeit geworden war, dass die Familie zusammenfindet, sei es auch nur aus formellen Gründen. Albertos Reisen nach Israel wurden immer seltener, da die meisten der juristischen Auseinandersetzungen um Vermögensfragen der Juden aus Thessaloníki eine Lösung gefunden hatten.

Der Blick, mit dem Réina ihren Vater angeschaut hatte, war nicht nur flehendes Bitten, sondern ein schmerzlicher Aufschrei. Er begriff, dass seine Tochter ihm diesen erneuten Ortswechsel nie verzeihen würde.

Aber Réina akzeptierte es schließlich, wie sie so viele Änderungen in ihrem Leben angenommen hatte.

»Es soll euer Wille geschehen«, sagte sie resigniert.

Alberto hatte nie gedacht, dass er mit seinen geliebtesten Menschen so viele Schwierigkeiten haben würde. Nur Malkà verstand ihn wirklich. Sogar die Luft in ihrer Umgebung ließ sich leichter einatmen, duftete nach

Frische und wildem Thymian. Hier vergaß er seine Sorgen, konnte seinem beengten Leben für kurze Zeit entfliehen. Es ist aber seine eigene Wahl gewesen, dass dieses Leben und jenes von Malkà parallel verliefen.

Die ersten Tage in Thessaloníki waren für Réina entsetzlich. Sie konnte es zu Hause nicht aushalten, aber auch die Stadt jagte ihr einen Schrecken ein. Sie war entmutigt. Nach dem spannenden Leben in Israel war sie jetzt einer bedrückenden Atmosphäre ausgesetzt, ohne jeden Reiz. Ein dumpfes Gefühl in ihrem Innern machte diese Stadt gespenstisch, ohne dass sie ahnen konnte, woher dieser Argwohn stammte.

Ihr Herumirren führte dazu, dass sie irgendwann einmal vor dem Kloster von Kalamarí stand. Ein unbegreifliches Interesse ließ sie lange die hohen grasbewachsenen Mauern betrachten und den Nonnen zuzusehen, die im Hof herumschlenderten, einige mit leichtem, andere mit beschwerlichem Schritt.

Erinnerungsbilder lebten auf in ihr. Stimmen, Melodien, Bruchstücke von alledem in einem Durcheinander. Sie blieb lange an der Mauer gegenüber angelehnt und betrachtete mit weit geöffneten Augen die Kulisse vor ihr und die Fantasievorstellungen in ihr, als suchte sie wie in einem Märchen das Losungswort, um den Trug zu beenden.

Sie kehrte nach Hause zurück, entschlossen, mit ihrer Mutter darüber zu sprechen. Es war immer noch schwierig, sich mit Edda zu beraten. Edda wollte ganz bestimmt ihrer Tochter behilflich sein. Sie sah, wie groß ihre Mühe war, sich in diesem neuen Dasein zurechtzufinden. Aber gleichzeitig hatte Edda seit geraumer Zeit kapituliert, sie glaubte nicht mehr, ihrer Tochter je nützlich sein zu können.

»Mutter, ich will mit dir sprechen!«

Edda war sehr überrascht. Die paar Mal, da Réina sie etwas gefragt hatte, konnte sie ihr keine befriedigende Antwort geben. Sie hatte ihr zwar früher von ihrem Aufenthalt im Kloster erzählt und davon, dass es sehr schwierig gewesen sei, sie zurückzuholen. Aber sie vermied es, von Sœur Josèphe und Lina Citterich zu sprechen. Nur nicht von Sœur Josèphe! Uneingestanden war sie eine unsichtbare Konkurrentin geblieben. Eine nicht wirklich vergessene Gestalt. Die in der Seele ihrer Tochter eine so glänzende Spur hinterlassen hat, dass die Zeit sie nie ganz auszulöschen vermochte.

»Mutter, was weißt du über das Kloster von Kalamarí?«

Edda fuhr bei dieser völlig unerwarteten Frage zusammen. Ihre Augen begannen nervös zu zucken, ihre Lippen erstarrten. Ein Schauder durchfuhr sie von oben bis unten, als hätte man ihr größtes Geheimnis erkannt.

»Ja, ja … ich weiß …«, begann sie zu flüstern.

En este mundo,
Dió, que en los cielos
Patron del mundo
Y de las alturas,
Hace me conocer
Mas presto mis venturas ! …
(Auf dieser Welt, oh Gott des Himmels,
Herr der Welt und der Unendlichkeit,
hätte ich früher schon mein Geschick erkannt! …)

Sœur Josèphe konnte es kaum glauben. Vom ersten Blick an, bei der ersten Begegnung ihrer Augen, hatte sie sofort erkannt, dass diese junge Frau mit den langen, dichten schwarzen Haaren und den weit geöffneten Augen ihre Gilberta war. Ihre weggezogene Schwalbe, deren Abwesenheit ihr Leben so verdunkelt hatte.

Ihr Gesicht verwandelte sich augenblicklich wieder in jenes voller Liebe und Schönheit zurück. Die Rückkehr ihrer Kleinen hatte all das wiederbelebt, was während der zwölfjährigen Abwesenheit verflogen war. Nur ihre Hoffnung war nie verloren. Sie wusste, dass sich ihr Lebenskreis nicht vollenden konnte, bevor sie diesem Kind wiederbegegnet wäre.

Ihre starke Bindung zu Gilberta hatte ihrem Leben einen Sinn gegeben, einen Auftrag! Dies war ihr auch nach der Trennung erhalten geblieben. Sie bewahrte die Kraft und die Geduld. Nur ihr Alltag war freudlos geworden. Sie hatte ihren Gesang aufgegeben, ihre Märchenerzählungen, die Liebkosungen, die Wiegenlieder!

Réina hatte ihre Anpassungsfähigkeit durch all die Wechselfälle in ihrem Leben noch vergrößert. Nie vergaß sie ganz, was sie einmal gelernt hatte.

Ihr Französisch war rasch wieder hervorragend. Auch die katholischen Gebete kannte sie noch. Während der vielen Jahre hatte sie nicht aufgehört, so zu beten, wie es ihr Sœur Josèphe beigebracht hatte.

Sie begann, etwas stockend, das *Ave Maria* zu singen. Es waren die Zeilen aus dem Lied, das ihr Sœur Josèphe vortrug, wenn sie in ihren Armen lag. Ihr Geist hellte sich auf, und alle Bilder aus jener Zeit kehrten zurück. Sie waren im Laufe der Zeit verblasst, aber nie ausgelöscht worden.

In der Luft schwebte Jasminduft. Die Tränen strömten aus den trüben Augen von Sœur Josèphe, aber sie trocknete sie nicht. Es waren süße Freudentränen! Sie fühlte sich erleichtert, ihr Körper schwebte, flog fast. Sie freute sich am Sein, am Atmen. Wie lange hatte sie auf diesen Augenblick gewartet!

Von diesem Tag an änderte sich das Leben für beide. Sœur Josèphe wurde Réinas treue Ratgeberin, die unabhängig vom großen Altersunterschied ihr freundschaftlich helfen konnte, sich in dieser Stadt zurechtzufinden und ihr Leben, trotz der Widersprüche der Ereignisse, zu meistern.

■ *»Nach den historischen Quellen sind die Juden zum ersten Mal um 140 v. Chr. von Alexandrien nach Thessaloníki gekommen und haben hier die erste jüdische Gemeinde gegründet, die sich während der hellenistischen und römischen Zeit weiterentwickelte. Es ist bekannt, dass Apostel Paulus in der Synagoge dieser Stadt gepredigt hat.*

Da die Juden enge Handelsbeziehungen mit den Griechen pflegten, sprachen sie Griechisch, und viele von ihnen nahmen griechische Namen an. Die Römer gewährten den Juden Autonomie.

Während der byzantinischen Zeit war Thessaloníki nach Konstantinópel zur zweitwichtigsten Stadt des Reichs herangewachsen. Aber die byzantinischen Kaiser waren, in ihrer Bemühung, die gesamte Bevölkerung zu christianisieren, den Juden gegenüber feindlich gesinnt und haben antijüdische Gesetze erlassen. Religiöse Feiern wurden verboten. Die Juden mussten sich taufen lassen oder das Land verlassen. Ein einziger Kaiser war ihnen freundlich gesinnt, Aléxios I., Komninós. Er hat die belastenden Steuerabgaben, die man den Juden auferlegt hatte, etwas gemindert. Doch die Schwierigkeiten wuchsen wieder nach der Eroberung der Stadt durch die Römer.

Im 14. Jahrhundert ließen sich Juden aus Ungarn in Thessaloníki nieder. 1423 verkaufte der Regent Andrómachos die Stadt an Venedig. Trotz all dieser Veränderungen wuchs die jüdische Gemeinde ständig und konnte ihre Identität bewahren.

Die älteste Synagoge von Thessaloníki, Etz Achaim veh etz Adaat, wurde in byzantinischer Zeit erbaut und bestand bis zum Anfang des 20. Jahrhunderts.

Nach der Eroberung durch die Türken 1430 kamen laufend neue Wellen jüdischer Einwanderer in die Stadt. 1470 gründeten Juden aus Bayern die Gemeinde der Ashkenazy. Die meisten von ihnen haben aber später Thessaloníki wieder verlassen.

1492 und 1536 ließen sich Tausende von Juden aus Spanien, Portugal, Italien, Sizilien und Frankreich hier nieder. Hinzu kamen Flüchtlinge aus Nordafrika. Sie alle gründeten ihre eigenen Gemeinden und Synagogen, welche die Namen ihrer Herkunftsstädte trugen: Sicilia, Catalania, Lisboa, Mallorca ... Und jede Gemeinde sprach ihre eigene Sprache. Es kam auch eine größere Anzahl ›Maranos‹ aus Portugal, die vom ›Triumvirato‹ der Rabbiner als echte Juden anerkannt wurden, da sie wegen der widrigen Bedingungen in ihrem Herkunftsland zur Christianisierung gezwungen worden waren.

Es gab aber auch Auswanderungswellen von Thessaloníki in andere Länder. Gründe dafür waren die großen Feuersbrünste von 1912 und 1917, welche die Häuser von fünfzigtausend Juden zerstörten, und Epidemien von Typhus und Cholera.

Es gab dreißig verschiedene jüdische Gemeinden in Thessaloníki, die sich aber, wenn Gefahr drohte, zusammenschlossen. Die Stadt wurde zum wichtigen Zentrum für die Lehren von Thora und Kabbala. Große, erleuchtete Rabbiner wirkten hier. Solomon Alkabez, Dichter der Hymne ›Lecha Dodi‹, Isaak Andarbi, Verfasser von ›Nirvei Ribbot‹, Samuel di Medina, der ›Tausend Responsa‹ schrieb. Der Dichter Samuel Uskue bezeichnete Thessaloníki als ›Metropole Israels, Stadt der Gerechtigkeit gleich Jerusalem‹.

In der Mitte des 17. Jahrhunderts lebten hier dreißigtausend Juden, d. h. die Hälfte der Gesamtbevölkerung, und dies trotz Auswanderung, Seuchen und Feuersbrünsten. Zu jener Zeit wirkte in Thessaloníki der berühmte Rechtsgelehrte Chaim Sabetai, der ›Thora a Chaim‹ schrieb.

1872 gründete die Alliance Israélite Universelle die erste Schule. Die Stadt beginnt, westliche Kultur anzunehmen. Es werden auch viele religiöse Schulen, ›Jessibot‹, betrieben. 1899 beginnt die Vereinigung Hebra Kadima sich um die Verbreitung des Hebräischen zu bemühen.

1900 sind von den hundertsiebzigtausend Bewohnern Thessaloníkis achtzigtausend Juden. 1908 unterstützten viele von diesen die Revolution der Jungtürken gegen Sultan Abdul Hamit, welche eine liberalere Herrschaft anstrebte. Diese Revolution brachte eine goldene Epoche. Die Juden konnten sich in allen Berufen entfalten, in Handel, Tabakanbau, Justiz, Medizin, Hochschullehre. An den Samstagen, wenn die jüdischen Geschäfte geschlossen blieben, stand alles in der Stadt und am Hafen still.

1912 befreite die griechische Armee Thessaloníki. König Georg I. verkündete, dass Juden und andere Minderheiten dieselben Rechte wie die Griechen haben werden. Während des Ersten Weltkrieges wurde Thessaloníki zum Kommandozentrum der ›Entente‹.

1932 wurde im Wohnviertel Kabbel, in dem ausschließlich Ashkenazy-Juden wohnten, von extremistischen Elementen Feuer gelegt. Viele der dortigen Bewohner wanderten danach nach Palästina aus. Ihnen wurde der Holocaust erspart.

1935 wohnten sechzigtausend Juden in Thessaloníki.«

(Aus den Aufzeichnungen der Historikerin Rena Molcho)

Réina wächst und lernt eifrig. Sie besitzt dieselbe rasche Auffassungsgabe wie ihr Vater. Und sie ist, nicht zuletzt wegen ihrer frühkindlichen Abenteuer, äußerst anpassungsfähig geworden. Sœur Josèphe steht ihr bei jeder Sorge hilfsbereit zur Seite. Ihren Rat sucht Réina immer wieder, mehr als den irgendeines anderen Menschen. Die jugendliche Unruhe und Ungeduld will rasche und wirksame Antworten auf alle Fragen, die sie mit glühendem Gesicht und zerzaustem Haar eilig der Nonne stellt. Sœur Josèphe glättet mit einer Gebärde, die die ganze Kraft ihrer Güte überträgt, das krause Haar, wischt die Schweißperlen aus der Mädchenstirn und versucht, in diesen Sturzbach von Sätzen und Gesten Ordnung zu bringen. Dann beginnt sie, ruhig und gelassen, ihre Sicht der Dinge darzulegen, ohne die Einwände Réinas zu verharmlosen. Und wenn sich der Sturm in Geist und Seele gelegt hat, beginnen sie zu singen:

»Herr, Gott dieser Welt, der aus der Hölle ein Paradies erschaffen kann! Auf der versengten Erde, Herr, in der kein Same mehr keimt, lässt Du auf einmal den Baum der Liebe neu gedeihen und erblühen. Mitten in der Wüste, inmitten der Dornen, welche die Menschen in ihrer Arglist errichtet hatten, lässt Du die leuchtende Sonne erstrahlen, das frische Wasser zufließen, damit dieser Baum sich entfaltet. Großartig sind Deine Werke, Herr!«

Alberto sprach nur noch selten. Er zog es vor, seine Gedanken schriftlich festzuhalten. Wenn es seine Arbeit erlaubte, setzte er sich in sein Arbeitszimmer und schrieb an Edda. Er verfasste Briefe in denen er seiner Traurigkeit Ausdruck gab und die er ihr vermutlich nie gegeben hat.

»Ich weiß, Edda, dass du nicht das bist, was du nach außen dringen lässt, sonst würde ich verzweifelt alles aufgeben. Du bist es nicht. Nur ich weiß es mit Bestimmtheit, dass du nicht das bist. Nur ich weiß, wie sehr du leidest, tief in dir, über all das, was du verschweigst.

Wie sehr habe ich mich getäuscht, als ich geglaubt habe, dass die Geburtsstadt dich verändern könnte! Wie schade für uns alle. Deine Seele wird nie wieder auferstehen. Sie hat man ganz getötet. Du hast hier deine Muttersprache, hast deine Leidensgenossen wiedergefunden, aber es hat dein Gefängnis nicht geöffnet. Sie fürchten sich ebenso wie du, nach innen zu schauen. Euch an die Wildnis zu erinnern, in die ihr verschleppt worden wart. Euer Auge bleibt trocken. Ihr seid alle versteinert.

Nie wird es dir gelingen können, wieder eine freie Frau zu sein, Edda. Dein Herz bleibt noch am schwarzen Fels von Bergen-Belsen angekettet. Aber, meine Geliebte, du bist immer noch mein Alles. Wo ich auch hingehe, du bist immer bei mir. Was ich auch tue, mit wem ich auch spreche, welche Frau ich auch berühre, du bist stets bei mir.

Du kehrtest zurück aus der Hölle. Du hast sie überlebt, was ein Wunder darstellt. Und du weißt nichts mit diesem Leben anzufangen. Wie wünschte ich mir, dass du wieder zu leben anfingst!

Aber auch wenn ich dich nie verlassen werde, unsere Tochter wirst du nach und nach verlieren, jeden Tag, jeden Augenblick ein bisschen mehr. Und sie ist ein so gutes Kind, unsere Réina. Aber die Kinder ertragen Schmerz und Schweigen nicht. Sie brauchen Worte, um Bilder daraus zu formen ...«

Im Laufe der Jahre hatte Alberto seine stürmische, überschäumende Wesensart überwunden, war ruhiger, ernster, weiser geworden. Sein dichtes Kraushaar war schon deutlich ergraut, und die Unruhe seiner Augen hatte eine stoische Gelassenheit ersetzt.

Beruflich war er oft unterwegs und musste viele Menschen treffen. Häufig wurde er zu Empfängen eingeladen, und er konnte nicht immer absagen. Aber Edda begleitete ihn sehr selten. Sie zog es vor, mit ihren Leidensgenossen zusammenzusein.

Alberto war müde und hatte tiefe Furchen im Gesicht, aber er wirkte jugendlich, voll Tatendrang. Frauen fanden ihn noch immer äußerst attraktiv, und viele ließen ihn dies merken. Er ging manchmal auch auf ein Abenteuer ein, das aber nie irgendwelche Bedeutung erlangte. Trotzdem benötigte er zur Erhaltung seines Gleichgewichts von Zeit zu Zeit solche körperlichen Kontakte. Sie stärkten ihn, gaben ihm neue Energie und Ausdauer, um sich mit Eddas Schattenbildern abzugeben.

All diese Ereignisse, die alltäglichen Pflichten und seine Sorge um Edda, ließen ihm keinen Augenblick der Besinnung, um seine Wiederverheiratung mit Edda zu organisieren. Nicht dass dies irgendetwas verändern würde. Edda war seine einzige, seine Ehefrau für das ganze Leben. Darüber war er sich absolut sicher. Aber Edda musste durch diese Zeremonie ihre formellen Rechte zurückerhalten. Die Hochzeit fand in Gegenwart von zwei Zeugen statt. Edda trug ein graues Seidenkleid, das ihren hageren Körper umspielte. Als einzigen Schmuck trug sie eine rote Rose an der Brust, die ihr Alberto kurz zuvor dort befestigt hatte.

Ihr blasses, stets freundliches Gesicht ließ ihn immer eine Flut von Zärtlichkeit für sie empfinden. Er drückte ihre mageren Finger in seine breite Hand, und sie begannen zu zittern. Genau wie damals. Wie waren die Jahre vergangen! Ein ganzes Jahrhundert, von riesigen Feuersbrünsten gezeichnet, die alles Menschliche versengten und nur ein hasserfülltes Ungeheuer übrig ließen. Sie konnten ihr verwundetes Leben nicht vernarben lassen. Es gab keine Zukunft und kein Zurück mehr. Nichts mehr konnte geschehen. Alles stand still. Alberto führte ein stummes Zwiegespräch mit seiner Trauer: »Ach, Edda, meine Edda. Wie hatten wir begonnen, und wohin sind wir gelangt? Könntest du nur ahnen, was du mir noch immer bedeutest!« Seine melancholischen Gedanken unterbrach der letzte Satz des Rabbiners: »Mazel tov.« Und einer der Zeugen zerbrach, wie es der Brauch erfordert, ein Glas.

Auch ihre erste Verliebtheit vertraute Réina Sœur Josèphe an:
»Ach, Josèka mou, er ist so schön wie Apoll. Wie ein antiker Gott. Er hat ganz blondes Haar und schwarze Augen. Kannst du sie dir überhaupt vorstellen, diese Schönheit? Und wie er daherkommt, aufrecht, riesengroß!«

Sœur Josèphe hörte auch diesem aufbrausenden Liebesverlangen aufmerksam und stumm zu. Sie ließ ihr Zeit, sich durch Worte, durch Metaphern ihres Fühlens etwas zu erholen. Die erste Liebe ist eine einzigartige Leidenschaft. Nichts sonst im Leben erreicht diesen Höchstgrad an Strahlkraft! Auch sie hatte während all der vielen Jahre dieses Leuchten in ihrem Herzen bewahrt. Sie erinnerte sich noch an das fröhliche Gesicht, die starken Arme, an die Augen, deren Milde sie nie wieder in ihrem ganzen Leben begegnet ist. Aber die Liebe ist auch voller Schmerz. Die beiden sind untrennbar miteinander verwachsen. So ist das Leben! Das Leben ist Leiden. In jedem Augenblick bist du der Feindseligkeit der Ereignisse ausgesetzt. Es geht nicht anders.

Réina hielt die Nonne um den Hals umschlungen, hörte nicht auf zu schwärmen, ihr all ihr innerstes Empfinden auszuplaudern, wie ein Vögelchen, das im Blätterwerk des Baumes plätschernd singt.

»Ach komm, Josèka mou, sag mir, was soll ich tun?«

»Hast du es nicht etwas eilig?«

»Ich weiß, ich weiß es. Aber auch du weißt, dass es nur dich gibt, mit der ich sprechen kann. Wem sonst kann ich all das erzählen?«

Sœur Josèphe musste lange darüber nachdenken, bevor sie antworten konnte. Sie wollte ihre Kleine weder verletzen noch ermuntern. Sie musste sie zum Denken bringen, falls so etwas in diesem Zustand möglich wäre. Etwas Besonnenheit in ihre Seele einfließen lassen. Etwas Behutsamkeit in die jugendliche Ausgelassenheit des Herzens.

Sie war für diesen schwierigen Augenblick nicht vorbereitet. Sie hatten über so viele Dinge miteinander diskutiert, und sie, die so begabt im Zuhören war, fand immer eine treffende Antwort auf alle Fragen und Ungewissheiten ihrer Réina. Aber dies war ein sehr komplizierter Fall. Ihre Gilberta war verliebt! Es wäre an sich nichts Tragisches, hätte sie sich in einen Jüngling ihres eigenen Glaubens verliebt. Aber nach allem, was geschehen war, nach aller Not, die ihre Eltern erdulden mussten, würden sie nie akzeptieren können, dass ihre Tochter einen Christen heiratet. Der Glaubenswechsel ihres einzigen Kindes würde für sie ein vernichtendes seelisches Unheil bedeuten. So sah Sœur Josèphe die Angelegenheit.

Réina starrte sie mit ungeduldig fragenden Augen an:

»Also, Josèka mou?«

Der Familie Sciaký geht es wirtschaftlich blendend. Alberto hat den Ruf, einer der besten Anwälte von Thessaloníki zu sein. Ein Auftrag folgt dem andern. Und fast immer ist er erfolgreich. Er ist ein angesehener Jurist. Und er hat noch immer ein unfehlbares Gedächtnis. Die Paragrafen des Zivilrechts sind in seinem Geist mit äußerster Präzision vermerkt, und jede Gesetzesänderung wird in dieses untrügliche Verzeichnis aufgenommen. So findet er die richtige Lösung für alle Probleme seiner Mandanten, die immer zahlreicher werden. Er verdient viel Geld, und seine Familie kann ein wirtschaftlich sorgenfreies Leben führen.

Für Edda ist die materielle Sorglosigkeit sehr wichtig. Sie freut sich, besonders schöne Kleider kaufen zu können, und sie ergänzt die häusliche Ausstattung mit kleinen Kostbarkeiten und teuren Stilmöbeln.

In den Empfangszimmern erstrahlen unter dem Licht kristallener Lüster glänzende Silbergefäße, teures Porzellan, wertvolle Gemälde. Sie geben viele Empfänge, die Edda mit äußerster Sorgfalt vorbereitet. Die Aufregung vor diesen Ereignissen ist ihre größte Freude. Immer ist sie äußerst erlesen in Seide und Spitzen gekleidet. Gäste in dieser vornehmen Umgebung zu empfangen erinnert sie an ihre Herkunft. Da findet sie sich selbst wieder. In dieser großbürgerlichen Atmosphäre begrüßt sie ihre Gäste, und an ihren Fingern erstrahlen die teuersten Ringe, während ein freundliches Lächeln ihre Lippen schmückt. Eine Dame von Welt.

Alberto weiß, dass all dies ein Seidenverband über den für immer offenen Wunden ist. Während dieser für ihn bedrückenden Abende blickt er sie von Weitem an. Sie ist sehr schön. Ihr schlichter Körper wird trotz der Jahre immer eine erotische Ausstrahlung für ihn besitzen. Es ist jedes Mal so, als sähe er sie zum ersten Mal. Auf ihrem Gesicht breitet sich eine kindliche Schuldlosigkeit aus. Sie schaut ihn an und lächelt ihm zu wie ein frischverliebtes Mädchen. Aber all dies ist eine große Täuschung! Diese zerbrechliche Frau, dieses nach außen so friedlich wirkende Wesen durchlebt in seiner Seele eine große endlose menschliche Tragödie.

KAPITEL 11

»Also, Josèka mou«, fragte Réina nochmals ungeduldig.
»Also, mein süßes Mädchen, es gibt Dinge in dieser Welt, die ohne unseren Willen geschehen. Sie geschehen völlig unabhängig von uns.
»Wie der Mond und die Sonne, oder?«
Sœur Josèphe war gerührt, dass Réina nach so vielen Jahren sich noch an ihre kindlichen Erklärungsversuche erinnerte.
»Ganz genau. Wie der Mond und die Sonne. Deine Eltern haben viel erduldet. Vor allem deine Mutter. Sie hat nur deinetwegen überlebt. Nur um für dich wieder da zu sein.«
»Ich frage dich, Josèka mou, was ich tun soll. Und du sagst mir, was meine Mutter durchgestanden hat. Wenn sie mir davon erzählen wollte, würde sie es selber tun.«
»Ich werde schon auf deine Frage antworten, meine Tochter. Darauf will ich ja gerade antworten, aber alles hat einen Zusammenhang. Ich muss es durch meinen Kopf gehen lassen, muss alles richtig gewichten. Wie soll ich es dir erklären?«
Réina begann sich nervös mit ihren feinen schmalen Fingern zu beschäftigen. Diese Einleitung gefiel ihr gar nicht. Aber sie wollte die Ausführungen zu Ende hören.
»Wenn du auf deinem Rücken die schwere Last deines Volkes trägst, so hast du auch eine große Verantwortung. Eine heilige Verpflichtung. Du darfst nicht über die Asche von Millionen Seelen hinwegschreiten und

denken: ›Mich geht das alles nichts an, ich gehe meinen Weg.‹ Auf diesen Trümmern gibt es kein Glück.«

»Ist es so schlimm zu lieben?«, fragte Réina aufgewühlt.

»Wenn deine Liebe andere unglücklich macht, so kann es sehr schlimm sein. Ich weiß, wie sehr es dich schmerzt, dies von mir zu hören. Und ich möchte dir nicht wehtun, mein liebes Kind. Aber du musst begreifen lernen, dass du niemals wie die anderen Mädchen deines Alters sein wirst. Du schleppst mit dir ein sehr schweres Erbe. Dies kannst du niemals tauschen. Frag mich nicht wieso.«

»Ich weiß«, sagte Réina bedrückt. »Es gibt Dinge, die bleiben so, wie sie sind, und man kann sie nicht verändern.«

»Genau.«

Das Gespräch fand ein jähes Ende. Réina hatte seit ihrer frühesten Kindheit unter den widrigsten Umständen lernen müssen, gewisse Veränderungen in ihrem Leben rasch anzunehmen. Sie zweifelte nicht, dass Sœur Josèphe, mehr vielleicht als jeder andere, ihr Bestes wollte. Ihr Gesicht entspannte sich. Sie schaute demütig die Nonne an. Diese umarmte sie voller Hingabe, als wäre sie noch der kleine Säugling, und sang mit bebender Stimme das Lied:

Uralter, mächtiger Wald im herbstroten Laub
Die Jugend vernimmt deine ewige Kraft
Aus allen Dämmen, allen Betonmauern
Aus allen Urgesteinen widerhallt dein Zuruf.
    (Andréas Embiríkos)

Réina lehnte ihren Kopf an die stützende Schulter und begann mitzusingen.

▪ *Heute leben in Griechenland ungefähr sechstausend Juden. Die Hälfte von ihnen in Athen, zwölfhundert in Thessaloníki und die übrigen in Epirus, Thessalien, auf Korfu und Rhodos.*

Die ehemals großen jüdischen Gemeinden in Thrakien sind fast vollständig ausradiert. Die Schwierigkeiten bei der Wiedereingliederung, die Einsamkeit und Trauer beim Anblick der ehemals blühenden jüdischen Quartiere haben fast alle zur Auswanderung gezwungen.

Die Erziehung und die Anstandsregeln erlaubten es Edda nicht, ihr Leiden zu zeigen und schon gar nicht zu weinen. Würde sie weinen, wäre dies immerhin eine Erleichterung. Das Schicksal war so rücksichtslos mit ihr verfahren! Aber was jede »einfache« Frau aus dem Volk durfte, konnte sich Edda nicht erlauben. So streng waren die Konventionen, die sie sich auferlegt hatte. Immer wieder sagte ihr Alberto:

»Sei nicht äußerlich so förmlich, während du dich innerlich zermalmst. Weine, schreie, enthülle deine Wut! Und vor allem: brause auf, schäume vor Wut!«

Aber all dies, was seit Jahrtausenden zur Natur des Menschen gehört, was spontan geschieht und alle für selbstverständlich halten, war für Edda äußerst schwierig, eigentlich undenkbar. Es gab zwar Augenblicke der Krisen, die sie nicht mehr unter Kontrolle halten konnte. Es geschah immer nachts, wenn das Unterbewusste stärker regiert. Man hörte sie im Schlaf ächzen und aufstöhnen.

Réina, die dieses Verhalten ihrer Mutter als ungenügenden Willen zur Kommunikation mit ihr betrachtete, sagte öfters zu ihrem Vater mit einem ironischen Unterton in der Stimme:

»Die Königin möchte herrschen. Sie trägt schöne Kleider und Goldschmuck und geht, wann auch immer es ihr passt, mit ihren Freundinnen aus. Und wir müssen streng darauf achten, ihre Ruhe nicht zu stören und ihre Launen gutzuheißen.«

Alberto begriff, dass hinter diesen Worten nicht Bosheit, sondern Bitterkeit und Schmerz steckten. Er wusste, dass seine Tochter diese Lebensweise ihrer Mutter niemals akzeptieren könnte. Es würde ihr nie gelingen einzusehen, dass Edda, unabhängig von ihrem Willen, sich immer mehr von der Substanz des Lebens entfernte, da sie dazu verurteilt war, in ihrem Innern für alle Ewigkeit Trauer zu tragen. Réina aber litt darunter, und ihre Gefühle für ihre Mutter waren alles andere als Hassgefühle. Es war ihr jugendliches Bedürfnis nach einer wirklichen Mutter, die sie vermisste, was sie als großes Unrecht empfand.

Símos Molcho sah überhaupt nicht so aus wie der Mann aus Réinas Träumen. Aber sie fühlte sich zu ihm hingezogen, als sie sich einmal in einer Gruppe Jugendlicher begegneten. Er war klein gewachsen, hatte ein rundes Kindergesicht und seidenweiche Haut. Sein Haar war lockig und strohblond, seine Augen groß, kastanienbraun und von einem so gütigen Blick, dass Réina sofort tief beeindruckt war.

Seine Familie stammte aus Thessaloníki, hatte sich aber nach dem Krieg in Athen niedergelassen. Símos war soeben aus Italien zurückgekehrt, wo er das Handwerk des Webens erlernt hatte, und arbeitete im Unternehmen seines Vaters.

Er verliebte sich augenblicklich in Réina. Und sie fand ihn sehr sympathisch. Diese Begegnung war ein fast schicksalhaftes Ereignis, da zu jener Zeit Heiraten zwischen den wenigen Juden Griechenlands nur durch Vermittlung stattfanden. Sollten außerdem Herkunft, Bildungsgrad, Vermögensverhältnisse zueinander passen, so waren alle glücklich und mit dem Schicksal zufrieden.

Alberto hätte sich für Réina eine vermittelte Heirat überhaupt nicht vorstellen können. Er wusste, dass für seine Tochter, genauso wie für ihn, Freiheit und Unabhängigkeit wichtige Empfindungen waren. Da großer Mangel an jüdischen Männern herrschte, würden sich alle Familien glücklich schätzen, wenn ein Mann mit den Eigenschaften und dem Hintergrund von Símos um die Hand ihrer Tochter anhalten würde.

Edda begegnete dieser Beziehung, wie allem, höflich und distanziert. Sie ließ es sich aber anmerken, dass sie eine Hochzeit ihrer Tochter mit Símos sehr begrüßte, da Glaube und gesellschaftlicher Status stimmten. Eine solch gute Aussicht würde sich wohl auch in Zukunft kein zweites Mal bieten. Da war aber Alberto ganz anderer Meinung.

»Die Liebe hat Vorrang! Alle Menschen haben Anspruch auf Liebe.« Er befürchtete, dass die Wahl seiner Tochter eher auf Konvention und Einvernehmen basierte als auf der feurigen Leidenschaft, die der Mensch nur einmal in seinem Leben empfindet. »Die Liebe ist etwas Tollkühnes, und der Übermut ist unbedingt erforderlich, damit jemand die harte Realität durchstehen kann, welche später die Jahre immer bringen.«

Edda antwortete auf diesen typischen Wortschwall Albertos mit einem bitteren Lächeln. Er war noch immer derselbe geblieben. Er dachte und urteilte mit dem Herzen. Er machte keine Kompromisse und kümmerte sich keinen Deut um die materielle Seite der Dinge.

Réina ließ sich eher vom Geschehen treiben, als es selbst zu bestimmen. Sie segelte auf neue Horizonte zu, ohne Klagen und Aufbegehren. Ihre Segel blies der oft stürmische Wind ihres Schicksals. Anfängliches Zögern oder Zweifeln verminderte sich, und sie überließ sich schließlich ganz der neuen Entwicklung. Ihre eigene Meinung war wenig ausschlaggebend, da sie von klein auf daran gewöhnt war, dass ihr Leben stets überraschende Wendungen ohne ihren Willen oder ihr Dazutun nahm. Dies wurde zur zweiten Natur. Sie glaubte, dass es so sein müsse. Sie hörte nicht nur auf, ihr Leben selbst zu bestimmen, sondern es auch selbst bestimmen zu wollen. Sie überließ es ganz der Fügung.

Sie war von den Bemühungen ihres Vaters sehr gerührt, in ihr Inneres zu blicken, um zu erforschen, inwiefern es sich tatsächlich um ihre eigene Entscheidung handelte. Aber auch in diesem Fall ließ sie sich auf keine Diskussionen ein. Nur mit Sœur Josèphe konnte sie über diese private Angelegenheit sprechen. Sie erzählte ihr alles sehr hastig, wie im Rausch. Mit übertriebenen Formulierungen, die ihre echten Empfindungen unterstreichen sollten. Die Nonne hörte schweigend und aufmerksam wie immer zu. Und wie immer musste sie Réina dazu bringen, zu ihrem eigenen Vorteil zu entscheiden, auch wenn sie dies schmerzen würde.

Ihr junger Schmetterling würde sie wieder verlassen und sie in Eis und Kälte allein zurücklassen. Aber Sœur Josèphe würde ihr nicht im Wege stehen. Die Hochzeit war das einzig Richtige für eine junge Frau. Die Hochzeit würde sie zur Selbstständigkeit führen. Der Mann war gut und zuvorkommend und …

»Die Bestimmung der Frau ist, eine Familie zu gründen, mein liebes Kind, und du hast wegen deines Glaubens keine uneingeschränkten Möglichkeiten. Heirate diesen Mann, meine Tochter. Es ist das Allerbeste, was du tun kannst. Ich segne dich.«

»Herr, mein Gott, von Dir habe ich um Erleuchtung erbeten, damit ich wissen kann, was ich tun soll. Wie Du meinen Ahnen gesagt hattest,

Ägypten zu verlassen, um nicht länger Sklaven zu sein. Und Du, Heiliger Vater, gabst mir Deinen Rat durch den Mund Deiner Dienerin, einer katholischen Nonne. Einer heiligen Mutter, Herr. Denn die Heiligkeit hat keine Religion und die Güte keine Rasse. Die Liebe ist das Vorrecht Deiner Gerechten auf dieser Welt, wo sie auch hingehören!«

Die Hochzeit von Réina Sciaký und Símos Molcho fand in der großen Synagoge von Thessaloníki statt, dort, wo ihre Eltern, jung und verliebt, ihre Leben vereinigt hatten.

Neben dem klein gewachsenen Mann wirkte Réina in ihrem weiten Hochzeitskleid wie ein im Wald verirrtes Reh. Eine innere Unruhe, die sie zu verstecken suchte, ließ ihre Finger zittern und mit ihnen den Strauß weißer Rosen, den sie festhielten. Aus ihren Augen wollte eine Feuerglut entspringen und ihre Freude in die Welt hinaustragen.

Alberto blickte voller Zärtlichkeit und Stolz auf seine Tochter. Wie schön sie war, und wie verschieden von seiner grazilen Edda. Réina war groß und stark. Sie besaß seine buschigen Augenbrauen und den festen Blick, der auch jetzt, in ihrer Aufgeregtheit, große Entschlusskraft bezeugte.

Réina lernt die Liebe im Hochzeitsbett kennen. Ihre Ängste weichen zurück wie ein kindlicher Albtraum. Ihre Sinne und Gefühle werden neu geboren, lassen die Vergangenheit zurück und öffnen den Raum für eine Zukunft, eine deutlich erkennbare Landschaft. Ihr neues Leben als verheiratete Frau gibt ihr Auftrieb. Sie wird eine Familie gründen, die wirklich ihre eigene sein wird.

Die Abwesenheit seiner Tochter macht die Tage Albertos end- und freudlos. Seine Einsamkeit wird unhaltbar. Seine Arbeit langweilt ihn. Es fehlen die Überraschungen, die Gespräche in den Winternächten. Das unaufhörliche Schweigen seiner Frau stürzt ihn immer tiefer in die Isolation. Je älter er wird, desto mehr sehnt er sich nach Réina. Er bittet Edda, dass sie nach Athen ziehen.

Sie kaufen eine Wohnung in der Nähe des jungvermählten Paares. Réina erwartet bereits ihr erstes Kind. Sie freut sich über die Nähe der Eltern, vor allem des Vaters. Sie spürt einen großen Schatz in ihm, den sie noch zu entdecken hofft. Ihr Lebensroman hat viele Lücken, die man während der zahllosen Erzählungen nicht geschlossen hat.

Das Leben in Athen gefällt Edda nicht, aber sie akzeptiert alles mit gleichmütiger Beherrschung. Sie passt sich klaglos an den neuen Alltag an. Sie findet einige alte Freundinnen aus Thessaloníki, die es nach dem Krieg vorgezogen haben, sich in Athen niederzulassen. Einige unter ihnen waren, wie Edda, auch in Konzentrationslagern gewesen. Das Leben in den Salons der schwebenden Eintönigkeit und des unter der Schminke verborgenen Schmerzes geht hier weiter. Die früheren Augen und die alten Stimmen sind durch neue ersetzt worden. Aber die Seelen sind dieselben geblieben.

Réina hat zwei Söhne, Sólon und Alberto. Ihr Haus ist völlig anders als jenes ihrer Mutter. Schlicht, bescheiden, ohne kostbares Mobiliar. Auch ihre Kleidung ist unauffällig. Sie war nie eitel und hat Äußerlichkeiten stets wenig beachtet. Auch ihre Taten sind von Klarheit gekennzeichnet, als würden sie ihre Seele widerspiegeln. Sie hat rasch viele Freunde. Sie liest viel, liebt das Theater, die Musik und die kultivierte Gesellschaft. Schon nach kurzer Zeit ist sie in der kleinen jüdischen Gemeinde Athens sehr beliebt. Sie engagiert sich auch in den Angelegenheiten der Gemeinde, ist Mitglied der Hilfsorganisationen, und ihr Wort hat ein besonderes Gewicht, obwohl ihr Charakter noch immer jugendlich aufbrausend ist und sie alles mit Begeisterung anpackt.

Alberto ist oft bei ihr, spielt gerne mit seinen Enkeln und unterhält sich mit dem jungen Paar. Es sind die schönsten, behaglichsten Stunden seines Alters.

Réina besucht immer öfters ihre Mutter. Mit wachsendem Alter erhöht sich ihr Verständnis für deren Schicksal. Die innere Einsamkeit bedrückt auch die Tochter. Jetzt beginnt sie zu ahnen, welche folgenschweren Verletzungen die Mutter erlitten hat. In ihrem Innern spürt Réina eine wachsende Flut von zärtlichen Gefühlen der Zuneigung, die sie aber nie auszudrücken gelernt hat. Wie oft wollte sie die Hand ausstrecken, um die Mutter zu streicheln, aber sie zögerte immer einen Augenblick zu lange. Wie oft wollte sie ihr um den Hals fallen und ihr zuflüstern: »Mutter, ich liebe dich!« Sie hat es nie fertiggebracht. Alle diese Versäumnisse werden später, nach Eddas Tod, zu belastenden Gewissensbissen.

Alberto stirbt am 23. Oktober 1985, einen Tag nach seinem 46. Hochzeitstag mit Edda. Eine schwere Erkrankung hatte ihn die letzten zwei Jahre gequält, aber er bewahrte seine Geduld und seinen Stolz. Bis zum Skelett abgemagert und schmerzgeplagt lag er bewegungslos und erinnerte sich an sein Leben. Manchmal setzte er sich auf und begann zu schreiben. Sein Geist und seine Seele bewahren bis zum letzten Augenblick ihre Klarheit, Empfindsamkeit und jugendliche Gewandtheit. In seinem Innern gab es noch Raum für viele Gefühle, die er vernachlässigt hatte. Er würde gerne von vorne beginnen, wenn sein Körper nicht dem Leben davonliefe. Seine Seele würde nun in den Himmel aufsteigen und warten, bis sie über einen neuen Körper verfügte, um ihm ihre noch unverbrauchten Kräfte zu schenken.

Réina trauerte verzweifelt um ihren Vater. Sie hatte nicht ahnen können, dass er ihr so sehr fehlen würde. Er war ihr Held, der Zauberer ihrer Kindheit, der mit seinen magischen Kräften alle ihre Ängste bannen konnte. Ohne ihn fühlt sie sich wirklich verwaist.

Edda versteckte ihre Traurigkeit, wie immer, tief in ihrer inneren Schweigsamkeit und durch ihre Flucht in eine nur ihr bekannte Dimension. Dies war stets ihr Mittel gewesen, den unerträglichen Schmerz zu bezwingen oder ihm auszuweichen. Sie hatte nie aufgehört, sich Alberto zugehörig zu fühlen. Er war und blieb der geliebte und einzige Mann ihres Lebens. Jetzt fühlte sie, als wäre die Hälfte ihres Ichs verstorben und läge in der Erde zusammen mit Albertos Körper begraben. Die andere Hälfte würde, bis zu ihrem natürlichen Ende, weiterhin auf dieser irdischen, sinnlosen und hoffnungsleeren Bahn verharren.

»Bisnona would sigh, a far-away look would come to her eyes softly she would croon old songs, songs brought from Spain by our hidalgo forfathers centuries ago.«

(Leon Sciaký, »Farewell to Salonica«)

Genau einen Monat nach Alberto stirbt Sœur Josèphe. Réina trifft erst nach ihrem Tod in Thessaloníki ein. Sie wird in ein hohes Zimmer mit grellweißen Mauern und gewölbten, schmalen Fenstern aus gelbem und blauem Glas geführt.

Die Nonne in ihrem Sarg scheint in einen tiefen friedlichen Schlaf versunken zu sein. In ihren gekreuzten bleichen Händen hält sie, wie immer, den Rosenkranz ihrer Gebete. Auf ihrer Brust trägt sie ein großes hölzernes Kreuz. Ihr Kopf ist etwas nach vorne geneigt, als würde sie alles billigen, bereit zuzuhören, Verständnis aufzubringen und, wie so oft in ihrem Leben, zu verzeihen. So sehen Heilige aus. Ihr Körper im schwarzen Nonnengewand scheint noch beseelt zu sein, bereit, auf die Menschen zuzugehen, sie zu trösten.

Réina schleicht sich auf den Zehenspitzen heran. Es scheint ihr, dass sich die Augenlider bewegen, ein Zwinkern, ein Freudenzucken. Sie ist verwirrt, aber nicht erschrocken. Sie möchte weinen, aber es gelingt ihr nicht. Die Nonnen singen süße Psalmenmelodien.

Der Geruch von feuchtem Gras und Lavendel breitet sich im Raum aus. Ein Réina vertrauter Duft, der immer die Umgebung von Sœur Josèphe geprägt hat. Die Tote scheint in Réinas Geist aufzublühen. Die Blumen sind aus der Seele von Sœur Josèphe gewachsen, in der Gottes Lächeln wie der ewige Frühling bewahrt worden war und über den Tod hinaus aus ihrem Gesicht erstrahlt.

Réina tritt näher. Der tote Körper bewahrt seine menschliche Wärme, die sie so oft getröstet hatte. Die Lippen scheinen ihr auch jetzt Hoffnung zuzuflüstern. Die anderen Nonnen summen einen leisen Klagegesang. Diese traurige Realität erscheint Réina wie ein Märchen. Eines jener Märchen, die ihr Sœur Josèphe erzählte, und sie konnte mit ihrem kindlichen Geist nicht erkennen, ob es sich um Wahrheit oder Märchen handelte.

»Alles ist ein Märchen, auch die größte Wahrheit«, sagte ihr die Nonne.

Und dasselbe sagt ihr jetzt auch dieses asketische Gesicht, das keinen Schatten von Bosheit aufweist, keinen Groll über die Menschen. Es ist leblos, aber sein Lächeln reicht bis zur Ewigkeit. Réina legt ihrer Josèka eine weiße Nelke, ihre Lieblingsblume, auf die Brust. Erst jetzt fallen die Tränen aus ihren Augen auf das Gesicht der Toten, die mit ihr zu trauern scheint. Réina fühlt sich erleichtert.

Sie tritt ebenso leichtfüßig aus dem Raum, wie sie eingetreten war. Die Sonne geht schon unter, breite Schatten schleichen über den Boden. Aber Réina fürchtet sich nicht, denn sie hat den Frieden ihrer Josèka in sich. Ihr

Rat, ihr Zuspruch, wirken über den Tod hinaus. Die anderen Todesfälle hatten ihr Angst gemacht, denn sie hatte etwas verloren. Aber Sœur Josèphe und ihr Versprechen werden immer in ihr sein.

Die Wolken sind zerrissen, Herr, und ich habe Dein Licht erblickt. Ich sah das Lächeln der Sonne und den Aufstieg der gewichtslosen Seelen zu Dir. Ein sanfter Flötenklang begleitete ihre Fahrt. Deine Engel geleiteten sie in die himmlische Unbeschwertheit. Wie habe ich mich nach dieser Reise zu Dir gesehnt! Mein Körper ist von der irdischen Last und den Schmerzen befreit. Er schwebt im unendlichen Ozean Deines Reichs.

Edda wollte immer ganz allein dem Schmerz begegnen. Mit wem sollte sie jetzt auch sprechen können und was berichten? Sie hätte vor sehr langer Zeit sprechen müssen. Jetzt war es viel zu spät. Das Leben kehrt nicht zurück, um es umwandeln zu können. Sie hatte nur noch einen Menschen, der ihr nahestand: Réina. Wie hatte sie ihrer Tochter soviel Unrecht antun können, ohne es zu wollen. Aber hatte sie noch die Kraft, ihr dies auch zu sagen, um sich zu erleichtern?

Was wäre aus ihrem Leben ohne den Krieg geworden! Wie sie sich nach dem Krieg verhielt, hatte überhaupt nichts mehr mit ihrer wahren Persönlichkeit zu tun. Sie tappte im Dunkeln wie eine Blinde, um den Weg des Überlebens zu finden und sich vor den Schatten, die sie gnadenlos verfolgten, zu retten. Diese Tragödie konnte sie mit niemandem teilen. Denn auch zum Teilen braucht es viel Kraft, die sie nicht mehr besaß. Sie konnte es niemandem mitteilen. Es hätte auch niemand irgendetwas verstehen können. Nicht einmal ihr gütiger Mann konnte verstehen. Nur Gott und sie wussten, was sie durchgestanden hatte, was sie in sich für ewig mittragen musste. Nur Gott und sie wussten, was dieses lange Schweigen sie gekostet hat.

Möglicherweise kennt der Mensch sich selber nicht, weiß nicht, wie gut oder wie böse er ist. Wie stark oder wie schwach. Aber auch wenn nur noch ganz wenige ihre Menschlichkeit in die Zukunft hinüberretten können, wird diese Welt weiterbestehen, sie wird immer wieder überleben und neu entstehen.

Réina entdeckt sich jeden Tag von Neuem. Manchmal ist sie sehr erstaunt über die Kräfte, die sie mobilisieren kann, und über die Liebesfähigkeit, die aus ihrer Seele strömt und alle Menschen in ihrer Umgebung beschützt. Auch ihr Geist arbeitet zielbewusst und zieht seine eigenen Schlüsse. Ihr Erinnerungsvermögen speichert alles und versucht eine vernünftige Ordnung herzustellen, im steten Bemühen, die ungewissen, dunklen Rätsel in ihrem Dasein aufzuhellen und zu deuten.

Eines dieser Rätsel ihres Lebens ist ihre Pflegefamilie Citterich. Die Gesichter sind in ihrer Erinnerung ganz verblasst. Nur die Gestalt von Mama Lina hat in ihrem Herzen einen festen Platz bewahrt. Sie hatte sie einmal auf einem Foto, das Edda aufbewahrt hatte, gesehen. Mama Lina trägt die kleine Réina mit unendlicher Warmherzigkeit auf ihrem Schoß. Sœur Josèphe hatte ihr vieles über die damalige Zeit erzählt, aber auch sie wusste nicht, was aus der Familie Citterich geworden ist.

Lina hatte, nachdem die Familie nach dem Krieg nach Italien gezogen war, regelmäßigen Briefkontakt zu Sœur Josèphe gepflegt, um alles über ihre liebe kleine Gilberta zu erfahren. Irgendwann wurden die Briefe seltener, und auf einmal brach der Kontakt völlig ab. Obwohl Sœur Josèphe wieder und wieder schrieb, kam keine Antwort mehr.

»Möge Gott sie beschützen«, sagte sie, »aber wie ich Lina kenne, würde sie den Kontakt nie freiwillig abbrechen. Sie wollte dich so gerne wiedersehen, Gilberta! So gerne! Ich fürchte, dass etwas Tragisches geschehen ist. Möge es anders sein.«

Vittorio war für Réina der erste geliebte Knabe. Wie an einen Traum erinnert sie sich ganz vage an ihr Glücksgefühl, wenn er aus der Schule zurückkehrte, seine Schultasche hinwarf und ins Kloster eilte, um sie zu finden. Und sie breitete ihre kleinen Arme aus und drückte ihn fest an sich. An sein Gesicht kann sie sich nicht erinnern. Aus den verschwommenen Zügen sieht sie nur zwei dunkle Augen, die voller Güte und Unschuld leuchten.

Ebenso vage erinnert sie sich an Mama Linas so oft ausgesprochene Worte: »Du darfst mich nicht ›Mutter‹ nennen. Nenn mich ›Mama Lina‹. Ich liebe dich wie meine eigene Tochter. Deine Mutter ist auf einer langen Reise, aber sie kehrt zurück, um dich zu sich zu holen.«

All dies waren aber nur vereinzelte Erinnerungsfetzen, ohne Zusammenhang, die aus einem dunklen Hintergrund nur kurz aufleuchteten. Aber genauso wie damals, als sie vor dem Kloster von Kalamarí stand und sich plötzlich erinnerte, dass jemand hinter diesen Mauern auf sie wartete, geschah es eines Abends im Januar 1986, als sie im Fernsehen einen italienischen Journalisten sah. Noch bevor sie seinen Namen gelesen hatte, fühlte sie eine Erregung in sich, eine plötzliche Unruhe.

Ihre Intuition sagte ihr sofort, dass dieser Mann, dieser kämpferische Journalist, etwas mit ihrer Kindheit zu tun hatte. Sie stand fassungslos vor dem Fernseher und blickte ihn an, ohne zu verfolgen, worüber überhaupt berichtet wurde, schaute auf das Gesicht und versuchte sich zu erinnern, was ihr aber nicht gelang. Erst als am Schluss die Namen über den Bildschirm liefen, konnte sie lesen: »Vittorio Citterich, Direktor Nachrichten, RAI«. Der Name hat ihr blitzartig alles erzählt.

Sie schrieb an die RAI nach Rom:

»Lieber Herr,
Ich bin das jüdische Mädchen, das 1943 in Thessaloníki durch den Schutz Ihrer Mutter vor den Deutschen gerettet wurde, die bereits meine Eltern verfolgten.
Gestern Abend sah ich im griechischen Fernsehen ihren TGI-Report ›Das letzte Blut Griechenlands‹, und viele vage Erinnerungen aus meiner Kindheit wurden neu belebt. Ich bewahre sorgfältig ein Foto, das mich als zwei- oder dreijähriges Mädchen auf dem Schoß Ihrer Mutter zeigt, die ich Mama Lina nannte. Sie stehen daneben, ein dreizehn- oder vierzehnjähriger Knabe. Ich hoffe, dass es möglich sein wird, uns wiederzusehen ...«

Der Brief braucht lange, bis er Vittorio erreicht, während Réina ungeduldig auf eine Antwort wartet. Dann klingelt eines Tages das Telefon! Er ist es! ... Und er spricht noch Griechisch, wenn auch nicht perfekt, aber der Tonfall der Thessaloniker ist unüberhörbar. Das Gespräch ist voller Pausen der Rührung und der Tränen, während sie sich ihr Leben erzählen ...

Mama Lina ist in jungen Jahren, kurz nach ihrer Rückkehr nach Italien, an einer heimtückischen Krankheit gestorben. Immer hatte sie von der kleinen Gilberta gesprochen.

»Mit dieser Klage ist sie gestorben, dass sie dich nicht wiedergesehen hat, meine kleine Schwester. Und ich bin jung verwaist. Die Güte meiner Mutter hat mir sehr gefehlt. Aber auch ich habe nach dir geforscht, leider ohne Erfolg ... Und jetzt geschieht das Wunder!«

Vittorio erzählte und erzählte, und sein Griechisch wurde in der Eile des Erzählens brüchiger. Aber Réina wollte, dass dieses Gespräch nie aufhörte.

»Ich werde dir schreiben, sehr bald, kleine Schwester«, versprach Vittorio. Er war jetzt ein Mann Mitte Fünfzig, während Réina zweiundvierzig Jahre alt war.

Wie sind die Jahre vergangen! Verloren gegangen ohne diese Liebe, die im Verborgenen lag. In den Herzen all der Menschen, die auseinandergerissen waren. Réina trauerte um Mama Lina, die sie nie wieder sehen würde, und um Onkel Mario, der auch gestorben war. Aber es gab Vittorio. Und auch sie lebte noch, um ihn wiederzusehen!

Der erste Brief kam bald als Antwort auf ihren Brief. Es war Griechisch geschrieben, voller Fehler, aber so liebenswürdig!

»Rom, 12. Dezember
Meine liebe Rena (Gilberte),
Dein Brief und deine Stimme am Telefon haben mich sehr bewegt. Durch deine Worte lebte meine Mutter, Mama Lina, wieder auf, die dich so sehr geliebt hat, kleines jüdisches Mädchen, wie eine echte Mutter, als das Verbrechen der Geschichte dich von deinen Eltern entfernte ...
Aber mein kindliches Griechisch reicht nicht aus, um all das zu beschreiben, was deine Gegenwart in meiner Kindheit mir bedeutet hat, meine kleine Schwester Gilberte. Um alles erzählen zu können (und es ist sehr viel), muss ich Italienisch sprechen. Deshalb bitte ich deinen Ehemann, Simone, che parla bene italiano, wie du sagtest, dich nach Italien zu bringen. Meine Frau Marilù und unsere Kinder

Angela e Francesco erwarten euch in Rom. Da ihr Ferien habt und ich arbeiten muss während der Feiertage, kann ich nicht nach Athen kommen, um auch deine Mutter kennenzulernen, die ich so liebe, wie die kleine Gilberte Mama Lina geliebt hat.
　Wir erwarten euch!
　Vittorio
N. B. Chiedo scusa per i miei errori di ortografia greca!!«

»Rom, 20. Januar
Meine liebe Rena (Gilberte),
Danke für deinen Brief und das Foto, das mir nach 40 Jahren mein schönes jüdisches Schwesterchen wieder gezeigt hat, aber auch unsere liebe Sœur Josèphe und Marie Louise, deren Name mich auch an einiges aus meinen Kinderjahren in Thessaloníki erinnert hat. Mit allen Einzelheiten erinnere ich mich aber nur an die Geschichte von Gilberte inmitten unserer Familie in unserem Haus an der Wikopoúlou-Straße 7.
Du schreibst mir: ›Gott hat mich erhört, und er schickt mir meinen Bruder gerade jetzt, wo ich meinen Vater verloren habe, den ich so sehr gebraucht habe.‹ Und ich antworte: Du kannst dir gar nicht vorstellen, wie oft ich, seit dem Tod meiner Mutter 1951, mich danach gesehnt habe, meine kleine Schwester und ihre Eltern zu finden, um ihnen die wahre Geschichte der Mama Lina zu erzählen. Sie hat dich sehr geliebt, Rena (Gilberte), aber sie hat trotzdem ihrem Mann und ihrem Sohn gegenüber ihr ›veto‹ eingelegt, die dich endgültig als Tochter und Schwester in die Familie aufnehmen wollten. Noch höre ich ihre Worte: ›Nein! Wir dürfen nicht, sie gehört uns nicht. Wir geben sie ihrer Mutter und ihrem Vater zurück, wenn der Krieg zu Ende ist.‹
Ich stelle mir also vor, dass in diesem schweren Augenblick deines Lebens, da du deinen Vater verloren hast, den du so dringend gebraucht hast, der liebe Gott von Abraham, Isaak und Jakob, der ihn nach Jerusalem celeste (le lieux des justes) eingeladen hat, auch ein himmlisches Zusammentreffen mit Mama Lina verfügt hat. Und so

haben die beiden (dein Vater und meine Mutter) dafür gesorgt, dass wir uns wiederfinden ...

 A Roma o a Atene, presto.

 Dein Bruder Vittorio«

Der verlorene Bruder! Der Kontakt zwischen Réina und Vittorio bricht nicht mehr ab. Und die Tür, die sich in die Vergangenheit geöffnet hat, verspricht eine tiefe Freundschaft für die Zukunft. Wie wichtig und erschütternd für Vittorio die Wiederbegegnung mit Réina ist, bezeugt sein Artikel im »Il giorno«:

»Ich bitte die Leser um Entschuldigung, die meine Meinung über die Ereignisse im Verwaltungsrat der RAI hören wollen. Sie lassen mich völlig kalt. Denn während jener Tage der Turbulenzen im öffentlichen Fernsehen war ich mit einem gewaltigen Ereignis beschäftigt, ausgelöst durch einen Brief an die Via Teulanda (Roma) aus der Polylá-Straße (Athen) ...

Dieser unverhoffte Brief aus Athen holt eines meiner wichtigsten Jugenderlebnisse aus der Vergangenheit in die Erinnerung zurück, die im Alter von zwölf, dreizehn Jahren schon sehr gefestigt ist ...

Es war an jenem Abend der dramatischen Verschleppung der Juden von Thessaloníki in die Vernichtungslager, als die katholischen ›Schwestern der Gnade‹ vor der Klosterkapelle ein kleines Mädchen fanden, das kaum ein Jahr alt war und an dessen Jäckchen eine Notiz geheftet war:

›Sie heißt Réina. Möge Gott sie beschützen.‹

Ohne Zweifel handelte es sich um ein jüdisches Mädchen, dessen Eltern es im Mut der Verzweiflung dort ausgesetzt hatten, um es vor dem sicheren Tod des Holocaust zu retten. Die Nonnen haben sich mit großer Fürsorge der Kleinen angenommen, aber es stellte sich eine entscheidende Frage: Wie sollte die Geburt eines Kindes in einem Kloster begründet werden, ohne Verdacht zu erwecken oder einen Skandal auszulösen?

Sœur Josèphe, welche die Kleine gefunden und ihre Fürsorge übernommen hatte, kam an jenem Abend in unser Haus und sprach mit meiner Mutter. Ich hörte aufmerksam zu und tat so, als spielte ich mit meinen Bleisoldaten.

›Lina, wenn bei einer Kontrolle die Deutschen fragen, woher dieses Mädchen ins Kloster kam, kann ich nicht sagen, dass ich es geboren habe …‹

Meine Mutter schaute kurzentschlossen meinen Vater an und sagte: ›Wir werden sagen, dass es unser Kind ist.‹

So kam es, dass wir an jenem Abend bei uns die Geburt einer jüdischen Schwester feierten.

Aber damit alles seine bürokratische Ordnung hatte, benötigten wir noch eine Geburtsurkunde für Gilberte, so nannten wir die kleine Réina. Da half uns Pater Bucca, indem er vorschlug, das Mädchen zu taufen.

›Als Kind katholischer Eltern, die kirchlich getraut worden sind, wird die Taufurkunde als Geburtsurkunde gelten.‹

Meine Mutter hatte ihre Bedenken:

›Ihre Eltern haben sie uns zu ihrer Rettung anvertraut, nicht damit wir sie behalten.‹

›Sehr weise!‹, entgegnete Pater Bucca. ›Für uns ist die Taufe ein Akt der Rettung. Ihre Eltern werden nach ihrer Rückkehr es uns nicht übel nehmen, dass wir ihre Tochter gerettet haben, indem wir Wasser auf ihre Stirn gossen und etwas Salz auf ihre Lippen legten!‹

So wurde Gilberte gerettet. Und nach Jahren, als ihre Eltern wie durch ein Wunder den Holocaust überlebt hatten, holten sie am Ende des Krieges ihr Kind ab, und alle drei gingen nach Israel.

Meine Schwester auf Zeit in Thessaloníki schrieb mir, nachdem sie mich in einer Reportage der TGI, welche das griechische Fernsehen übernommen hatte, wiedererkannt hatte. Sie sagt mir, dass ihre richtige Mutter bei ihr lebt, dass sie einen jüdischen Mann und zwei jüdische Kinder hat.

Das sind Nachrichten, die mir Freude bereiten, vor allem, wenn ich an meine katholische Mutter zurückdenke, eine heilige Frau, die

jenes Mädchen aus dem Volke Israel sehr geliebt hatte, aber es nicht adoptieren, es nicht zu ihrem eigenen Kind machen wollte, wie wir alle es in der Familie wünschten, um auch nicht indirekt die Schande zu rechtfertigen, die dieses Mädchen von ihren Eltern trennte.
Die kleine Gilberte artikulierte ihre ersten Laute in unserem Haus. Und sie murmelte instinktiv ›Mama‹ zur Frau, die sie auf dem Schoß trug.
›Nein‹, korrigierte liebevoll meine Mutter. ›Ich bin bloß Mama Lina. Deine richtige Mutter wird zurückkehren!‹

Es war noch kein Monat seit dem ersten Anruf Vittorios vergangen, da beschloss er, Réina zu überraschen. Er flog unerwartet nach Athen und klingelte an ihrer Tür. Sie erkannte ihn sofort, aber eher durch ihre Seele als durch das Bild am Fernsehschirm vor einigen Wochen. Er übertraf alle ihre Erwartungen. Seine Augen hatten ihren jugendlichen Glanz und den kindlich unschuldigen Blick bewahrt.
Es war Februar. Es regnete. Es war kalt. Aber in Réinas Stube war der Sommer eingetreten. Das Feuer des Kamins beleuchtete zwei Gesichter, die auf ihren Erinnerungen zurückkreisten und sich gegenseitig versprachen, sich nicht wieder zu verlieren.
»Bruder!«
»Schwester! Die Liebe bewirkt Wunder. Wir sind die Sieger trotz aller Blutverluste. Wir haben überlebt! Ihre so perfekten Nürnberger Gesetze, in denen mit größter Genauigkeit unser Untergang geplant war, konnten nichts gegen ihren stärksten Gegner bewirken: die Liebe!«
Alles aus ihren zwei Leben mussten sie sich mitteilen. Die »verlorenen« Jahre werden aus der Vergangenheit in die Gegenwart geholt, und sie sind ein Weg in die Zukunft. Als Brücke über die vier Jahrzehnte. Sie telefonieren häufig, beraten einander.
Nachdem Vittorio im »Il giorno« einen Artikel unter dem Titel »L'emozione ha il nome di Gilberte« publiziert, kommt eine Flut von Leserbriefen. Er schickt ihr alles sofort und wartet gespannt auf ihr Urteil.
»Ich sende einen neuen Artikel aus »Il giorno«, damit ihn Simone »che parla bene italiano«, übersetzt. Der frühere Artikel hatte ein großes Echo.

Große Sympathien. Aber auch einen traurigen Brief von einer Rachele. Ich antworte ihr, wie du lesen wirst, etwas entrüstet.«

An anderer Stelle schreibt er:

»Hier eine Kopie des besten Briefes, der eingetroffen ist. Er stammt von Italienern, die in Thessaloníki die Tragödie der Juden miterlebt haben. Sie erwähnen auch die Familie Modiano und die anderen italienischen Juden, die, wie du am Telefon sagtest, am Lago Maggiore ermordet worden sind. Ich warte, dass du mir weitere Namen schickst.«

Und später bemerkt er:

»Der Name Fernandez, den du am Telefon nanntest, hat mich lange beschäftigt, bis ich mich an einen Mitschüler in der italienischen Primarschule von Thessaloníki (Villa Ida?) erinnerte, einen blonden Fernandez. Weiß deine Mutter vielleicht etwas über seine Familie? Er muss in meinem Alter (55) sein. Grazie! Con fraterno affetto.«

Im März 1986 reisen Réina und Símos nach Italien. Vittorio erwartet sie am Flughafen. Dort gedenkt man als Erstes der für immer Abwesenden … Mama Lina, Onkel Marco, Alberto, Sœur Josèphe, sie fehlen alle. Nur Edda ist noch am Leben, und ihr jahrzehntelanges Schweigen ist der erschütterndste Protestschrei gegen alles, was geschehen ist!

Vittorio möchte seine »Schwester« aus diesen trüben Erinnerungen herausholen. Aber gleichzeitig darf dieser Besuch nicht bloß touristischen Charakter haben. So empfindet auch Réina. Für einige Menschen kann sich der Lebenskreis nicht nur so drehen, wie sie es sich wünschen. Es gibt Erneuerungen, aber auch Wiederholungen. Die heiligste Pflicht, seit vierzig Jahren aufgeschoben, ist ein Gedenkbesuch am Lago Maggiore.

Sie starten sofort. Ein Fernsehteam begleitet sie mit der notwendigen Ausrüstung. »Das Gedenken muss aufgezeichnet werden, meine Schwester. Die Welt muss es wieder und immer wieder sehen. Die Wiederholung ist entscheidend, denn das Vergessen und Verdrängen arbeiten rasch und automatisch.«

Sie kommen nachts in Arona an. Sie übernachten dort und fahren am folgenden Morgen weiter nach Meina, eine kleine Stadt direkt am Lago Maggiore.

Es ist regnerisch und kalt. Vittorio sieht durch seine dicken Brillengläser, dass die weit geöffneten Augen seiner »Schwester« voller Tränen sind. Sie hält einen Strauß Rosen, auf deren blutroten Blütenblättern feine Tränentropfen wie diamantene Perlchen glitzern. Vittorio nähert sich Réina und umarmt sie.

»Wir sind nicht auf die Welt gekommen, um einfach durchs Leben zu gleiten«, versucht er sie zu trösten. »Wir haben einen Auftrag, eine Pflicht, ein Ziel. Es ist schwierig, ich weiß es. Aber es ist so.«

Sie verweilen stumm vor dem kleinen Denkmal, das die jüdische Gemeinde von Milano errichtet hat. Siebzehn Menschen haben mit ihrem Leben dafür bezahlen müssen, dass sie als Juden zur Welt gekommen waren. Acht davon waren Kinder. Kleine Knospen, die ihre Blütenblätter dem Licht noch nicht geöffnet hatten. Hier fand auch die herzensgute Liliane den Tod. Sie war Eddas und Réinas Schutzengel gewesen.

»Nur Mut!«

»Sie hat mich gerettet, und konnte ihre Kinder und sich selbst nicht retten. Es ist so fürchterlich, so grausam!«

»Es ist nicht deine Schuld, meine Liebe! Du warst ein wehrloses Baby, ausgesetzt in eine Wildnis von Bosheit. Und dieser Schutzengel hat dich weggehoben und auf einer Insel der Güte abgesetzt.«

Vittorio sprach, aber Réina vernahm stärker ihre innere Stimme. Sie konnte ein tiefes Stöhnen nicht abwenden, denn der Druck in ihrer Brust wurde unhaltbar. Ein eisiger Schauder durchdrang ihren ganzen Körper. Sie erzitterte. Sie flüsterte ein Gebet auf Hebräisch und legte, indem sie sich endlos langsam hinabbückte, den Blumenstrauß ab. Siebzehn Rosen, so viele wie die verlorenen Seelen. In der anderen Hand hielt sie noch eine weiße Rose, um sie in den See zu werfen, dorthin, wo die acht Kinder ertränkt worden waren und wo man ihre leichten Körper auf der Wasseroberfläche treibend gefunden hatte, während ihre reinen Seelen fortflogen, um eine gerechte Welt zu suchen. Ihr letzter, stummer Schmerzensruf ist hier noch in der Natur, wo das Laub der Bäume in aller Ewigkeit gespenstisch zetert und die Vögel wie wilde Gänse schnattern. Alles hier ist beklemmend, fürchterlich, denn man spürt die größte menschliche Schamlosigkeit.

Auch das Hotel, in dem die jüdischen Familien untergebracht waren, sei, sagt man, verhext. Es hat zwanzig Mal den Besitzer gewechselt, ohne auf einen grünen Zweig zu kommen.

Während Símos und Réina das jüdische Gebet »Askaba« sprachen, wehte ein starker Wind und trug die Worte ins Baumgewölbe und in den aufgewühlten See hinaus, und man wähnte ein Echo zu vernehmen, ein leises Rufen, ein entferntes Aufstöhnen.

Vittorio senkte den Blick. Seine Herz war am Zerreißen, sein Körper gelähmt. Nur seine Fantasie irrte umher und sah Engelsgestalten in einem ätherischen Schein. Es waren Gesichter, die er nicht gekannt hatte, und doch erkannte er sie als seine Mitmenschen wieder.

Edda verstarb in aller Stille, so wie sie ihr ganzes Leben verbracht hatte, und sie nahm das große Geheimnis ihrer trostlosen Verwundungen mit ins Grab. Réina war nicht bei ihr gewesen. In ihren letzten Augenblicken, kurz vor ihrem letzten Atemzug, war Edda wieder völlig einsam. Und sie hatte so vieles zu sagen, so vieles von dem mitzuteilen, was sie ein Leben lang nicht über die Lippen gebracht hatte!

Ihren letzten Aufschrei der Angst hat niemand vernommen. Es gibt Momente kurz vor dem Tod, da will man seinen liebsten Menschen etwas mitteilen, um sie nicht ohne Antwort auf die größten Fragen zurückzulassen. Man wartet, so lange es geht, mit dem letzten Atemzug, mit dem allerletzten Röcheln.

Bei Réina löste diese unfreiwillige Abwesenheit vom Sterbebett der Mutter, diese abschiedslose letzte Trennung einen tiefen Schock aus. Sie hatte nie die Bemühungen aufgegeben, aus kleinen Zeichen und symbolträchtigen Bemerkungen herauszuhören, was geschehen war und warum es so geschah. Sie wollte auch ihre eigenen Versäumnisse erfahren, die für diese Mauer zwischen ihr und ihrer Mutter mitverantwortlich waren. Aber vor allem, welche bestialische Behandlung ihre Mutter in diese steinerne Gestalt verwandelt hatte, regungslos wie die Frau Lots, stumm, ohne einen erlösenden Aufschrei.

Sie war verzweifelt. Sie war entrüstet.

»Verdammte Deutsche!«

Sie, die nicht nur Edda in steinernes Unglück gestürzt hatten, sondern auch ihren Vater zwangen, Jahrzehnte der Leere zu verbringen, von jedem Glück abgeschnitten, immer dicht neben dem Tod. Und dann auch sie, Réina. Denn das Unglück bildet eine Kette, und der Schmerz vererbt sich wie ein Mal.

»Mutter, niemand konnte den harten Panzer deines Unglücks aufbrechen. Vier Jahrzehnte lang hast du deine Wunden, hinter sieben Siegeln versteckt, weiterbluten lassen! Wo du auch jetzt bist – und du bist bestimmt im Paradies –, höre mir zu, wenn ich dir jetzt sage, dass ich dich sehr liebe. Ich liebe dich, Mutter ... das wolltest du von mir hören, solange du lebtest, und du hörtest es nicht. Jetzt sage ich es: ich liebe dich!«

In den Schubladen von Edda entdeckt Réina Fotos, Briefe von Alberto, Briefe von Sœur Josèphe und von Lina, auf die sie nie geantwortet hatte. Sie waren abgegriffen vom vielen Lesen und Wiederlesen, und es gab Stellen, an denen das Blatt aufgeweicht und die Tinte verschmiert war, was auf die Tränen zurückzuführen ist, die Edda beim Lesen vergoss.

Jetzt erst entdeckte Réina ihre Mutter. Sie lernte sie nach und nach kennen durch diese Erinnerungsstücke. Wie anders war sie wirklich als das Bild, das sie nach außen präsentierte!

Unter den Dokumenten lag auch der kleine hellblaue Ausweis. »Maria Ananiádou, Ehefrau von Kornílios«, und oben rechts war das kleine Passbild aufgeklebt, das eine strahlend lächelnde junge Frau zeigt, mit dunkelbraunen Locken und zwei großen Augen, die schuldlos höflich eine heile Welt anschauen.

»Nie konntest du, Mutter, so leben, wie du wirklich warst. Sogar den Namen hat man dir genommen. Die Haut tätowiert, dich bis aufs Blut gefoltert, das Herz ausgerissen und als leere Hülse in die Welt zurückgeschickt. Aber nicht zurück ins Leben. Du, die du durchsichtig gewesen bist wie das Wasser einer Koralleninsel, musstest in dir die abgrundtiefe Niedertracht der Welt und die ehrloseste Böswilligkeit der Menschen verstecken. Und du hieltest dies alles streng verborgen, damit wir es nicht bemerken und mitleiden. Du wolltest unser Erbarmen nicht. Du hast uns beschützt, während wir dich missverstanden!«

»1. Februar 1990

Meine liebe Schwester Rena,

also hat uns jetzt auch Mama Edda verlassen. Ich war so sehr schmerzerfüllt gestern am Telefon und konnte dir nicht alle meine Gefühle mitteilen. Es sind die Augenblicke, wo auch die geschwätzigen Journalisten die Sprache verlieren. Auch jetzt kann ich dir nicht vieles sagen. Aber ich habe während der ganzen Nacht über all das Dramatische, das Böse, das Unrecht nachgedacht, das wir erleben mussten und das die kleine Gilberte überhaupt nicht verstehen konnte, während der größere Vittorio nur daran schnupperte, ohne genaue Kenntnisse darüber, um was es sich handeln könnte. Und inmitten all dieser Geschehnisse des Hasses und der Sündhaftigkeit der Menschen gab es die ganz kleinen Pünktchen der Liebe, die schließlich das Böse besiegten, aber mit großem Leid und unermesslicher Qual. So waren wir, meine liebe Rena, zwischen Kalamarí und Wikopoúlou-Straße, Schwester und Bruder ... Und dies blieb für unser ganzes Leben entscheidend. Ein halbes Jahrhundert ist vergangen, die meisten lieben Gesichter haben uns verlassen, aber ich kann nicht glauben, dass sie für immer von uns weggegangen sind. Es gibt das Gerusaleme celeste. Und so stelle ich mir vor, das Mama Lina dort ist, und sie sagt zu Mama Edda: ›Sei willkommen! Hast du mir ein Andenken von unseren irdischen Kindern mitgebracht?‹ Und in meiner Fantasie höre ich Mama Edda antworten: ›Ich habe dir einen Orden mitgebracht: einen gelben Stern von Gilberte und Vittorino für dein Kleid im Paradies.‹ War es ein Traum?

Mit dieser Geschichte küsse ich dich und Simone (fratello acquisito aber auch fratello maggiore, wie der Papst gesagt hat ...) und die Kinder.

    Vittorio und Marilù

Über die Bäume in Gerusaleme terreste werden wir noch am Telefon sprechen (25.-29. April, in Ordnung?)«

Die Bäume des Gedenkens wurden oben auf dem Hügel von Jerusalem gepflanzt, dort wo sich Abertausende von anderen Bäumen zum Andenken an die Opfer befinden. Je eines für Liliane, Mama Lina, Alberto, Edda, Onkel Mario und Sœur Josèphe.

* * *

Lago Maggiore-Opfer:
Tafel am Erschießungsplatz am Ufer
Aus Thessaloniki:
Fernandez Dino, Pietro, Liliana, Giovanni, Roberto, Bianca
Mosseri Marco, Michele, Renato, Odetta, Yvette
Raul Torres
Daniele Modiano aus Milano
...
Vitale Cori
Lotte Mazzuchelli Froehlich
...

Text auf der Tafel:
QUI NELLA NOTTE DAL 22 AL 23. 9. 1943 SOTTO I COLPI DELLA FEROCIA NAZISTA CADEVANO
... (15 Namen)
IN QUESTI DOLCI E SERENI LUOGGI TRAVOLTO DA UNA BUFERA DI DESTRUZIONE E DI MORTE FURONO TRUCIDATI NEL SETTEMBRE 1943 AD OPERA DEL' INVASORE NAZISTA NUMEROSI UOMINI DONNE E BAMBINI EBREI, QUI RIPARATI IN FIDENTE E FALLACE SPERANZA DI SALVEZZA.
SIA RICORDATO IL LORO MARTIRIO E RIAFFIRMATO IL SUPREMO VALORE DELLA VITA.
COMMUNE DI MEINA,
COMMUNITA EBRAÏCA DI MILANO
25 SETTEMBRE 1983

Am Kloster St. Joseph, Thessaloniki:
Mario Citterich, Vittorio Citterich

WOLFGANG BENZ
BRIGITTE MIHOK (Hrsg.)

Holocaust
an der Peripherie

Judenpolitik und Judenmord
in Rumänien und Transnistrien
1940–1944

2009
ISBN 978-3-940938-34-3
263 Seiten · € 19,00

Die rumänische Geschichtsschreibung hat sich nach dem Zweiten Weltkrieg lange Zeit mehrheitlich darauf berufen, dass das Land quasi von den Deutschen besetzt gewesen sei. Damit gingen die Gräueltaten auf das Konto der Nationalsozialisten. Die volle historische Wahrheit ist freilich komplizierter: Das mit NS-Deutschland verbündete Land ließ die Juden rumänischer Nationalität im Kerngebiet Rumäniens unbehelligt, vertrieb und mordete aber die Juden in den neu gewonnenen Landesteilen Bukowina und Bessarabien erbarmungslos.

Die Beiträge des Sammelbandes über den Holocaust in Rumänien basieren auf einer internationalen Konferenz des Zentrums für Antisemitismusforschung im Jahr 2008. Die Autoren sind renommierte Holocaustforscher aus Rumänien, Großbritannien, den USA und Deutschland, die verschiedene Aspekte der Verfolgung in Transnistrien behandeln und Einblick in die aktuelle Diskussion zur rumänischen und deutschen Verantwortung geben.

Metropol Verlag Ansbacher Straße 70 Telefon (030) 23 00 46 23
D–10777 Berlin Telefax (030) 2 65 05 18
veitl@metropol-verlag.de ***www.metropol-verlag.de***

BEATE NIEMANN

Mein guter Vater
Leben mit seiner Vergangenheit
Biografie meines Vaters als Täter

3. Auflage, 2008
ISBN 978-3-940938-02-2
220 Seiten · € 19,00

„Ich bin immer von der Unschuld meines Vaters ausgegangen. Dass er, Bruno Sattler, etwas gewusst hatte von Kriegsverbrechen, war gewiss nicht zu leugnen, aber das hatte er mit vielen Deutschen gemein. Es hatte sie zu Mitwissern, nicht aber zu Mittätern gemacht. Über die Zeit meines Vaters als Kriminalbeamter, dann Gestapobeamter, hatte es in der Familie immer geheißen, er sei ein echter preußischer Beamter gewesen, habe im Jahr 1928 eine gute Ausbildung bei der Berliner Polizei erhalten und sei dann in die Gestapo ‚übernommen' worden.
Als ich die Spurensuche nach dem vermeintlich unschuldigen Vater begann, hatte ich nicht erwartet, dass aus dem Mitwisser ein Täter werden könnte. Jetzt wird mir klar, dass Bruno Sattler ein Mörder gewesen ist. Was mein Vater zu verantworten hat, liegt außerhalb meiner Vorstellungswelt."

Metropol Verlag	Ansbacher Straße 70	Telefon (030) 23 00 46 23
	D–10777 Berlin	Telefax (030) 2 65 05 18
	veitl@metropol-verlag.de	***www.metropol-verlag.de***